শ্রুতিনন্দন

শ্রুতিনন্দন

অজয় চক্রবর্তী

আনন্দ

প্রথম সংস্করণ জুলাই ১৯৯৯ থেকে **দ্বিতীয় মুদ্রণ** অক্টোবর ২০০২ পর্যন্ত
মুদ্রণ সংখ্যা ৪০০০
তৃতীয় মুদ্রণ নভেম্বর ২০০৫ **মুদ্রণ সংখ্যা** ৭৫০

ISBN 81-7215-978-1

আনন্দ পাবলিশার্স প্রাইভেট লিমিটেডের পক্ষে ৪৫ বেনিয়াটোলা লেন
কলকাতা ৭০০ ০০৯ থেকে সুবীরকুমার মিত্র কর্তৃক প্রকাশিত এবং
স্বপ্না প্রিন্টিং ওয়ার্কস প্রাইভেট লিমিটেড
৫২ রাজা রামমোহন রায় সরণি, কলকাতা ৭০০০০৯
থেকে মুদ্রিত।

১২৫.০০

আমার বাবা মা এবং গুরুবর্গের উদ্দেশে

সূচিপত্র

প্রস্তাবনা

'শ্রুতিনন্দন' এবং এই বইটিতে আলোচিত বিষয়গুলি ভারতীয় কণ্ঠসংগীত সম্পর্কে আমার চিন্তার দুটি দিক। 'শ্রুতিনন্দন' এখন একটি সংগীত শিক্ষায়তন যা আমার সংগীতচিন্তার একটি দৃষ্টিগ্রাহ্য বাস্তবরূপ; আর বইটিতে যেসব বিষয় আমি আলোচনা করেছি সেগুলি শ্রুতিনন্দনভাবনারই উপকরণ। দুটিই আমার দীর্ঘ চল্লিশ বছরের সাংগীতিক অভিজ্ঞতা, জ্ঞান ও চিন্তার পরিণাম বলা যেতে পারে। শ্রুতিনন্দন যেমন সহস্র সংগীত শিক্ষায়তনের মতন আর একটি সংগীতশিক্ষায়তন নয়, বইটিও তেমনই ভারতীয় সংগীতসম্বন্ধীয় অসংখ্য গ্রন্থের মতন আর একটি গ্রন্থ নয়। একান্তভাবে আমার মনন ও গবেষণা উভয়েরই ভিত্তি। অবশ্যই আমার মনন ও গবেষণার প্রেষণা ও প্রেরণা আমার গুরুবর্গের শিক্ষা এবং দেশবিদেশের নানা গুণীজনের সঙ্গে সংগীতবিষয়ক আলোচনা। আমার সংগীতচিন্তাকে যাঁরা প্রত্যক্ষ ও পরোক্ষভাবে উদ্দীপিত করেছেন তাঁরা সকলেই আমার প্রণম্য।

সংগীতশিক্ষার্থীদের সমস্যা, শ্রোতাদের সমস্যা, সংগীত সমালোচকদের দায়িত্ব-কর্তব্য, রাষ্ট্রের পরিচালকদের ভারতীয়সংগীত সম্বন্ধে অবশ্য প্রয়োজনীয় সচেতনতার প্রসঙ্গে আমি আমার নিজস্ব মতামত ও সিদ্ধান্ত প্রকাশ করেছি। সংগীতের প্রাতিষ্ঠানিক শিক্ষাপদ্ধতি এবং গুরুশিষ্যপরম্পরা পদ্ধতির তুলনামূলক কার্যকারিতার আলোচনা এই বইটির অন্যতম উপজীব্য। সহযোগী যন্ত্রশিল্পীদের আদর্শ ভূমিকা এবং তাঁদের প্রাপ্য মর্যাদা সম্পর্কে আমি সংশ্লিষ্ট সকলকে আমার চিন্তা ও মন্তব্য জানিয়েছি। একালে সংগীতশিল্পীদের সংগীত পরিবেশন করতে গেলে যে সমস্ত জ্ঞান থাকা প্রয়োজন বলে মনে করেছি—নিজস্ব অভিজ্ঞতার ভিত্তিতে, আমি সেগুলি লিপিবদ্ধ করার চেষ্টা করেছি। কখনও কখনও কোথাও যদি আত্মগরিমা, অহংকার প্রচারিত হয়েছে বলে মনে হয়—তাহলে পাঠকের প্রতি অনুরোধ—তাকে আত্মপ্রত্যয় বলে ভাববেন; কেননা, সৃষ্টির জগতে গর্ব, অহংকার ইত্যাদির কোনও স্থান নেই।

সংগীতের প্রয়োগাত্মক দিকটির কথা বিবেচনা করে অদূর ভবিষ্যতে ধারাবাহিকভাবে সংগীত শিক্ষামূলক গ্রন্থ ও ক্যাসেট, সি. ডি. প্রকাশ করার অত্যন্ত প্রয়োজন মনে করছি।

আমার চিন্তা ও ধারণাগুলিকে সযত্নে বিন্যস্ত ও লিপিবদ্ধ করেছেন অধ্যাপক স্নেহাংশুকুমার সরকার। তিনি প্রতি মুহূর্তে আমার সঙ্গে থেকে এই গ্রন্থ নির্মাণকে সম্ভবপর করেছেন। এই বইটিতে মুদ্রিত অধিকাংশ ছবি তুলেছেন আমার স্নেহভাজন আলোকচিত্রী শ্রী

তপনকুমার দাশ। অধ্যায়গুলির প্রেসে পাঠানোর উপযোগী অনুলিপি প্রস্তুত করেছে আমার অত্যন্ত স্নেহভাজন শ্রী গৌতম ঘোষাল এবং শ্রী তপন দাস। বইটির প্রস্তুতিতে শ্রী শান্তিময় মুখোপাধ্যায়ের ভুমিকাও উল্লেখযোগ্য।

গুরুপূর্ণিমা ১৪০৬

শ্রুতিনন্দন কথা

"There is properly no history, only biography"
—Emerson.

'শ্রুতিনন্দন' একটি ভাবনা (concept)। এই নামের সংস্থাটি সেই ভাবনার প্রত্যক্ষগোচর রূপ। ৭০ নম্বর উদয়শংকর সরণির (আগের গলফ্ ক্লাব রোড) পাঁচতলা বাড়িটির স্থাপত্য লক্ষ করলে সেই ভাবনার ঐতিহাসিক পটভূমিটি বোঝা যাবে। ভারতের রাগসংগীতের প্রাচীন, মধ্য এবং আধুনিক যুগ বাড়িটির গঠন, কারুকর্ম এবং উপকরণের বৈচিত্র্যে প্রতিফলিত। শ্রুতিনন্দন-চিন্তার বা ভাবনার পটভূমি ভারতের কণ্ঠসংগীত যা বৈচিত্র্যের এবং ঐতিহ্যের কারণে পৃথিবীতে অদ্বিতীয়।

বিংশ শতাব্দীর সমাপ্তি আসন্ন। নতুন একটি শতাব্দীকে স্বাগত সম্ভাষণ জানাবে ভারতের শিশুরা অনেক আশা নিয়ে, গান গেয়ে। কী গান তারা গাইবে? যে গানের মৃত্যু নেই, যে গান সূর্যের মতো প্রতিদিন প্রাচীন এবং নবীন। শ্রুতিনন্দন একটি ভারতীয় কণ্ঠসংগীতের শিক্ষা প্রতিষ্ঠান—যা চিন্তায়, ভাবনায় এবং পরিকল্পনায় প্রাচীন ও নবীনের অনন্যসাধারণ সমন্বয়।

শ্রুতিনন্দন-ভাবনা একান্তভাবেই আমার। তাই এই ভাবনা ও তার বাস্তব রূপায়ণের কথা বা ইতিহাস আমার এবং আমার অতি নিকটজনের জীবনের কিছু কথা। Emerson-এর উক্তিটি উদ্ধৃত করেছি প্রসঙ্গের প্রয়োজনে।

অতি শৈশব থেকে আমাকে গান শেখানো আরম্ভ করেন আমার পরমপূজ্য পিতৃদেব শ্রীঅজিতকুমার চক্রবর্তী। শুনেছি তখন আমি দুই বছরের শিশু। মনে হয়, যখন আমার বছর পাঁচেক বয়স, তখন বাবার বন্ধু, শ্যামনগরের শ্রদ্ধেয় শ্রীপান্নালাল সামন্ত আমাকে গান শেখাতে আমাদের বাড়িতে আসতেন। বছর দেড়েক শেখাবার পর উনি তাঁর গুরু, আমার কৈশোরের রাগসংগীত শিক্ষার প্রধান গুরু শ্রদ্ধেয় শ্রীকানাইদাস বৈরাগীর কাছে আমাকে নিয়ে যান। সংসারে অভাব ছিল। কিন্তু বাবা মায়েরা আমাকে তা একটুও অনুভব করতে দেননি। আমার সংগীতশিক্ষা ও অনুশীলনের যাতে কোনও অসুবিধা না হয় সে বিষয়ে সবার ছিল সতত সজাগ দৃষ্টি। আর্থিক অনটন যাতে আমার শারীরিক ও মানসিক স্বাস্থ্যের পক্ষে ক্ষতিকর না হয় তার জন্য তাঁরা উদয়াস্ত, সাধ্যাতীত পরিশ্রম করতেন আমার শরীরের পুষ্টি, সংগীত শিক্ষা ও স্কুলের ব্যয় সংকুলানের জন্য। পরবর্তীকালে আমি যখন কলেজ ও ইউনিভার্সিটিতে পড়ার সময় গুরু জ্ঞানপ্রকাশ ঘোষ এবং ওস্তাদ মুনাওয়ার আলি খানের কাছে সংগীতশিক্ষা গ্রহণ করেছি তখনও বাবা মায়েরা একইভাবে আমার সংগীতশিক্ষা এবং

স্বাচ্ছন্দ্যের প্রতি দৃষ্টি ও মনোযোগ রেখেছেন। এখানে একটি ঘটনার উল্লেখের বিশেষ প্রয়োজন আছে মনে করি। আমি তখন B.A. Houours পরীক্ষায় প্রথম শ্রেণীতে প্রথম হয়ে উত্তীর্ণ হয়েছি। সংসারে অভাব অনটনের সমস্যা তখন আমার কাছে বাবা মায়েরা গোপন করে রাখলেও আমি তখন বুঝতে পারি। ওই অভাব দূর করব মনে করে স্টেটব্যাংক অফ ইন্ডিয়ার নিয়োগপত্র নিয়ে একদিন সকালে বাড়ি থেকে রওনা হবার সময় বাবা আমাকে জিজ্ঞেস করলেন—"এত তাড়াতাড়ি স্নান করে খেয়ে কোথায় যাচ্ছিস? হাতে ওটা কীসের কাগজ?" আমি বললাম, "স্টেটব্যাংকে চাকরি পেয়েছি, চাকরি করতে যাচ্ছি। এটা appointment letter।" বাবা ওটি পড়ে একেবারে টুকরো-টুকরো করে ছিঁড়ে ফেললেন। বললেন, "প্রতিদিন সকাল-বিকেল ট্রেনে ওঠা নামা করে চাকরি করার জন্য এত ছোটবেলা থেকে, এত কষ্ট স্বীকার করে তোকে গান শেখানো হয়নি।"

এবার বলি—আমার বাবা মায়েদের সংগীতে অনুরাগ শুধু নয়, সুর, তাল, লয় ইত্যাদি গানের প্রয়োজনীয় সমস্ত উপাদানের জ্ঞান ও বোধ এবং কণ্ঠস্বরের মাধুর্য ছিল এবং এখনও আছে। বিধিবদ্ধ নিয়মিত সংগীতশিক্ষা তাঁরা লাভ করতে পারেননি সময় ও সুযোগের অভাবে। তাঁদের ইচ্ছে তাঁরা পূরণ করার চেষ্টা করেছেন সন্তানদের মধ্য দিয়ে।

আমার জীবনের এই বিবরণ শ্রুতিনন্দনের পরিকল্পনা ব্যাখ্যায় প্রাসঙ্গিক—তাই দিলাম। আমাদের দেশে বহু শিশু সংগীতপ্রতিভা নিয়ে জন্মায়। কিন্তু সহজাত প্রতিভা যত্ন ও উপযুক্ত শিক্ষার অভাবে বিকশিত হয় না, বিনষ্ট হয়। সাফল্য লাভের জন্য nature এবং nurture অর্থাৎ সহজাত প্রবণতা এবং তার পরিপোষণ এই দুয়েরই সমান প্রয়োজনীয়তা আছে। প্রথমটি অনেক শিশুর থাকে, কিন্তু পারিপার্শ্বিক এবং অভিভাবকদের অজ্ঞানতায় এবং অবহেলায় সেই সহজাত প্রবণতা ও সম্ভাবনা বাস্তবে রূপান্তরিত হয় না। একটি সংগীত প্রতিভাসম্পন্ন শিশুকে ভবিষ্যতে সংগীতশিল্পীরূপে প্রতিষ্ঠিত করতে গেলে তার বাবা মা এবং পরিবারের অন্যান্যদের সংগীতের কিছু জ্ঞান এবং বিষয়টির প্রতি শ্রদ্ধা থাকা চাই। অন্যদিকে যে শিশুর সংগীতপ্রতিভা নেই তাকে কোনও যশস্বী শিল্পীর কাছে বাবা-মায়ের ইচ্ছাপূরণের জন্য পৌঁছে দিলেই ভবিষ্যতে সে সংগীতশিল্পী হবে না।

এদেশে শিশুদের সংগীতপ্রতিভার প্রাচুর্য থাকা সত্ত্বেও প্রকৃত কণ্ঠসংগীত শিল্পীর সংখ্যা এত অল্প কেন? এই প্রশ্নটি আমাকে পীড়িত করেছে বহুদিন। ছোটবেলায় যতগুলি সংগীত প্রতিযোগিতায় আমি অংশগ্রহণ করেছি, আমার গুরুবর্গের ও গুরুজনের আশীর্বাদে ও শুভেচ্ছায় আমি কোনওটিতেই দ্বিতীয় হইনি, কিন্তু অন্যান্য প্রতিযোগীর সংগীতপ্রতিভা যে ছিল না, তা নয়। পরবর্তীকালে হয়তো তাদের অভিভাবকেরা স্কুল কলেজের লেখাপড়াকে বেশি গুরুত্ব দিয়েছিলেন বলে তারা গান শেখা ছেড়ে দিয়েছে। তাদের অভিভাবকেরা বিশ্বাস করতে পারেননি যে তাদের ছেলেমেয়েরা ডাক্তার, ইঞ্জিনিয়ার, উকিল ইত্যাদি হবার চেষ্টা না করে যদি শুধু গান শেখে তা হলে সসম্মানে বেঁচে থাকতে পারবে। আমার বয়স যখন বাইশ-তেইশ তখন থেকেই আমি বাবার সঙ্গে সমস্যাটি নিয়ে আলোচনা করতাম। প্রতিযোগিতাগুলিতে যারা দ্বিতীয় বা তৃতীয় স্থান পেত তাদের যোগ্যতা আমার থেকে কিছু কম ছিল না, বরং বেশ কিছু ছেলেমেয়ের বেশিই ছিল। কিন্তু তারা কেউই সংগীতশিল্পী হয়নি, কোথায় হারিয়ে গেছে। একটি শিশুর যদি সহজাত সংগীতবোধ থাকে, সে যদি কোনও একটি সুর শুনে ঠিক ঠিক তালে ও লয়ে নিজে গাইতে পারে তবে তাকে গান

শেখানো কেন হবে না? গান না শিখে সে ডাক্তার হল নিজের ইচ্ছার ও প্রবণতার বিরুদ্ধে। সেকি ভাল ডাক্তার হতে পারবে? ডাক্তারি করার ফাঁকে সে যদি পরে গান শিখতে চায় তা হলে কি সে ভাল শিল্পী হতে পারবে? সম্ভাবনা একেবারেই থাকবে না। এমন অনেককেই আমি চিনি।

অতএব সংগীতপ্রতিভাসম্পন্ন শিশুদের ভবিষ্যতের শিল্পী রূপে গড়ে তোলার জন্য তিন-চার বছর বয়স থেকেই তাদের যত্ন করে, স্নেহ-ভালোবাসা দিয়ে, বিচক্ষণতার সঙ্গে বৈজ্ঞানিক পদ্ধতিতে গান শেখাতে হবে—এই সিদ্ধান্তে আমি আসি। তখনও 'শ্রুতিনন্দন' নামে একদিন কোনও প্রতিষ্ঠান তৈরি করব এমন চিন্তাও আমি করিনি; কিন্তু ওই প্রতিষ্ঠানের মূল ভাবটি আমার মনে তখনই বাসা বেঁধেছে।

আশির দশকে কলকাতা দূরদর্শন আমার কাছে একটি প্রস্তাব আনে। তখন ছোটদের জন্য 'চিচিংফাঁক' নামে একটি অনুষ্ঠান দেখানো হত। এর প্রযোজক শ্রীমতী যূথিকা রায় ওই অনুষ্ঠানে আমাকে ছোটদের গান শেখানোর জন্য অনুরোধ করেন। তখন কিছু শিশুকে আমি শেখাতাম, কিন্তু মূল ক্লাসটি আমি করাতাম আমার স্ত্রী শ্রীমতী চন্দনা চক্রবর্তীকে দিয়ে।

শিশুদের গান বা অন্য যে কোনও বিষয় শেখাতে হলে অসীম ধৈর্য, সহিষ্ণুতা এবং সর্বোপরি মাতৃসুলভ স্নেহ-ভালোবাসা থাকা একান্ত প্রয়োজন। কোনও শিশু সরাসরি বলে, 'শিখব না, খেলব।' কেউ বলে, 'আমার চাউ খেতে ইচ্ছে করছে' বা 'ডিম ভাজা খাব।' এরকম অনেক আবদার ধৈর্য ধরে শুনতে হয় এবং মেটাতে হয়। শ্রীমতী চন্দনা তার জন্য একদিনও বিরক্ত হননি। উনি সর্বদাই তাদের আবদার সাধ্যমতো মিটিয়েছেন। এর ফলে বহু অনিচ্ছুক কিন্তু প্রতিভাবান ছেলেমেয়ে আশাতীত সাফল্য দেখিয়েছে। আমরা সবসময় চিন্তা করতাম, কীভাবে কোন পদ্ধতিতে ছোট ছোট ছেলেমেয়েদের গান শেখালে ভাল হয়। কলকাতা ও তার বাইরে নানা জায়গায় অনুষ্ঠানের জন্য আমি ওই ক্লাসটি নিতে পারতাম না। তাই উনিই আমার পদ্ধতি অনুযায়ী ওদের শেখাতেন। তাই শ্রুতিনন্দনের প্রথম অধ্যক্ষা শ্রীমতী চন্দনা চক্রবর্তী। আমরা ছবি ও ছড়ার মধ্য দিয়ে শিশুদের গান শেখাতাম। তাতে ওরা আনন্দ পেত এবং তাড়াতাড়ি শিখত। দূরদর্শনে গান শেখানোর সময় গ্রাফিকস-এর সাহায্য নিতাম। সিঁড়ির ছবি দেখিয়ে স্বরের আরোহণ ও অবরোহণ বোঝাতাম। দূরদর্শনে ওদের শেখানোর জন্য একটি ছড়াও আমি রচনা করেছিলাম—

সূর্যের সাতরঙে জগতের যত রং
সাতটি সাগর জুড়ে পৃথিবীর যত ধন,
জগতের আছে যত গানের ভাষা
সাতটি সুরের মাঝে বাঁধে তারা বাসা।

নতুন দিনের ভোরে ফুলেদের যত গান
নতুন আলোর সুরে জেগে ওঠে যত প্রাণ
নতুন ছন্দে তারা মনে আনে আশা
সকলের মাঝে যেন বাঁচে ভালবাসা ॥

শ্রী দিলীপ ভৌমিক, আমার এক বন্ধু। উনি Washington D. C.-তে থাকতেন। ওঁকে আমার উদ্ভাবিত সংগীত শিক্ষা পদ্ধতির কথা জানালে উনি প্রধান রাগগুলি শিশুদের শেখানোর জন্য একটি কবিতা লিখে পাঠিয়ে দেন। আমি সেটিকে সাজিয়ে নিয়েছি প্রয়োজনমতো। ছড়াটি হল:

শুদ্ধ সাতের স্বর কখনও কড়ি ও কোমল করে
দশটি রাগের সুর বাঁধা হয় রেখে সাতের ঘরে।
বিলাবলে শুদ্ধ সবই নেই তাতে সংশয়,
সেই রাগে 'মা' কড়ি হলে কল্যাণ ঠাট হয়।
খাম্বাজকে চেনা সহজ 'নি' যে কোমল হলে,
আর সবই স্বর শুদ্ধ থাকে যেমন বিলাবলে।
ভৈরব রাগ অন্যরকম কোমল শুধু 'রে' 'ধা',
অন্য যা স্বর থাকে সঠিক শুদ্ধ স্বরে বাঁধা।
পূর্বী শুনি গোধূলিতে বাজে করুণ সুরে,
'রে' 'ধা' কোমল আর 'কড়ি মা' এই রাগেতেই পড়ে।
মারোয়াতে 'রে' কোমল আর 'মা' কড়ি হবে
এই নিয়মেই থাকবে এ রাগ এটাই মানে সবে।
'গা' আর 'নি' কে করলে কোমল পাই যে কাফীর সুর,
আশাবরী কোমল 'নি' 'ধা' 'গা'-তে সুমধুর।
ওস্তাদেরা সবাই রেয়াজ করেন মধুর টোড়ী,
'রে' 'গা' 'ধা' তিন টোড়ীর কোমল, আর 'মা' হবে কড়ি।
ভৈরবীতে সহজ ব্যাপার কোমল 'রে' 'গা' 'ধা' 'নি'।
সাতটি স্বরের চার কোমলই আছে এতে জানি।

এই কবিতাটিকে আমার প্রয়োজন মতো পরিমার্জন করে সুর দিয়ে দূরদর্শনের মাধ্যমে আমি শেখাতাম। দশটি রাগের একটি করে গানও আমি শিখিয়েছিলাম। দু' বছর এই সিরিয়ালটি চলার পর দূরদর্শন কর্তৃপক্ষ আমাকে জানালেন বাজেটের অভাবে অনুষ্ঠানটি আর চালানো যাচ্ছে না। অথচ ওই টাইম স্লটে ম্যাজিক, সাঁতার ইত্যাদি শেখানো চলেছিল। আমার গান শেখানোর অনুষ্ঠানটি দূরদর্শন কর্তৃপক্ষ পরে তিনবার টেলিকাস্ট করেছিলেন কলকাতা ও পশ্চিমবঙ্গের বিভিন্ন অঞ্চলের শিক্ষক ও শিক্ষার্থীদের সনির্বন্ধ অনুরোধে। আত্মপ্রশংসা এবং আত্মপ্রচারের উদ্দেশ্যে নয়, একটি তথ্য সত্যের খাতিরেই জানাই যে আমার শিক্ষাপদ্ধতি ও প্রণালীটিকে আমার পরম পূজনীয় গুরু জ্ঞানপ্রকাশ ঘোষ, বিশ্ববরেণ্য চলচ্চিত্রকার সত্যজিৎ রায়, চিরস্মরণীয় সেতারশিল্পী উস্তাদ মুস্তাক আলী খান অভিনন্দিত করে আমাকে আশীর্বাদ করেছিলেন।

দূরদর্শনে শিশুদের গান শেখানোর সময় আমি প্রায়ই ভাবতাম আমার সঙ্গে যেসব শিশু প্রতিযোগিতায় দ্বিতীয় বা তৃতীয় স্থান পেয়েছিল তাদের শেখাতে পারলে তারা সংগীতশিল্পী হতে পারত। সবসময় চিন্তা করতাম, পরীক্ষা করতাম নিজের চিন্তালব্ধ পদ্ধতি প্রয়োগ করে। আমাদের দেশে সংগীত প্রতিভাশালী শিশুদের সঠিক এবং বৈজ্ঞানিক পদ্ধতিতে গান শেখানোর কোনও ব্যবস্থা নেই, বড়দের জন্য স্কুল, কলেজ, ইউনিভার্সিটি অনেক আছে। শিশুদের মনস্তত্ত্বের ভিত্তিতে এবং তাদের গ্রহণ ক্ষমতার সীমা বিবেচনা করে সংগীতশিক্ষার পাঠক্রম ও পদ্ধতি উদ্ভাবনের জন্য আমার সাংগীতিক জ্ঞান ও অভিজ্ঞতাকে নিয়োগ করেছি

আমি কুড়ি বছরেরও বেশি সময় ধরে। তারই পরিণতি ‘শ্রুতিনন্দন’। দূরদর্শনে আমার ক্লাসটি বন্ধ হয়ে যাওয়ার ব্যাপারটি আমাকে শ্রুতিনন্দন প্রতিষ্ঠার কাজে এক অর্থে প্রেরণা জুগিয়েছে।

শ্রুতিনন্দন প্রতিষ্ঠার প্রেরণা আরও নানাভাবে আমি পেয়েছি। ১৯৭৮ সালে আমি টালিগঞ্জের সংগীত রিসার্চ অ্যাকাডেমিতে প্রথম স্কলার রূপে যোগ দিই। প্রসঙ্গত বলি, ওই সালেই অ্যাকাডেমিটি প্রতিষ্ঠিত হয়। কয়েক বছরের মধ্যেই আমি ওই সংস্থার গুরুপদে এবং এক্সপার্ট কমিটির সদস্যপদে নির্বাচিত হই। S.R.A.-তে যেসব স্কলার আমার শিষ্য হয়েছে তাদের আগের শিক্ষায় অনেক ত্রুটি আমি লক্ষ করি। সেই ত্রুটিগুলির সংশোধন সময়সাপেক্ষ এবং কখনও কখনও অসম্ভবও দেখেছি। S. R. A.-তে কোনও শিশুবিভাগ নেই। স্কলারদের একেবারে শৈশব থেকে এখানে যোগ দেবার কোনও ব্যবস্থা ও নিয়ম নেই। S. R. A-র কর্ণধার পরম শ্রদ্ধেয় শ্রী বিজয় কিচলু মহাশয়ের ইচ্ছা থাকলেও জায়গার অভাবে শিশুবিভাগ খুলতে পারেননি। তাই S. R. A অপেক্ষাকৃত বড় বয়সের স্কলারদের রাগসংগীত শিক্ষাপ্রতিষ্ঠানরূপেই তার কাজ করছে। এখানকার স্কলারদের কারও কারও আশানুরূপ উন্নতি না হওয়ার অন্যতম প্রধান কারণ শৈশবে অনুশীলনের ত্রুটি। পরবর্তীকালে যাতে এই ত্রুটিগুলি শিক্ষার অগ্রগতিতে বাধা না সৃষ্টি করে সেইজন্য সহজাত সংগীতপ্রতিভার অধিকারীদের অতি শৈশব থেকেই প্রকৃত বৈজ্ঞানিক পদ্ধতিনির্ভর শিক্ষাদান করা প্রয়োজন। S. R. A তাই আমার শ্রুতিনন্দন-চিন্তা ও পরিকল্পনার প্রেরণার একটি উৎস।

কেবলমাত্র শিশুদের জন্যই পরিকল্পিত হয়েছে এমন কোনও সংগীত শিক্ষাপ্রতিষ্ঠান এদেশে নেই এবং আমার যতদূর জানা আছে বিদেশেও নেই। আমরা আমাদের দেশের প্রাচীন সংস্কৃতি, মূল্যবোধ এবং সংগীত সম্পর্কে গর্ববোধ করতে পারি, কিন্তু সেগুলিকে প্রজন্মপরম্পরায় সঞ্চারিত করার জন্য শৈশব অবস্থা থেকেই শিক্ষা দেবার কোনও বিজ্ঞান ও প্রযুক্তিনির্ভর ব্যবস্থা আমাদের দেশে নেই। শুধু তাই নয়, শিশুদের সহজাত সংগীত ও শিল্পপ্রতিভা বিকাশের উপযোগী শিক্ষা ব্যবস্থার বড় শোচনীয় অভাব এদেশে। শিশুদের প্রতি বিশেষ স্নেহমমতা যত্নের পরিচয় আমাদের রাষ্ট্র ও সমাজব্যবস্থার কোনও স্তরেই পাই না।

১৯৮১ সাল থেকে আমি ইউরোপ ও আমেরিকার বিভিন্ন দেশে ভারতীয় রাগসংগীত পরিবেশন করে আসছি। ১৯৮৭ সালে শ্রীমতী চন্দনা এবং কন্যা কৌশিকীকে নিয়ে আমেরিকার বড় বড় শহরে এবং অন্যান্য অঞ্চলে প্রায় চল্লিশটি অনুষ্ঠান করি। সেবারে আমেরিকা সম্বন্ধে বিস্তারিত ভাবে জানার সুযোগ হয়। ওদেশে শিশুদের প্রতি বিশেষ মনোযোগ ও যত্নের অনেক দৃষ্টান্ত দেখতে পাই। যেমন, ডিজনিল্যান্ড প্রভৃতি কোনও জায়গাতেই প্রবেশাধিকার পাবার জন্য শিশুদের লাইন দিতে হয় না। একটি ঘটনায় আমরা সকলেই আশ্চর্য এবং অভিভূত হই। বিরাট মোটা পাইপের মধ্যে একটি শিশু খেলতে খেলতে কীভাবে পড়ে গিয়ে বাঁকের ভিতর আটকে যায়, বেরোতে পারে না। খবর পেয়ে ফায়ার ব্রিগেড, পুলিশ আসে। প্রায় বাহাত্তর ঘণ্টার চেষ্টার পর শিশুটিকে উদ্ধার করা হয়। শিশুটি বেঁচে যায়। কিন্তু ওই তিনদিন ধরে টেলিভিশনের একটি চ্যানেলে সমস্ত আমেরিকায় ওই উদ্ধারের কাজটি দেখানো হয়। প্রশাসন কর্তৃপক্ষ জরুরি অবস্থা ঘোষণা করেন এবং

হেলিকপ্টারের সাহায্যে উদ্ধারের প্রক্রিয়াটির অবিরাম তত্ত্বাবধান ও পরিদর্শন চলতে থাকে। একটি শিশুর জীবন সম্পর্কে এই অপরিসীম মূল্যবোধ আমরা কল্পনাই করতে পারি না।

ওদেশেও শিশুদের জন্য নির্দিষ্ট একান্তভাবে সংগীতশিক্ষার প্রতিষ্ঠান আমরা দেখিনি। সাতাশি সালের পর থেকে আজ পর্যন্ত ওইরকম কোনও শিক্ষায়তনের সন্ধান ওখানে পাইনি। অনেক স্কুল আছে যেখানে শিশুদের সুকুমার শিল্পকলা (Fine Arts) এবং সংগীত শিক্ষা দেওয়া হয়। কিন্তু শিশুদের কেবল সংগীত শিক্ষার কোনও স্কুল আমি কখনও দেখিনি যেখানে ছ'শ-সাতশ শিশুকে সংগীতশিক্ষা দেওয়ার ব্যবস্থা আছে।

দেশে ফিরে এসে শিশুদের জন্য একটি সংগীত শিক্ষায়তন স্থাপন করার সংকল্প নিলাম। আমার শ্রুতিনন্দন-চিন্তার সুফল অর্থাৎ শিশুদের সংগীত শিক্ষা দেওয়ার যে পদ্ধতি আমি উদ্ভাবন করেছি তার উপকারিতার প্রমাণ আমি আগেই পেয়েছি আমার কন্যা কৌশিকীকে ওই পদ্ধতি অনুসারে শিখিয়ে। কৌশিকী ওর মা শ্রীমতী চন্দনার কাছেই গান শেখা শুরু করে। দূরদর্শনে আমার ক্লাসে অন্যান্য শিশুর সঙ্গেই ও শিখত। বাড়িতে ওর মার কাছে আমার পদ্ধতি অনুসারে দু' বছর গান শিখে ও ১৯৮৭ সালে আমেরিকায় সাত বছর পূর্ণ হবার আগেই অনেক অনুষ্ঠানে গান করেছিল। কৌশিকীর গান আমার পদ্ধতির কার্যকারিতার দৃষ্টান্ত, যদিও একথা স্বীকার করতেই হবে যে ঈশ্বরের কৃপা ওর ওপর আছে। তাঁর কৃপাতেই কৌশিকী সুর, তাল, লয়ের বোধ নিয়ে পৃথিবীতে এসেছে। আমার দৃঢ় বিশ্বাস যেসব শিশু ঈশ্বরের কৃপায় সংগীতপ্রতিভা নিয়ে জন্মেছে তাদের যদি তিন/চার বছর বয়স থেকে সঠিক বৈজ্ঞানিক পদ্ধতিতে যত্নের সঙ্গে গান শেখানো যায় তা হলে ভবিষ্যতে তারা যোগ্য-শিল্পী হতে পারে, যদি অভিভাবকেরা তাদের প্রতিভা স্ফুরণে সাহায্য করেন।

কেবল সংগীত নয় যে কোনও বিষয়ে যাঁরা প্রতিষ্ঠা লাভ করে যশস্বী হয়েছেন তাঁদের প্রায় সকলেই অতি শৈশব থেকে সেই বিষয়ে শিক্ষালাভ এবং অনুশীলন আরম্ভ করেছিলেন সমর্থ ও জ্ঞানী গুরুর সদাসতর্ক তত্ত্বাবধানে। যেমন, অলিম্পিক গেমস-এ যাঁরা সোনা পেয়েছেন তারা প্রত্যেকেই অতি শিশু অবস্থা থেকে অভ্যাস অনুশীলন আরম্ভ করেছিলেন—একথা আমরা জানি। তাঁদের সহজাত ক্ষমতা ছিল ঠিকই, কিন্তু শৈশব থেকে যদি প্রকৃত শিক্ষা ও অনুশীলনের সুযোগ তাঁরা না পেতেন তা হলে পরবর্তী জীবনে প্রতিষ্ঠা ও খ্যাতিলাভ সম্ভব হত না।

আমাদের দেশে কোনও মেয়ে যদি সংগীতপ্রতিভা নিয়ে জন্মায় তবে অধিকাংশ ক্ষেত্রে সেই প্রতিভার অপচয় হয়। সাধারণত পঁচিশ/ছাব্বিশ বছর বয়সে তাদের বিয়ে হয়ে যায়। বারো/তেরো বছর বয়স থেকে তাদের গান শেখাতে শুরু করলে তাদের পক্ষে যথার্থ শিল্পীরূপে প্রতিষ্ঠিত হওয়া সম্ভব হয় না। বিয়ের পরে সংগীতচর্চা তারা করতে পারে না পারিবারিক দায়িত্ব কর্তব্য পালন করে। ওইসব মেয়েকে যদি চার বছর বয়স থেকে সঠিক বৈজ্ঞানিক পদ্ধতিতে শেখানো যায় তা হলে বিয়ের আগেই তারা লব্ধপ্রতিষ্ঠ শিল্পীতে পরিণত হতে পারে—এ বিশ্বাস আমার আছে। মেয়েদের প্রতি বৈষম্যমূলক আচরণ আমাদের দেশে একটি অভিশপ্ত নিয়ম। আবার কৌশিকীর কথায় আসছি। দু' বছর বয়স থেকে আমার পদ্ধতিতে ৬ বছর শেখার পর আমার গুরু জ্ঞানপ্রকাশ ঘোষ ওর গান শুনে ওকে আশীর্বাদ করেন এবং প্রচলিত রীতি অনুযায়ী আমি গুরুজিকে অনুরোধ করি কৌশিকীকে গাণ্ডা বেঁধে দিতে। গুরুজি সানন্দে আমাদের S. R. A-র বাসায় এসে ওকে

গাণ্ডা বেঁধে দেন এবং উনি গুরুতর অসুস্থ না হওয়া পর্যন্ত প্রায় আড়াই বছর ওকে নিয়মিত শিখিয়েছেন এবং জীবনের শেষদিন পর্যন্ত ওকে কৃপা করেছেন। শ্রদ্ধেয় বিজয় কিচলু মহাশয় স্বতঃপ্রণোদিত হয়ে কৌশিকীকে S. R. A-র স্কলার রূপে মনোনীত করেন এবং গুরুজির আদেশ অনুসারে আমি ওকে শেখাতে থাকি। চোদ্দো/পনেরো বছর বয়স থেকে কৌশিকী দিল্লি, মুম্বাই, কলকাতা প্রভৃতি বড় বড় শহরের অনুষ্ঠানে ভারতের প্রায় সমস্ত প্রথম সারির সংগীতশিল্পীর উপস্থিতিতে খ্যাল-ঠুমরি গেয়ে তাঁদের আশীর্বাদধন্য হয়েছে। শ্রদ্ধেয় পণ্ডিত ভীমসেন যোশী ওকে একবিংশ শতাব্দীর রাগসংগীতের উল্লেখযোগ্য শিল্পীরূপে স্বীকৃতি দিয়েছেন।

নিজের মেয়ের গুণপনার বিজ্ঞাপন আমার উদ্দেশ্য নয়। আমি বলতে চাই যে ভগবানের দান নিয়ে যদি কোনও শিশু জন্মায় তা হলে অতি শৈশব থেকে একটি সুপরিকল্পিত এবং বহুবার পরীক্ষিত পদ্ধতির সাহায্যে তাকে শেখালে এবং সঠিকভাবে তা অভ্যাস করালে সে ঈপ্সিত মানে নিজেকে উন্নীত করতে পারবে।

আমি ও আমার স্ত্রী শিশুদের সংগীতপ্রতিভার সার্থক বিকাশের জন্য একটি শিক্ষা প্রতিষ্ঠানের কথা অনেকদিন থেকে চিন্তা করছিলাম, কিন্তু সেই ইচ্ছাপূরণের কোনও উপায় ছিল না। ১৯৯৩ সালে আমি 'কুমার গন্ধর্ব' পুরস্কার পেলাম। ওই বছরই পুরস্কারটি প্রবর্তিত হয়। ৪৫ বছরের কম যাঁদের বয়স সেই সব রাগসংগীত শিল্পীদের মধ্যে যিনি শ্রেষ্ঠরূপে ৩২৫ জন বিচারকদের দ্বারা গণ্য হন তাঁকেই ওই পুরস্কার দেওয়া হয়। এটি একটি জাতীয় (national) পুরস্কার। আমার 'কুমার গন্ধর্ব' পুরস্কার প্রাপ্তির সংবাদ পাওয়া মাত্র পশ্চিমবঙ্গ সরকারের তদানীন্তন তথ্য ও সংস্কৃতি বিভাগের মাননীয় মন্ত্রী শ্রী বুদ্ধদেব ভট্টাচার্য মহাশয় রবীন্দ্রসদনে আমার সংবর্ধনা সভার আয়োজন করেন। ভাষণ প্রসঙ্গে উনি বলেন "আমরা বাঙালিরা ভারতীয় সংস্কৃতির বহুক্ষেত্রে অগ্রণী, কিন্তু এতদিন কণ্ঠসংগীতের ক্ষেত্রে আমরা সেই স্থান ও মান অর্জন করতে পারিনি। শ্রীঅজয় চক্রবর্তী 'কুমার গন্ধর্ব' পুরস্কারটি পেয়ে আমাদের সেই অভাব পূরণ করলেন। শিশুদের সংগীত শিক্ষার জন্য অজয়বাবু একটি প্রতিষ্ঠান স্থাপন করতে চান। আমাদের সরকারের পক্ষ থেকে আমি যথাসাধ্য সাহায্য করব বলে ওঁকে প্রতিশ্রুতি দিচ্ছি।"

শ্রদ্ধেয় বুদ্ধদেব ভট্টাচার্য মহাশয় আমাকে কলকাতার নানা অঞ্চলে কয়েকটি বাড়ির মধ্যে একটি পছন্দ করার জন্য বললেন। আমি তাঁকে বললাম যে শিশুদের সংগীতশিক্ষায়তনের উপযোগী টালিগঞ্জ অঞ্চলে একটি জায়গা আমার প্রয়োজন; আমার নিজের থাকার বাড়ি আছে S. R. A-র ক্যাম্পাস-এ আর শ্যামনগরে। উনি আমাকে সত্তর নং গল্‌ফ ক্লাব রোডে জায়গা দিলেন পশ্চিমবঙ্গ সরকারের পক্ষ থেকে। এই জায়গাটি আইনসম্মতভাবে আমার প্রস্তাবিত সংগীত বিদ্যালয়ের অনুকূলে অধিকার করতে সাহায্য করেছিলেন মাননীয় মন্ত্রী শ্রীবুদ্ধদেব ভট্টাচার্য মহাশয়ের সচিব শ্রী ভাস্কর লায়েক মহাশয়। ওঁর সাহায্য ছাড়া এই সরকারি জমিটি পাওয়া সম্ভব হত না। তাছাড়া যখনই প্রয়োজন হয়েছে তখনই ওঁর সক্রিয় সহযোগিতা পেয়েছি। ওঁর প্রতি আমার কৃতজ্ঞতা অন্তহীন। মাননীয় মন্ত্রী শ্রী ভট্টাচার্যের সঙ্গে যুক্ত শ্রী কালীকৃষ্ণ গুহও এ ব্যাপারে বহুভাবে আমাকে সাহায্য করে আমাকে কৃতজ্ঞতা পাশে বেঁধেছেন।

জায়গা তো পাওয়া গেল। এখন সমস্যা হল নাম নিয়ে। শিশুদের সংগীতশিক্ষায়তন, তাই

নামটির মধ্যে সংগীত এবং শিশুর অনুষঙ্গ থাকা চাই। অনেক চিন্তাভাবনা, আলোচনা ও সমালোচনার পর 'শ্রুতিনন্দন' নামটি স্থির করলেন আমার স্ত্রী চন্দনা চক্রবর্তী এবং অধ্যাপক স্নেহাংশকুমার সরকার। এই নামটিই গৃহীত হল—যেহেতু, 'শ্রুতি'র মানে শ্রবণ এবং যা শুনে জানা যায়, শেখা যায় আর 'নন্দন'-এর অর্থ, শিশু, স্বর্গ এবং যা আনন্দ দেয়। সংগীত একটি শ্রাব্য বিষয় যা শুনে শিখতে হয় এবং বিশেষত ভারতীয় রাগসংগীত গুরুশিষ্য পরম্পরা বাহিত শ্রুতির মাধ্যমেই শেখা হয়, যা শিখে শিশুরা স্বর্গীয় আনন্দ পাবে, শ্রোতাদেরও আনন্দ দেবে। ইংরাজী অক্ষরে 'শ্রুতিনন্দন' শব্দটি লিখলে বারোটি অক্ষর পাওয়া যায়। SHRUTINANDAN। প্রথম অক্ষর 'S'=সা, শেষ অক্ষর N=নি। একটি স্কেলে বারোটি স্বর থাকে—সা, কোমল রে, শুদ্ধ রে, কোমল গা, শুদ্ধ গা, শুদ্ধ মা, কড়ি বা তীব্র মা, পা, কোমল ধা, শুদ্ধ ধা, কোমল নি, শুদ্ধ নি বা তীব্র নি।

জায়গা হল, নাম হল, একটি সোসাইটি হিসেবে রেজিস্ট্রেশনও হল ১৯৯৩-এর এপ্রিল মাসে পশ্চিমবঙ্গ সরকারের Registration of Societies Act of 1961 অনুসারে। রেজিস্ট্রেশন নম্বরটি হল S/73153 of 1993-94। শ্রুতিনন্দন সংস্থার পরিচালক মণ্ডলীর (Governing Body) সদস্যগণ হলেন:

১। শ্রী অজিতকুমার চক্রবর্তী—সভাপতি
২। শ্রীমতী মহামায়া চক্রবর্তী—সহ-সভাপতি
৩। শ্রী অজয় চক্রবর্তী—সম্পাদক
৪। শ্রীমতী চন্দনা চক্রবর্তী—কোষাধ্যক্ষ, প্রিন্সিপ্যাল
৫। শ্রীমতী জয়ন্তী চক্রবর্তী
৬। শ্রী সঞ্জয় চক্রবর্তী — সাধারণ সদস্যবৃন্দ
৭। অধ্যাপক স্নেহাংশুকুমার সরকার

১৯৯৬ সালের ডিসেম্বর মাসে শ্রুতিনন্দনের ভিত্তিপ্রস্তর স্থাপন করলেন আমাদের পরিবারের আধ্যাত্মিক জীবন প্রবাহের উৎস, আমার পিতার মন্ত্রগুরু স্বামী প্রেমানন্দ তীর্থস্বামীজি মহারাজের শিষ্য, আমাদের জীবনের দিশারী শ্রীমৎ সদানন্দ ব্রহ্মচারী মহারাজ।

কুমার গন্ধর্ব পুরস্কারের ৫১,০০০ টাকা আমি শ্রুতিনন্দনের কাজে নিয়োগ করলাম। এবারে শ্রুতিনন্দনের বাড়িটি তৈরির জন্য প্রয়োজনীয় অর্থ সংগ্রহের উপায়ের সন্ধান আরম্ভ করলাম।

১৯৯৬ সালের ২৯ জানুয়ারি নজরুল মঞ্চে সকাল ৯টা থেকে রাত্রি ৯টা পর্যন্ত শ্রুতিনন্দনের একটি উদ্বোধনী অনুষ্ঠান হল। সংগীত রিসার্চ অ্যাকাডেমির কর্ণধার শ্রদ্ধেয় বিজয় কিচলু মহাশয় তাঁর উদ্বোধনী ভাষণে শ্রুতিনন্দনকে S. R. A-র পরিপূরক বলে ঘোষণা করলেন। ওই অনুষ্ঠানে উস্তাদ আলী আহমেদ হোসেন, পণ্ডিত শংকর ঘোষ তাঁর ছাত্রদের নিয়ে অংশগ্রহণ করেছিলেন। 'শ্রুতিনন্দন পদ্ধতি' অনুযায়ী আমার স্ত্রী শ্রীমতী চন্দনা চক্রবর্তীর কাছে যে সব ছাত্রছাত্রী অতি শৈশব থেকে গান শিখে আসছে তাদের নিয়ে আমি একটি লেকচার ডেমনস্ট্রেশন করেছিলাম শ্রুতিনন্দনের শিক্ষাপদ্ধতিটিকে উদাহরণসহ ব্যাখ্যা করার জন্য। তারপরে ছিল কৌশিকীর খ্যাল গান। শেষে ছিল সংযুক্তা পাণিগ্রাহীর

ওড়িশি নৃত্য। গভীর আক্ষেপের বিষয় এই যে ওঁর অকালপ্রয়াণে শ্রুতিনন্দনের বাড়িটি ওঁর পবিত্র পাদস্পর্শ থেকে বঞ্চিত হল। তবে আমি বিশ্বাস করি যে সেই মহান আত্মার আশীর্বাদ আমার এবং শ্রুতিনন্দনের সঙ্গে যুক্ত সকলের কল্যাণ সাধন করবে। সেদিনের অনুষ্ঠানে বিভিন্ন সহযোগী শিল্পী এবং অন্যান্যদের ভূমিকা আমি সকৃতজ্ঞ চিত্তে স্মরণ করছি।

ওই অনুষ্ঠান উপলক্ষে একটি স্মারক পুস্তিকা প্রকাশিত হয়েছিল। কয়েকজন ব্যক্তি এবং কিছু ব্যবসায়ী প্রতিষ্ঠান শ্রুতিনন্দনের ব্যয় নির্বাহের জন্য সাহায্য ও সহযোগিতা করেছিলেন বিজ্ঞাপনের মাধ্যমে। এ প্রসঙ্গে বিশেষ ভাবে উল্লেখ্য শ্রী সনৎ পাল নামে একজন সাধারণ ব্যাঙ্ক কর্মচারীর কথা। তিনি তাঁর সারা জীবনের সঞ্চয় থেকে কুড়ি হাজার টাকা শ্রুতিনন্দনকে দান করেছিলেন কোনও প্রতিদানের আশা না করে। ভারতের সংগীত ও সংস্কৃতির প্রচার ও প্রসারে তাঁর এই স্বার্থত্যাগ কৃতজ্ঞচিত্তে স্মরণীয়।

আমার শ্রুতিনন্দন প্রতিষ্ঠার সংকল্প জেনে স্বর্গত বাবা আলাউদ্দিন খাঁনের কন্যা অন্নপূর্ণা মা শ্রুতিনন্দন ও আমাকে আশীর্বাদ জানিয়েছিলেন সুন্দর, গভীর স্নেহ ও আন্তরিকতা মেশানো একটি চিঠিতে। তাঁর আশীর্বাদের সঙ্গে ছিল তাঁর যথাসাধ্য আর্থিক সাহায্য। তাঁর প্রেরণা আমার সংকল্পকে দৃঢ়তর করেছে।

শ্রী অধীপ চৌধুরী, আই. এ. এস, কর্ণাটক রাজ্যের স্বরাষ্ট্র সচিব শ্রুতিনন্দনকে ১ লক্ষ টাকা সংগ্রহ করে দিয়ে আমার জ্যেষ্ঠ ভ্রাতার কাজ করেছেন।

শ্রুতিনন্দনের বাড়িটি কেমন হবে, সেখানে কোন্ কোন্ বিভাগ থাকবে, ক্লাসরুমগুলি কেমন হবে এবং সেখানে কী কী থাকবে ইত্যাদি বিষয়ে আমরা নানারকম চিন্তাভাবনা তখন আরম্ভ করেছি। বাড়িটির গঠন ও স্থাপত্যে যাতে ভারতীয় সংগীতের তিনটি পর্যায় অর্থাৎ প্রাচীন যুগ, সুলতানি ও বাদশাহি আমল এবং আধুনিক যুগ প্রতিফলিত হয় সেরকম একটি নকশা প্রস্তুতের জন্য আমরা একজন স্থপতিকে খুঁজছিলাম। কল্পিত বাড়িটির এবং সংগীত-শিক্ষা গ্রহণরত ছাত্রছাত্রীদের ছবি দিয়ে, শ্রুতিনন্দনের পরিকল্পিত বিভাগগুলির বিবরণ দিয়ে একটি পুস্তিকা (brochure) প্রকাশ করি এই অভিনব প্রচেষ্টাকে সাফল্যমণ্ডিত করার আবেদনসহ। ওই পুস্তিকায় ছবিগুলি এঁকে দিয়েছিলেন বিখ্যাত চিত্রশিল্পী শ্রী শ্যামল সেন।

নজরুল মঞ্চের অনুষ্ঠানের কিছুদিন আগে আমি মুম্বাই গিয়েছিলাম। সেখানে আমার অগ্রজপ্রতিম শ্রী গিরিজা মুখোপাধ্যায় হিন্দুস্থান লিভার কোম্পানির প্রাক্তন চেয়ারম্যান শ্রদ্ধেয় শ্রী অশোক গাঙ্গুলির সঙ্গে আমার পরিচয় করিয়ে দেন। শ্রী গাঙ্গুলি আমার পরিকল্পনার কথা এবং ওই পরিকল্পনাকে বাস্তবে রূপান্তরিত করতে সম্ভাব্য অর্থব্যয়ের পরিমাণ এবং সেই অর্থ সংগ্রহের জন্য কী কী উপায় আমি অবলম্বন করতে চাই ইত্যাদি বিষয় সহানুভূতি ও ধৈর্যের সঙ্গে শুনে আমাকে হিন্দুস্থান লিভারের তদানীন্তন চেয়ারম্যান শ্রীসুসীমমুকুল দত্তের সঙ্গে যোগাযোগ করিয়ে দিলেন। শ্রদ্ধেয় শ্রী সুসীমমুকুল দত্ত আমার কাছে এক বিস্ময়কর মানুষ। অন্তরের সৌন্দর্য যে মানুষের শরীরে ও আচরণে কত স্নিগ্ধ মহিমায় ব্যাপ্ত হতে পারে তার অনুপম দৃষ্টান্ত শ্রীসুসীমমুকুল দত্ত। উনি আমার শ্রুতিনন্দনের পরিকল্পনা শুনেই বললেন, 'তোমার জীবনব্যাপী স্বপ্নের বাস্তব রূপায়ণের জন্য হিন্দুস্তান লিভার দায়িত্ব নেবে। আমি ওঁর আশ্বাসের ভিত্তিতে শ্রুতিনন্দনের বাড়িটি তৈরির জন্য ১০ লক্ষ টাকা চেয়েছিলাম ওই সংস্থার কাছে। কিন্তু আরব্য উপন্যাসের অবাস্তবতাকে অতিক্রম

করে মুম্বাই থেকে টেলিফোনে খবর এল হিন্দুস্থান লিভার ১ কোটি টাকা শ্রুতিনন্দনের বাড়ি তৈরির জন্য দিতে প্রস্তুত! ভারতের সংগীত ও সংস্কৃতির প্রতি গভীর শ্রদ্ধা এবং যোগ্য সংগীত শিল্পীর প্রস্তুতিতে অকৃপণভাবে সাহায্য করার আন্তরিক ইচ্ছা না থাকলে কোনও ব্যক্তি এত বিরাট দায়িত্ব নিতে পারেন না। একদিকে অতি বিরল মহানুভবতা এবং অকৃত্রিম বিনয়ের অভাবনীয় মিলনে শ্রদ্ধেয় শ্রী দত্ত ভারতীয় শিল্পোদ্যোগের ইতিহাসে শুধু নয় সংস্কৃতির ইতিহাসেও চিরস্মরণীয় হয়ে থাকবেন।

শ্রুতিনন্দনের বাড়ি তৈরির জন্য যখন অর্থের সংস্থান হল তখন উপযুক্ত স্থপতির সন্ধান করতে শুরু করলাম। যেরকম বাড়ি আমরা তৈরি করতে চাইছিলাম সেরকম বাড়ি নজিরবিহীন। স্থাপত্যের জ্ঞানের সঙ্গে ভারতীয় সংগীতের ইতিহাস চেতনার যোগের উদাহরণ বাস্তবিকই দুর্লভ। Brochure-এর ছবি অনুযায়ী শ্রুতিনন্দনের বাড়িটির নকশা প্রস্তুতের দায়িত্ব নিলেন শ্রীইন্দ্রনীল সেন, সুদক্ষ স্থপতি রূপে যিনি আগেই তাঁর যোগ্যতার প্রমাণ দিয়েছেন।

এবারে প্রশ্ন হল কোন সংস্থাকে বাড়ি তৈরির কাজে দায়িত্ব দেওয়া যায়? মাননীয় মন্ত্রী শ্রী বুদ্ধদেব ভট্টাচার্য ম্যাকিনটশ বার্ন কোম্পানিকে দায়িত্ব দিতে বললেন—কেননা এই সংস্থাটি কলকাতার অনেক ঐতিহাসিক গুরুত্বসম্পন্ন বাড়ির নির্মাতারূপে খ্যাতিমান। এইসময় আমি ঐ সংস্থার একজন প্রোজেক্ট ম্যানেজার শ্রী অশোক বন্দ্যোপাধ্যায়ের সঙ্গে পরিচিত হই। তিনি শুধু একজন অভিজ্ঞ ইঞ্জিনিয়ারই নন, ভারতীয় সংগীত ও সংস্কৃতির প্রতি একজন শ্রদ্ধাবান ব্যক্তি। ওঁর মাধ্যমে আমি ম্যাকিনটশ বার্ন কোম্পানির ম্যানেজিং ডিরেক্টর শ্রী সাধন নিয়োগী, চেয়ারম্যান শ্রী গৌরাঙ্গ গাঙ্গুলির সঙ্গে পরিচিত হই। ওঁরা শ্রুতিনন্দনের কথা শ্রদ্ধা ও ধৈর্যের সঙ্গে শুনে আমাকে প্রতিশ্রুতি দিলেন যে ম্যাকিনটশ বার্ন বিনা লাভে শ্রুতিনন্দনের বাড়িটি নির্মাণ করে দেবেন। ওঁদের ভালবাসা এবং সহযোগিতা শ্রুতিনন্দনকে সুন্দর এবং দৃঢ়ভিত্তিতে প্রতিষ্ঠিত করেছে।

ম্যাকিনটশ বার্ন-এর কর্ণধারগণ তাঁদের প্রতিশ্রুতি অক্ষরে অক্ষরে পালন করলেন। মাত্র সতের মাসের মধ্যে Basement সহ পাঁচতলা বাড়িটি সম্পূর্ণ হল। ২০শে জুলাই ১৯৯৭, পবিত্র গুরুপূর্ণিমা তিথিতে মাননীয় মন্ত্রী শ্রীবুদ্ধদেব ভট্টাচার্য মহাশয় শ্রুতিনন্দনের আনুষ্ঠানিক উদ্বোধন করলেন। ওই অনুষ্ঠানে কর্ণাটকি সংগীতের প্রবাদপুরুষ ডঃ বালমুরলী কৃষ্ণ, শ্রদ্ধেয় শ্রীসুসীমমুকুল দত্ত, শ্রদ্ধেয় শ্রী বিজয় কিচলু, বহু খ্যাতিমান সংগীতশিল্পী এবং বিশিষ্ট ব্যক্তি উপস্থিত ছিলেন। আমার কর্ণাটকী সংগীতের পথপ্রদর্শক বালমূরলীকৃষ্ণজী ওই অনুষ্ঠানে আমার এবং শ্রুতিনন্দনের প্রতি তাঁর গভীর আন্তরিকতাপূর্ণ আশীর্বাদ ও শুভেচ্ছা তাঁরই রচিত একটি গান গেয়ে প্রকাশ করেছিলেন।

বিস্ময়কর দ্রুততায় শ্রুতিনন্দনের বাড়িটির নির্মাণের জন্য সবচেয়ে বেশি কৃতিত্ব site engineer শ্রী কৃষ্ণেন্দু মাইতির। অনুজপ্রতিম কৃষ্ণেন্দু প্রতিদিনই সকাল ন'টা থেকে রাত দশটা পর্যন্ত অক্লান্ত পরিশ্রম করে অসাধ্যসাধন করেছেন। প্রচণ্ড বর্ষায়, ভীষণ বিপদের ঝুঁকি নিয়ে সে শ্রুতিনন্দনকে গড়েছে। প্রতিষ্ঠানটির প্রতি এবং আমাদের প্রতি কৃষ্ণেন্দুর শ্রদ্ধা ও ভালবাসার সোচ্চার অথচ নীরব সাক্ষী হয়ে থাকবে শ্রুতিনন্দনের বাড়িটি।

শ্রুতিনন্দনের একটি প্রতীক বা Logo-র প্রয়োজন আমরা অনুভব করলাম। অনেক চিন্তাশীল শিল্পী যত্ন করে Logo প্রস্তুত করলেন। আমেরিকার ডেট্রয়েটের অধিবাসী শিল্পী

শ্রী বিরিন্দর চৌধুরী এবং তাঁর কনিষ্ঠা কন্যা কল্যাণীয়া মালশ্রী যে Logo-টি পাঠালেন সেটিই সকলের পছন্দ হল। শ্রী চৌধুরী এবং ওঁর পরিবারের সবাই ভারতীয় সংগীতের প্রতি যথার্থই শ্রদ্ধাবান—তাই শ্রুতিনন্দনের শুভাকাঙ্ক্ষী। এই সংগীতশিক্ষায়তনের সঙ্গে যুক্ত সকলেই ওঁদের প্রতি চিরকৃতজ্ঞ থাকবেন।

কলকাতা পুরসভাও তাঁদের অকুণ্ঠ সহযোগিতার প্রমাণ দিয়েছেন মাত্র ১ টাকা building plan sanction fee ধার্য করে। ওঁরা যদি এই সহায়তা না করতেন তাহলে প্রায় এক লক্ষ টাকা দিতে হত। পুরপিতা শ্রী প্রশান্ত চট্টোপাধ্যায় এবং তাঁর পরিষদের প্রতি গভীর কৃতজ্ঞতা জানাই।

Oil & Natural Gas Commission ১ লক্ষ টাকা দান করেছেন শ্রুতিনন্দনের কাজে। ওই সংস্থার অত্যন্ত গুরুত্বপূর্ণ পদের অধিকারী শ্রীইন্দ্রনাথ চ্যাটার্জির সৌজন্যে এবং আনুকূল্যে এই সাহায্যলাভ সম্ভব হয়েছে। O.N.G.C. এবং শ্রী চ্যাটার্জিকে আন্তরিক কৃতজ্ঞতা জ্ঞাপন করছি।

ভারতের আয়কর বিভাগ শ্রুতিনন্দনের কাজে অর্থদানকে আয়কর আইনের ৮০-জি ধারা অনুযায়ী আয়কর অব্যাহতির সুযোগ দিয়েছেন। ভারতীয় সংস্কৃতি ও সংগীতের প্রসারের জন্য তাঁদের সুবিবেচনা প্রশংসনীয়।

পশ্চিমবঙ্গ সরকারের পূর্তবিভাগের (P.W.D.) চিফ ইঞ্জিনিয়ার, পরে আবাসন সচিব (Housing Secretary) শ্রীঅমল ঘোষ শ্রুতিনন্দনের নির্মাণপর্বে নানাভাবে সাহায্য করেছেন। অগ্রজপ্রতিম শ্রী ঘোষকে কৃতজ্ঞতা বা ধন্যবাদ জ্ঞাপন আমার পক্ষে ধৃষ্টতা বলে মনে করি।

ভাল কাজ করতে গেলে বহুবিধ বাধার সম্মুখীন হওয়া প্রায় একটি স্বতসিদ্ধ সত্য। শ্রুতিনন্দন স্থাপন ও সংরক্ষণের কাজটি সেই সত্যের আর একটি দৃষ্টান্ত। বাধা বিঘ্নগুলি যে একেবারে নির্মূল হয়েছে তা নয়, তবে সেগুলি তীব্র ও ভয়াবহ রূপ ধারণ করার আগেই প্রতিহত হয়েছে দলমত নির্বিশেষে স্থানীয় জনসাধারণের সতর্ক ও সময়োচিত তৎপরতার জন্য। এই অদ্বিতীয় শিশুশিক্ষায়তনটির প্রতি তাঁদের মমত্ববোধই শ্রুতিনন্দনের রক্ষাকবচ। বিধায়ক শ্রীপঙ্কজ ব্যানার্জি এবং স্থানীয় নাগরিক কমিটির কর্মকর্তাগণ এ ব্যাপারে অগ্রণী ভূমিকা গ্রহণের জন্য অশেষ কৃতজ্ঞতাভাজন।

নানা সংকট থেকে শ্রুতিনন্দনকে যাঁরা রক্ষা করে চলেছেন তাঁদের মধ্যে আছেন আমার শ্রদ্ধাভাজন, অগ্রজতুল্য শ্রী অহীন চৌধুরী যিনি একাধারে শ্রুতকীর্তি ব্যবহারজীবী এবং রাগসংগীতের সুরসিক বোদ্ধা। ওঁর এবং ওঁর পরিবারের সকলের অকৃত্রিম ভালবাসা ও শুভকামনা আমার এবং শ্রুতিনন্দনের পরমসম্পদ।

বন্ধুবর বি.ডি. শর্মা আই. পি. এস. সবরকম সম্ভাব্য বিপদের আশঙ্কা থেকে শ্রুতিনন্দনকে রক্ষা করেছেন। তাঁকে ধন্যবাদ জানিয়ে বন্ধুত্বের অবমাননা করব না।

সমাজের সর্বস্তরের শিশুসংগীত প্রতিভার বিকাশের উদ্যোগ শ্রুতিনন্দন। প্রায় সাতশো শিশু এবং তাদের শিক্ষক-শিক্ষিকা এবং কয়েকজন কর্মী নিয়ে আমাদের সাংগীতিক পরিবার। এদের সকলের স্বাস্থ্য ও চিকিৎসা সম্বন্ধে আমাকে আশ্বস্ত করেছেন দু'জন প্রথিতযশা চিকিৎসক: ডাক্তার শান্তনু ব্যানার্জি এবং ডাক্তার অশোক গাঙ্গুলি। এঁরা দুজনেই সংগীত ও সাহিত্যের গভীর অনুরাগী। শ্রুতিনন্দনের পরমআত্মীয় জেনে কেবল চিকিৎসার জন্য নয় যে কোনও সমস্যার সমাধানের উপায় ওঁদের কাছে নির্দ্বিধায় জানতে চাই এবং

ওঁরাও আশাতীতভাবে আমাকে সাহায্য করেন।

কানাডার ডক্টর দিলীপ ভট্টাচার্য শ্রুতিনন্দনের কয়েকজন যোগ্য ছাত্রছাত্রীকে নিয়মিত বৃত্তি দেবার জন্য স্থায়ী ব্যবস্থা করেছেন। কানাডার শ্রী দীনেশ গান্ধীও সাহায্যের হাত বাড়িয়ে দিয়েছেন। আমেরিকা যুক্তরাষ্ট্রের ডাক্তার দীপক মুখার্জি শ্রুতিনন্দনের উত্তরোত্তর শ্রীবৃদ্ধি কামনা করে উদারভাবে সাহায্য করেছেন। অনাবাসী ভারতীয় হলেও ভারতের সংস্কৃতির ও সংগীতের প্রচার ও প্রসারে এঁদের ভূমিকা চিরস্মরণীয়।

শ্রুতিনন্দনের উদ্যোগপর্ব থেকেই তার আশা ও ভরসার উৎসরূপে প্রমাণিত ব্যক্তি ও সংস্থার মধ্যে উল্লেখ করি মুম্বাই ও গোয়ার কারে গ্রুপ অব ইন্ডাস্ট্রিজ-এর শ্রীরামনাথ কারে, শ্রীঅশোক কারে এবং শ্রী সুরেশ কারের নাম।

প্রখ্যাত সংগীতশিল্পী কুমারী কবিতা কৃষ্ণমূর্তি প্রতি বছর সুদূর মুম্বাই থেকে কলকাতায় এসে শ্রুতিনন্দনের কয়েকজন যোগ্য ছাত্রছাত্রীকে বৃত্তি দেবার ব্যবস্থা করে যান। বৃত্তি পাওয়ার যোগ্যতা অবশ্য শ্রুতিনন্দনের সিদ্ধান্ত অনুসারী। বিশ্ববিশ্রুত পাঞ্জাবি লোকসংগীতশিল্পী শ্রী দলের মেহেন্দী স্বেচ্ছায় আমার সঙ্গে দেখা করতে এসে শ্রুতিনন্দন দেখামাত্রই একলক্ষ টাকা দান করেছেন। লোকসংগীত শিল্পী হয়েও চিরায়ত সংগীতের প্রতি তাঁর এই শ্রদ্ধা ও আস্থা বিশেষভাবে উল্লেখযোগ্য। শ্রী এস. এন. রায়চৌধুরী (কিশোরবাবু) এবং শ্রী অরুণ ঘোষ-এর কাছে আমরা চিরকৃতজ্ঞ থাকব এঁদের সাহায্য ও সৎপরামর্শের জন্য।

আরও অনেক মানুষ ও প্রতিষ্ঠানের সহযোগিতা শ্রুতিনন্দনের সৃষ্টি এবং স্থিতির কারণ। তাঁদের সকলের নামের উল্লেখ এই ক্ষুদ্র পরিসরে সম্ভব নয় বলে আমি ক্ষমাপ্রার্থী। ঈশ্বরের কাছে তাঁদের সকলের কল্যাণ কামনা করি।

পূর্ণাঙ্গ শ্রুতিনন্দন-কথায় শ্রুতিনন্দন ভাবনার আরেকটি দিকের উল্লেখ অবশ্য প্রয়োজন। ভারতবর্ষের পূর্বাঞ্চলের শহর কলকাতায় শ্রুতিনন্দনের অস্তিত্ব। কিন্তু তার চিন্তাভাবনা এবং স্বপ্নের ব্যাপ্তি ভারত জুড়ে, বিশ্বজুড়ে। ভারতীয় রাগসংগীতের আবেদন দেশকাল, ভাষা, ধর্ম ইত্যাদির সীমাকে অতিক্রম করে, কেননা এই সংগীতের ভিত্তিভূমি মানুষের আবেগ-অনুভূতি, যা সর্বজনীন।

সর্বজনীন সংগীতের শিক্ষার অধিকার পৃথিবীর সব মানুষের থাকা উচিত। শ্রুতিনন্দনে তাই আন্তর্জাতিক মান অনুযায়ী প্রথম শ্রেণীর একটি studio প্রতিষ্ঠার পরিকল্পনা আছে। ওই studio-টির জন্য বাড়ির নীচের তলায় (basement) উপযুক্ত স্থান সংরক্ষিত আছে। এখান থেকে ভবিষ্যতে কণ্ঠসংগীতের শিক্ষামূলক ক্যাসেট ও সি.ডি. (C.D.) ধারাবাহিকভাবে প্রকাশের পরিকল্পনা আছে। সংগীত মূলত একটি শ্রাব্য বিষয় এবং ওই শ্রাব্য বিষয়টিকে পরিবেশনের উপযুক্ত শিক্ষার জন্য ভিডিও ক্যাসেট ও C.D.-র প্রয়োজন আছে। কলকাতা থেকে অনেক দূরে ভারতের ও পৃথিবীর নানা অঞ্চলে যে সব ভারতীয় কণ্ঠসংগীত শিক্ষার্থী ও সংগীতপ্রেমিক আছেন তাঁদের আকাঙ্ক্ষা চরিতার্থ করার উদ্দেশ্যে ওই স্টুডিওর পরিকল্পনা। স্টুডিওর জন্য প্রয়োজনীয় অর্থের সংস্থান এখনও করা সম্ভব হয়নি। কোনও ব্যক্তি বা প্রতিষ্ঠান যদি এই প্রয়োজনীয় অর্থ দান করেন তবে সেই ব্যক্তি বা প্রতিষ্ঠানের নামেই স্টুডিওগুলি নামাঙ্কিত হবে। প্রসঙ্গত বলি যে হিন্দুস্থান লিভার শ্রুতিনন্দনের বাড়িটি নির্মাণের জন্য অর্থদান করেছিলেন বলে বাড়িটির নাম হয়েছে 'হিন্দুস্থান লিভার সংগীত

সৌধ'।

আমার ব্যক্তিগত উপার্জনের শতকরা পঁচানব্বই ভাগ শ্রুতিনন্দনের কাজেই আমি উৎসর্গ করি। তা সত্ত্বেও স্টুডিও নির্মাণের ব্যয় বহন করা আমার মতো একজন সংগীতশিল্পীর পক্ষে অসাধ্য। স্টুডিওগুলির কাজ আরম্ভ হলেই শ্রুতিনন্দন জাতীয় এবং আন্তর্জাতিক স্তরে আপন সার্থকতা ও যৌক্তিকতা প্রমাণ করতে পারবে।

আমাদের দেশে সংগীতের শ্রোতার অভাব নেই। কিন্তু রাগসংগীত অনেক শ্রোতা শুনতে চান না বুঝতে পারেন না বলে। না বোঝার জন্য কারা দায়ী তা আমি এই বই-এর একাধিক অধ্যায়ে আলোচনা করেছি।

রাগসংগীত সম্পর্কে শ্রোতাদের ঔদাসীন্য ও বিরক্তির মনোভাবকে দূর করার জন্য এবং এই সংগীতের সৌন্দর্য ও উৎকর্ষ সম্পর্কে তাদের সচেতন করার উদ্দেশ্যে শ্রুতিনন্দনে music appreciation class হয়। সাধারণ শ্রোতা, সংগীতশিল্পীরা, কণ্ঠসংগীতের সহযোগী যন্ত্রশিল্পীরাও এই ক্লাসগুলিতে এসে নিজেদের সংগীত সম্পর্কিত সমস্যাগুলির সমাধান করতে পারেন। শিশুদের সংগীতশিক্ষা সহজতর হয় যদি তারা প্রয়োজন মতো অভিভাবকদের সতর্ক ও সঠিক সংগীতজ্ঞানসমৃদ্ধ নির্দেশ পায়। আমার নিজের সংগীত শিক্ষাতে আমার বাবা মার ভূমিকার অভিজ্ঞতা থেকেই আমি একথা বলছি। তাই শ্রুতিনন্দনের music appreciation class-এর প্রথম শিক্ষার্থী ছিলেন ছাত্রছাত্রীদের অভিভাবকেরা।

সংগীতশিক্ষা দেবার জন্য বিশেষ শিক্ষণের প্রয়োজনীয়তার কথা যাঁরা এদেশে সংগীত-শিক্ষা দেন তাঁদের কাছে একেবারে নতুন। আমরা দেখি যে সংগীতে B. Mus., M. Mus. পাশ করলে কিংবা সংগীত বিশারদ, সংগীত প্রভাকর ইত্যাদি পরীক্ষায় উত্তীর্ণ হলেই সংগীতশিক্ষক হওয়া যায়। কিন্তু পরীক্ষায় পাশ করা এবং ভাল শিক্ষক হওয়া—এই দুটি ব্যাপারের মধ্যে ব্যবধান অনেক। সাধারণ শিক্ষার ক্ষেত্রে টিচার্স ট্রেনিং-এর প্রয়োজনীয়তা অনেকদিন আগে থেকে উপলব্ধি করেছেন বিদেশের এবং এদেশের শিক্ষাব্যবস্থার পরিচালকেরা। সংগীতশিক্ষকদের শিক্ষণের প্রয়োজন এখনও বোধহয় কেউ উপলব্ধি করেননি। আমার দীর্ঘদিনের অভিজ্ঞতার ভিত্তিতে আমি এই সিদ্ধান্তে এসেছি যে সংগীতশিক্ষকদেরও শিক্ষণের প্রয়োজন আছে। ওই শিক্ষণলাভ অনেক বেশি গুরুত্বপূর্ণ যদি শিশুদের গান শেখাতে হয়। তাই শ্রুতিনন্দনের প্রাতিষ্ঠানিক রূপায়ণের অনেক আগে থেকে আমি শ্রুতিনন্দনের শিক্ষক-শিক্ষিকাদের শিক্ষণের জন্য বিশেষ পাঠক্রম প্রস্তুত করে তাদের ট্রেনিং দিয়ে আসছি। আমার চিন্তাভাবনা অনুযায়ী প্রতি বৃহস্পতিবার এই ট্রেনিং ক্লাসটি হয়। এই ক্লাসে যাঁরা শিশুদের গান শেখান আমার উদ্ভাবিত পদ্ধতি অনুসারে তাঁরাই কেবল যোগ দেন না, যাঁরা তবলা সহযোগিতা করেন তাঁদের উপস্থিতিও আবশ্যিক—কারণ তবলা ছাড়া গান গাওয়া এবং গান শেখানোর শিক্ষা অসম্পূর্ণ থেকে যায়।

শ্রুতিনন্দনের আরও একটি অদ্বিতীয় বৈশিষ্ট্য—এখানে শিক্ষক ও শিক্ষার্থীদের শিক্ষাদান ও গ্রহণের পারস্পরিক প্রক্রিয়াটির নিরবচ্ছিন্ন উন্নতির জন্য ক্লোজ সার্কিট টিভি-র ব্যবস্থা করা হয়েছে। প্রতিটি ক্লাসের কাজ আমি একটি ঘরে বসে দেখি এবং শিক্ষকদের প্রয়োজনমতো নির্দেশ দিয়ে থাকি। শিক্ষকরাও শিক্ষাদানরত অবস্থায় তাঁদের বক্তব্য ও প্রশ্ন আমাকে জানাতে পারেন।

শ্রুতিনন্দনে আমার পদ্ধতি অর্থাৎ শ্রুতিনন্দনপদ্ধতি অনুসারে যাঁরা শিক্ষা দিচ্ছেন এখনকার ছাত্রছাত্রীদের, তাঁদের নাম:

১। শ্রীমতী চন্দনা চক্রবর্তী (অধ্যক্ষা)
২। " আল্পনা রায়
৩। " মঞ্জুলিকা ব্যানার্জি
৪। " সুজাতা বোস
৫। " সুতপা ভট্টাচার্য
৬। " সুমনা ধর
৭। " রীতা দত্ত
৮। " রীতা দত্ত (ব্যানার্জি)
৯। শ্রী জয়ন্ত সরকার
১০। " কল্যাণ গুহ ঠাকুরতা
১১। " চিরঞ্জীব চক্রবর্তী
১২। " প্রদীপ চ্যাটার্জি
১৩। " অজিত হালদার
১৪। " শুভদীপ মুখার্জি
১৫। " বিধান মিত্র
১৬। " সোমেন পোদ্দার
১৭। " অভিজিৎ মুখার্জি
১৮। " গৌতম ঘোষাল

যাঁরা ছাত্রছাত্রীদের সঙ্গে ক্লাসে তবলায় সহযোগিতা করেন এবং তাদের নিয়মিত তবলা শিক্ষাও দেন তাঁরা হলেন:

১। শ্রী তিমিরবরণ গুপ্ত
২। " প্রণব ভট্টাচার্য
৩। " তপনকুমার দাস
৪। " তরুণ চ্যাটার্জি
৫। " অপূর্ব মুখার্জি
৬। " অশোক রায়চৌধুরী
৭। " স্বপন চক্রবর্তী
৮। " পার্থসারথি ব্যানার্জি
৯। " জয় দাশগুপ্ত
১০। " প্রদীপ হালদার
১১। " ঈশান বিশ্বাস

সহযোগী শিক্ষিকারা হলেন:

১। শ্রীমতী সোমা ব্যানার্জি
২। " সঙ্গীতা দাস।

শ্রুতিনন্দনের ছাত্রছাত্রীদের মঞ্চভীতি দূর করার জন্য এবং অনুষ্ঠান কক্ষের ধ্বনি নিয়ন্ত্রণ (hall acoustics) ব্যবস্থা সম্পর্কে তাদের জ্ঞান লাভে সাহায্য করার জন্য শ্রুতিনন্দনে একটি অনুষ্ঠানকক্ষ আছে যেটির নাম গুরু জ্ঞানপ্রকাশ স্যাংটাম্ (sanctum)। শ্রোতাদের সামনে শিশু ছাত্রছাত্রীরা এখানে গান করে ভবিষ্যতের শিল্পী হবার প্রয়োজনীয় অভিজ্ঞতা অর্জন করে।

কয়েকটি অবশ্য প্রয়োজনীয় বাদ্যযন্ত্রের সাহায্য ছাড়া কণ্ঠসংগীত শিক্ষা, অনুশীলন এবং পরিবেশন সম্ভব নয়। তাই হারমোনিয়াম, তানপুরা এবং তবলা বাঁয়া ঠিকমত প্রস্তুত ও সুরে মেলানো অবস্থায় ছাত্রছাত্রীদের ও শিক্ষক-শিক্ষিকাদের ব্যবহার করা উচিত বলে বহু দিন যাবৎ ভেবে আসছি।

আমাদের দেশে একটি হারমোনিয়ামের সুরের সঙ্গে অন্য হারমোনিয়ামের সুরের অনেক তফাত থাকে। যেমন একটি হারমোনিয়ামে C স্কেলের (scale) 'সা' চাবিটি টিপলে যে সুর বেরোয় অন্য হারমোনিয়ামে ওই একই স্কেলের 'সা' চাবিটি টিপ্লে একটু উঁচু কিংবা নিচু সুর পাওয়া যায়। সংগীতশিক্ষক তাঁর বাড়িতে যে হারমোনিয়ামটি বাজিয়ে ছাত্রছাত্রীদের স্বরগুলি শোনালেন, ছাত্রছাত্রীদের নিজস্ব হারমোনিয়ামের সুরের সঙ্গে সেগুলি হুবহু না মেলার জন্য স্বরগুলি সম্পর্কে তাদের সঠিক ধারণা হয় না। এইরকম অসংগতি দূর করার উদ্দেশ্যে শ্রুতিনন্দনে পিচ্ (pitch) পরিমাপক বৈজ্ঞানিক যন্ত্রের সাহায্যে সমস্ত হারমোনিয়ামের সুর আন্তর্জাতিক মানদণ্ড অনুসারে স্থির করে দেবার ব্যবস্থা আছে। সমস্ত ছাত্রছাত্রীর হারমোনিয়াম এইভাবে এক পিচে (pitch) মেলানো হয়েছে। প্রতিটি হারমোনিয়ামে 'চেকড বাই শ্রুতিনন্দন' স্টিকার আঁটা আছে। এই গুরুত্বপূর্ণ কাজটিতে যাঁরা ব্যাপৃত তাঁদের নাম:

হারমোনিয়ামের জন্য—শ্রী গোবিন্দ রীদ্, নেপাল চন্দ্র মিস্ত্রী, শ্রী কিশোর রায়।

তানপুরার জন্য—শ্রী বিমল বিশ্বাস।

তবলা বাঁয়ার জন্য—শ্রী মুক্ত দাস।

হারমোনিয়ামের মতো তানপুরা ও তবলা বাঁয়াগুলিও ঠিকমত প্রস্তুত ও সুরে মেলানো অবস্থায় ব্যবহার করা উচিত। তা না হলে শিক্ষার্থীরা এই একান্ত প্রয়োজনীয় যন্ত্রগুলির প্রকৃত বৈশিষ্ট্য জানতে পারবে না। সেইজন্য সুরের ও তবলার বাণীগুলিরও সঠিক পরিচয় তারা পাবে না। বাদ্যযন্ত্রগুলিকে আধুনিক বিজ্ঞানসম্মতপদ্ধতিতে প্রস্তুত রাখার একমাত্র সংগীত শিক্ষাপ্রতিষ্ঠান শ্রুতিনন্দন।

শ্রুতিনন্দনের উদ্যোগ ও নির্মাণপর্ব থেকে আজও যাঁরা অক্লান্তভাবে তার সেবা করে চলেছেন তাদের নামের উল্লেখ ঐতিহাসিক কারণে তাৎপর্যপূর্ণ। শ্রীঅর্চন মৈত্র বহু বিচিত্র লাল ফিতের বাঁধন থেকে শ্রুতিনন্দনকে মুক্ত করেছেন অসীম ধৈর্য ও সহিষ্ণুতা দিয়ে। শ্রী শ্যামল চ্যাটার্জি সবসময় নিজে না হেসে অন্যদের হাসিয়ে যেসব কঠিন রাশি নিয়ে কঠিনতর অঙ্ক কষে যান তা অন্য অনেকেরই কান্নার কারণ হতে পারত। শ্রী তপু দাস, শ্রী সূর্যকান্ত বারুই, শ্রী কপিল নায়ক শ্রুতিনন্দনের ভিত্তিস্থাপনের সময় থেকে আমাদের নিত্য কর্মরত সঙ্গী। শ্রুতিনন্দন যখন কেবল কল্পনা ও পরিকল্পনার জগতে ছিল, তখন থেকেই তার সদা সচল বিজ্ঞাপন আমাদের সারথি গ্যাব্রিয়েল অরুণ মণ্ডলের শ্রুতিনন্দন নামাঙ্কিত পোশাক।

শ্রুতিনন্দনের প্রার্থনাসংগীতটি সংস্কৃতভাষায় রচনা করে পাঠিয়েছিলেন যুক্তরাষ্ট্রের হাওয়াই বিশ্ববিদ্যালয়ের দর্শনশাস্ত্রের অধ্যাপক ডক্টর অরিন্দম চক্রবর্তী, আমার বাল্যবন্ধু। এই প্রজ্ঞাবান দার্শনিক ভারতীয় রাগসংগীতেরও মরমী বোদ্ধা। অরিন্দমের এই বন্ধুকৃত্যের জন্য কৃতজ্ঞতা জানিয়ে তাকে ছোট করব না।

একজন মানুষের সঙ্গে ১৯৭৮ সালে আমার সাক্ষাৎ হয়। তারপর থেকে আজ অবধি এই দীর্ঘ কুড়ি বছর উনি আমার সমস্ত ভাবনাচিন্তার সর্বক্ষণের অংশীদার। কাঁথির প্রভাতকুমার কলেজের বিভাগীয় প্রধান ছিলেন ইনি। বিষয় ছিল দর্শনশাস্ত্র। কিন্তু ওঁর সাহিত্যানুরাগ এবং অপার পাণ্ডিত্য দেখে আমি বারবার বিস্মিত হয়েছি। সংস্কৃত, ইংরেজি ও বাংলাভাষায় রচিত সাহিত্যে ওঁর অনায়াস চলাচল। বেদ, উপনিষদ, গীতা, বাইবেল, হাদিস, কোরান সমস্ত ওর ঠোঁটস্থ। ওঁর কাছেই জেনেছি—ছেলেবেলা থেকেই ওঁর মানসিকতা, জীবনবোধ, জীবনদর্শনে দুজনের প্রভাব অনেকখানি—একজন টি. এস. এলিয়ট, অন্যজন বার্ট্রান্ড রাসেল। অত্যন্ত নিরহংকারী, নির্লোভ, অসাধারণ কৌতুকপ্রবণ, যথার্থ হিউমারবোধ সম্পন্ন এবং বহুমুখী সৃজনীশক্তির অধিকারী এই মানুষটি হলেন আমার পরম আপনজন শ্রীস্নেহাংশুকুমার সরকার। সাধারণ শিক্ষার ভিত্তিতে ও ব্যাপ্তিতে ওঁর পরিচয় নিঃশেষিত হয় না। উনি কণ্ঠসংগীতে দীর্ঘ দশ বছর তালিম পেয়েছিলেন মহিষাদলের রাজা কুমার দেবপ্রসাদ গর্গ বাহাদুরের কাছে এবং তবলায় দীর্ঘ সাত বছর শিক্ষাগ্রহণ করেন হেমন্ত ভট্টাচার্যের কাছে। তবে কোনওদিনই পারফমার (performer) হবার উদ্দেশ্য নিয়ে সংগীত চর্চা করেননি। শুধুমাত্র ওঁর প্রশংসা প্রচারের উদ্দেশ্যে এত কথার অবতারণা করিনি। ওঁর সারাজীবনের শিক্ষা, পড়াশোনা, সততা, মানবিকতা, ভালত্ব (goodness) শ্রুতিনন্দন প্রতিষ্ঠার ক্ষেত্রে প্রতি মুহূর্তে কাজে লেগেছে। শ্রুতিনন্দনের সত্তা এবং ওঁর অস্তিত্ব সমার্থক ও অভিন্ন। আমার যাবতীয় কল্পনার বা ইচ্ছার বাস্তব রূপায়ণের ক্ষেত্রে আমি ওঁর ওপর নির্ভর করেছি, পরামর্শ চেয়েছি, তর্কবিতর্কও করেছি। কিন্তু কখনও এক মুহূর্তের জন্য ওঁকে ধৈর্যচ্যুত হতে দেখিনি। শ্রুতিনন্দনের তরফে যাবতীয় আবেদন এবং পত্রের রচয়িতা উনি। ১৯৯৭-এ শ্রুতিনন্দনের উদ্বোধন অনুষ্ঠান উপলক্ষে বাংলা ও ইংরেজিতে যে নিমন্ত্রণ পত্রটি ছাপা হয়েছিল তা ওনারই রচনা। এঁর ইংরেজি বয়ানটি একটি চমৎকার অ্যাক্রস্টিক (Acrostic) কবিতা—যা উনি প্রায়শই অনায়াসে লিখে থাকেন। সেই বয়ানটি উদ্ধৃত করার লোভ সংবরণ করা মুশকিল। এটি ছিল এইরকম:

Respected,   July 1, 1997

Sir and Madam, pray, please come
Hail to a unique music kingdom,
Raised in Tollygunge, Calcutta, on 70 Golf Club Road.
Uday Shankar Sarani as known in the prevalent mode,
Twentieth July, Ninety Seven,
In the morning right at ten,

Noble, Honourable Minister of Police, Information,
And Culture, Sri Buddhadev Bhattacharya will kindly open
Novel institute, "Shrutinandan" by name,s
Debonair Guest-in-Chief, Shri SusimMukul Datta,
of wide name and fame,
Along with the Guest of Honour, Dr. M. Balmuralikrishna,
musician of universal acclaim,
Notable notes for this memorandum.

শিশুদের কাছে প্রধান দশটি রাগকে সহজে পরিচিত করার জন্য প্রতিটি রাগের একটি করে গান লেখার দায়িত্ব ওঁকে দিয়েছিলাম। আমি কেবল ওঁকে সেই রাগগুলিতে ব্যবহৃত কতগুলি স্বর সমন্বয় (phrase) লিখে দিয়েছিলাম। উনি সেগুলি থেকে শিশুদের উপযোগী সুন্দর গল্পের মতো গান লিখে দিয়েছিলেন। পরবর্তী বই-এ এই গানগুলির পূর্ণ অবয়ব থাকবে। ইমন রাগের গানের চারটি লাইন উল্লেখ করলাম।

নীলু রায় গান গায়
ন্যাড়া রাজা শোনে,
কোনো এক সন্ধ্যায়
রাগিণী ইমনে।

'৯৭-এ অবসর নেওয়ার পর তিনি তাঁর সারা জীবনের সঞ্চিত ধন শ্রুতিনন্দনকে দিয়েছেন। নিজেকেও প্রকৃত অর্থে উৎসর্গ করেছেন শ্রুতিনন্দনের কাজে। ওঁর সঙ্গে সাক্ষাৎ না ঘটলে এ বইটাও এত সহজে আপনাদের হাতে তুলে দেওয়া সম্ভব হত না। ব্যক্তিগতভাবে আমি ও আমার পরিবারের সকলে ওঁর কাছে অনেকভাবে ঋণী। ওঁর সঙ্গে আমার পিতা-পুত্রের সম্পর্ক। উনি পুত্র আমি পিতা। আমার স্ত্রী চন্দনা ওঁর মা। আমার কন্যা কৌশিকীর উনি বড় কাছের বন্ধু। ওর পড়াশোনা, জীবনবোধ, সমস্ত কিছুতেই ওঁর প্রভাব রয়েছে। সংগীতজ্ঞানে উনি আমার গুরুস্থানীয়। ওঁর মতো একজন মানুষকে আমার 'Friend, Philosopher এবং Guide' হিসেবে পেয়ে আমি ধন্য হয়েছি। শ্রুতিনন্দনের প্রত্যেক কর্মী, শিক্ষক, শিক্ষিকার বড় আদরের মানুষ তিনি। শ্রুতিনন্দনের বাড়িটির একটি অল্প পরিসর ঘরে ওঁর থাকার ব্যবস্থা করা হয়েছে। ওঁর মতো এত বিরাটমাপের মানুষ যে এই ব্যবস্থায় খুশি—এতে আমি কৃতজ্ঞ। আজীবন শ্রুতিনন্দনের যাবতীয় কাজে সাধ্যমত সাহায্য করে যাবেন বলে তিনি প্রতিশ্রুতিবদ্ধ—এটি একটি নজির বলে আমি মনে করি।

শ্রুতিনন্দনের জন্মলগ্ন থেকে যাঁরা তাঁদের পবিত্র পাদস্পর্শে এই শিশু শিক্ষায়তনটিকে ধন্য করেছেন তাঁদের মধ্যে বিশেষভাবে উল্লেখযোগ্য নোবেলজয়ী বৈজ্ঞানিক Roald Hoffman— যিনি বলেছেন এশিয়ার প্রাচ্যখণ্ডে এমন একটি সংস্কৃতি কেন্দ্র তাঁর মতে রবীন্দ্রনাথের বিশ্বভারতীর সঙ্গে তুলনীয়। মাননীয় মুখ্যমন্ত্রী শ্রী জ্যোতি বসুও এই সংস্থায় এসে শিশুদের গান শুনে এর উজ্জ্বল ভবিষ্যৎ সম্বন্ধে আশ্বস্ত করেছেন এবং আশীর্বাদ

করেছেন। তাছাড়া শ্রুতিনন্দনকে ধন্য করেছেন—প্রবাদপ্রতিম সরোদিয়া ওস্তাদ আলি আকবর খাঁ সাহেব, বিশ্ববিশ্রুত সরোদ শিল্পী ওস্তাদ আমজাদ আলি খাঁ সাহেব, তবলার যুগন্ধর শিল্পী পণ্ডিত কিষেণ মহারাজজি, প্রখ্যাত কত্থক নৃত্যশিল্পী পণ্ডিত বিরজু মহারাজজি, যশস্বী তবলা শিল্পী পণ্ডিত স্বপন চৌধুরী, স্বনামধন্য তবলিয়া পণ্ডিত শ্যামল বোস, ভারতবিখ্যাত গীটারশিল্পী পণ্ডিত ব্রিজভূষণ কাব্‌রা প্রমুখ আরও অনেক শ্রদ্ধেয় ব্যক্তিত্ব।

Ajoy occupies a very special place in my mind and heart. He was the first scholar I picked up for Sangeet Research Academy in 1977, even before the institution was formally inaugurated. He was then 24 years old, amongst the finest young performers of West Bengal but not necessarily the best. I was particularly struck not only by the quality of talent that he possessed but by his approach towards his music and his determination to reach the top- not by words but by deeds-his own efforts. He possessed the right quality of mind and heart. No wonder that his rise has been phenomenal and within a short time he established himself amongst the most accomplished young musicians of our country. His virtuosity is second to none.

I talked of his determination-I have rarely come across a successful young musician working as hard as he did and for years. Even today, in his late forties, when he appears to be nearing the peak of his career, I have often found him practising whole night. He is truly a 'thinker' of superior quality. Since the last fifteen years or so I have continuously found subtle changes in his gaikee, in the approach to his music, without of course losing the basic frame and character of the legendary Ustad Bade Gulam Ali Khan Saheb's gaikee which he has adopted. Those who can follow academic subtleties of music will find distinct traces of Gwalior, Agra, Kirana characteristics in his gaikee. Of late I have started finding even subtle touches of carnatic paddhati, obviously the influence of the great vidwan and genius Dr. Balamurali Krishna in whose company he spends quite a lot of time these days. It is only a 'thinker' who can break barriers and reach, what I call "unattainable heights", normally not within the reach of an average successful musician. Ajoy certainly possesses that quality and capacity.

We talk of Guru-Shishya Parampara. How many of us really understand what it implies and really means? I have never known Ajoy indulging in any act or manner which could be described as disrespectful towards his Gurus, Pandit Jnan Prokash Ghosh and Ustad Munawar Ali Khan, whether during their lifetime or after their death. In fact his humility and his sense of respect for all his elders and senior musicians is unmatched and should be an example for all students of music.

Right from the start, even before Ajoy established himself as the leading young performer of our country, he had a flair for teaching and his analytical mind was searching to discover sound and new methods of training. Perhaps the environment and the novel systems of training introduced in Sangeet Research Academy provided food for thought to him. Then God's gift of his daughter, Kaushiki, born and brought up and delicately nursed by him in the environment of SRA provided a ready-made opportunity for things which were to happen in his life later.

The birth of Shrutinandan was no wonder. I would, in fact, go to the extent of saying that only Ajoy could do it. The institution should prove a blessing not only for West Bengal but for the entire field of music. My experience in SRA has given me a firm belief that qualitatively the talent of young boys and girls of West Bengal is by far the best in India as far as classical music is concerned. But most unfortunately at least 75% of the talent is ruined due to bad teaching. Excellent results already obtained within a year of Shrutinandan's birth, prove Ajoy's genius as a teacher. In this observation I need also acknowledge the initiative and the unmistakable contribution of his wife Chandana, who possesses a special knack of handling and teaching children. It is my belief that soon SRA and Shrutinandan will become complementary to each other, unique in their respective areas.

Viyay Kichlu

পণ্ডিত বিজয় কিচলুর আশীর্বাণী

Cornell University
Department of Chemistry
Baker Laboratory
Ithaca, New York 14853-1301 USA

Shrutinandan is a world treasure in the making. Under the leadership of Shri Ajoy Chakrabarty it brings to Calcutta and the world a truly modern musical school where initiates to the rich world of Indian classical music may master the living musical culture of old and new India.

And what a privilege it must be to learn from Ajoy Chakrabarty! The incredible flexibility of his voice, the emotional way he pulls the listener into the tonal structure of the music and text, the improvisational richness at his command, all of these make the experience of listening to Ajoy one of a lifetime. When I want to be drawn into the universe of India I listen to Ajoy's rendering of the thumri in Raga Bhairavi.

Roald Hoffmann
Frank H.T. Rhodes Professor of Humane Letters

Roald Hoffman-এর আশীর্বাণী

CHIEF MINISTER
WEST BENGAL

सत्यमेव जयते

No. 140-P/C.M.
May 10, 1999.

It is a matter of gratification that Indian Classical Music which has a rich tradition is assiduously cultivated by eminent classical musicians and their followers. The fruits of their cultivation need to be disseminated on a wide scale.

I am happy that Shri Ajoy Chakraborty, a renowned classical vocalist, is bringing out a book on "Indian Music and Shrutinandan", his institution of classical music. This publication, I hope, will bring into focus all major aspects of Indian classical music. "Shrutinandan", the institution set up by Shri Chakraborty, is engaged in the task of imparting effective training on Indian classical music to our boys and girls who are culturally inclined. Recently, I visited this institution and was profoundly impressed by its activities. Classical music has a significant role to play in maintaining harmony, poise and balance in all spheres of life.

I am sure that efforts initiated by Shri Ajoy Chakraborty and his institution, "Shrutinandan" towards preservation and dissemination of Indian classical music will receive appropriate support and cooperation from all concerned.

Jyoti Basu
(JYOTI BASU)

মাননীয় মুখ্যমন্ত্রী জ্যোতি বসুর আশীর্বাণী

সংগীতশিক্ষার সমস্যা ও সমাধান

সংগীতশিক্ষার্থীরূপে আমি যেসব দুরূহ সমস্যার সম্মুখীন হয়েছি অতি শৈশব থেকে, সেই সমস্যাগুলি এখনও সংগীতশিক্ষার্থীদের পীড়িত করে। সুষ্ঠু ও সম্যক সমাধানের অক্ষমতার জন্য বহু সংগীতশিক্ষার্থীকে নিজেদের ইচ্ছার বিরুদ্ধেই অকালে শিক্ষায় ছেদ টানতে হয়, ভবিষ্যতে সার্থক শিল্পী হবার সম্ভাবনা থাকা সত্ত্বেও। এর কারণ একটি নয়, অনেক।

সংগীতশিক্ষাকে আমাদের সমাজব্যবস্থা বিশেষ গুরুত্ব দেয় না। সংগীতও যে অন্যান্য শিল্পের মতন কিংবা সেগুলির থেকেও মহান শিল্প তা আমাদের সমাজ ও রাষ্ট্রের নেতারা স্বীকার করতে চান না। তাই এখনও অনেক অভিভাবক ভাবেন যে সংগীতশিক্ষা ও চর্চা করলে ভবিষ্যতে সম্মানের সঙ্গে বাঁচা সম্ভব হবে না। স্কুলের গণ্ডি পার হওয়া পর্যন্ত অনেক অভিভাবক ছেলেমেয়েদের সংগীতশিক্ষাকে সহ্য করেন, কিন্তু তার পরে আর নয়। অনেক অভিভাবক স্কুলের গণ্ডি ভালভাবে পার হলে হারমোনিয়াম কিনে দেবেন বলেন, তার আগে নয়। প্রখ্যাত সরোদিয়া শ্রীবুদ্ধদেব দাশগুপ্ত আমায় বলেছেন যে তাঁর বাবা তাঁকে সরোদ কিনে দিয়েছিলেন প্রবেশিকা পরীক্ষায় উত্তীর্ণ হবার পর। ওঁর বাবা ওঁকে বলেছিলেন—"তুমি যদি ম্যাট্রিক পরীক্ষায় প্রথম দশজনের মধ্যে স্থান পেয়ে উত্তীর্ণ হও তবেই তোমাকে সরোদ দেওয়া হবে, তা না হলে নয়।" বুদ্ধদেব ম্যাট্রিক পরীক্ষায় দ্বিতীয় স্থান পেয়ে উত্তীর্ণ হয়েছিলেন।

চল্লিশ-পঞ্চাশ বছর আগে অধিকাংশ অভিভাবক বিশ্বাস করতেন যে সংগীত শিক্ষা, বিশেষত রাগসংগীত শিক্ষা করলে ছেলেমেয়েরা চরিত্রহীন হবে, তাদের নৈতিক অধঃপতন ঘটা অনিবার্য। অর্থাৎ সংগীতশিল্পীরা এক অন্ধকার ও কলুষিত জগতের অধিবাসী। সেই মনোভাবের অবশ্য পরিবর্তন হয়েছে, কিন্তু পেশা বা জীবনধারণের সম্মানজনক উপায়রূপে সংগীত চর্চাকে স্বীকার করতে এখনও অভিভাবকদের যথেষ্ট দ্বিধা এবং সংশয় আছে। সংগীতের ছাত্রছাত্রীরা তাই মানসিক উৎসাহ পায় না সমস্ত শক্তি দিয়ে নিজেদের সংগীত শিল্পীরূপে প্রতিষ্ঠা করতে।

উৎসাহহীনতার আর একটি কারণ সংগীতশিক্ষার পরিবেশ। স্কুল কলেজের পড়াশোনা করার জন্য উপযুক্ত পরিবেশ সৃষ্টিতে যে যত্ন নেওয়া হয় ঘরে এবং বাইরে, সংগীতশিক্ষার ক্ষেত্রে তা বিরল।

অনেক ছেলেমেয়ে অতি শৈশব থেকেই অন্যের গান শুনে, রেকর্ড ইত্যাদি শুনে নিখুঁতভাবে গান গাইতে পারে সুর, তাল, লয় এবং কথার মানে না বুঝেই। এরকম স্বাভাবিক

শ্রীমৎ সদানন্দ ব্রহ্মচারী মহারাজ—আমাদের আধ্যাত্মিক দিশারী এবং শ্রুতিনন্দনের ভিত্তিস্থপতি

শ্রীঅজিতকুমার চক্রবর্তী—আমার পিতা ও প্রথম সংগীত গুরু

পান্নালাল সামন্ত—শৈশবের গুরু

'শ্রুতিনন্দন'-এর বাড়ি—হিন্দুস্থান লিভার সংগীত সৌধ

বাবা, মা, ছোটমা, লেখক (অজয়) চন্দন, সঞ্জয়, কৌশিকী, অনঞ্জন—একটি সাংগীতিক পরিবার

যাঁরা স্বপ্নকে সত্য করেছেন

শ্রীবুদ্ধদেব ভট্টাচার্য

শ্রীসুসীমমুকুল দত্ত

অধ্যাপক স্নেহাংশুকুমার সরকার

শ্রীমতী চন্দনা চক্রবর্তী

শ্রুতিনন্দনের অন্যতম প্রেরণা পণ্ডিত বিজয়কুমার কিচলু

বা জন্মগত দক্ষতা লক্ষ করে তাদের অভিভাবকেরা তাদের গান শেখানোর জন্যে সংগীতশিক্ষক খোঁজেন। যেহেতু সংগীতকে ভবিষ্যতে জীবিকারূপে গ্রহণ করা অধিকাংশ অভিভাবকের অভিপ্রেত নয় তাই তাঁরা সংগীতশিক্ষাকে তেমন গুরুত্ব দেন না। অল্প বেতন নিয়ে যাঁরা শেখাতে রাজি হন তাঁদের ওপরেই সংগীতশিক্ষার দায়িত্ব দেওয়া হয়। অবশ্য বেশি বেতনের বিনিময়েই যে প্রকৃত সংগীতশিক্ষা লাভ করা যায় একথা বলছি না। অত্যন্ত নামজাদা ব্যস্ত এবং অধিক দক্ষিণাগ্রাহী সংগীতশিক্ষকের কাছেও ছাত্রছাত্রীরা বঞ্চিত হয়।

অনেক ছাত্রছাত্রী প্রায় সারাজীবন ধরে গান শেখে কিন্তু একটুও সুরে তালে গাইতে পারে না। তারা তাদের শিক্ষকদের অধীনে থেকে বিভিন্ন কেন্দ্র, Music College ও University থেকে 'সংগীতবিশারদ', 'সংগীতপ্রভাকর', B. Mus, M. Mus পরীক্ষা পাশ করে, কিন্তু performer বা শিল্পী হতে পারে না। শিক্ষকেরাও তাদের বলেন না যে তাদের গান হবে না। সংগীত একটি ক্রিয়াত্মক কলা বা performing art। এটি শিখলে শ্রোতাদের গান শোনানোর দক্ষতা অর্জন করা উচিত। না পারলে শিক্ষকদের শাস্তি বিধান অবশ্য কর্তব্য। আমাদের দেশে সে ব্যবস্থা নেই। তাই শিক্ষকেরাও ছাত্রছাত্রীদের অবাধে শোষণ করেন, তাদের সংগীত ছাড়া অন্য বিষয় শিখতে বা অনুশীলন করতে দেন না। ছ-সাত বছর ডাক্তারি পড়েও M.B.B.S. পাশ করে একটা injection দিতে পারে না কিংবা ছ-সাত বছর civil engineering পড়ে পাশ করে একটা বাড়ির plan তৈরি করতে পারে না—এমন ঘটনা কি ভাবা যায়? অথচ দশ বছর গান শিখে, বিশারদ, প্রভাকর, B. Mus, M. Mus হয়েও ঠিক মতন তানপুরা মেলাতে পারে না বা ঠিক সুর লাগাতে পারে না—এমন ঘটনা আমাদের দেশে নিয়মের ব্যতিক্রম নয়, নিয়মের দৃষ্টান্ত।

সংগীতবিশারদ, প্রভাকর, B. Mus, M. Mus-এর পাঠক্রম বা syllabus যে সম্পূর্ণ মূল্যহীন তা নয়। কিন্তু সেইগুলিকে ছাত্রছাত্রীদের আয়ত্ত করিয়ে তাদের উপযুক্ত শিল্পীরূপে প্রস্তুত করানোর জন্য যে নিষ্ঠা, সতর্কতা, স্নেহ, মমতা ও সর্বোপরি যোগ্যতা সংগীতশিক্ষকদের থাকা প্রয়োজন তার একান্ত অভাবের ফলেই উপাধিগুলি পেয়েও অধিকাংশ ছাত্রছাত্রী শিল্পী হতে পারে না। এই শতাব্দীর গোড়া থেকে আজ পর্যন্ত অসংখ্য সংগীতবিদ্যালয়, মহাবিদ্যালয়, বিশ্ববিদ্যালয় আমাদের দেশে সংগীত শিক্ষা দিয়ে যাচ্ছে, কিন্তু এগুলি থেকে প্রকৃত শিল্পী বা performer আমরা কতজনকে পেয়েছি? পেয়েছি দ্বিতীয় ও তৃতীয় শ্রেণীর কিছু শিল্পীকে, আর পেয়েছি অসংখ্য সংগীতশিক্ষক ও শিক্ষিকা যাঁরা নিজেরাই তানপুরা মিলিয়ে ঠিক ঠিক সুরে, তালে এবং লয়ে গাইতে পারেন কি না সন্দেহ।

যাই হোক, সহজলভ্য শিক্ষকের পরামর্শ বা আদেশ অনুসারে একটি হারমোনিয়াম বাড়িতে আসে। কিন্তু হারমোনিয়াম যন্ত্রটির সঠিক ব্যবহার সম্বন্ধে ছাত্র বা ছাত্রী কিছুই জানতে পারে না। হারমোনিয়ামের বেলোর মধ্যে হাওয়া বেশি বা কম হলে যে সুরের তারতম্য ঘটে সে বিষয়ে ছাত্রছাত্রীরা কিছুই জানতে পারে না। বাজাবার চাবিগুলোর কিছু সাদা কিছু কালো, কিন্তু এই সাদা কালো রং-এর মানে কী তা তারা শেখে না। চাবিগুলোর নামও জানে না। ছাত্রছাত্রীদের কণ্ঠস্বরের স্বাভাবিক ব্যাপ্তি বুঝে গানের মাস্টারমশাইরা তাদের pitch ঠিক করে দেন না। তার ফলে কণ্ঠস্বর বিকৃত হয়। শিক্ষক শিক্ষিকারা তাঁদের নিজের pitch-এ ছাত্রছাত্রীদের স্বর সাধতে বলেন। এই কারণেও তাদের কণ্ঠস্বর বিকৃত হয়। স্কেল কী এবং কতগুলো স্কেল আছে সে বিষয়েও অধিকাংশ মাস্টারমশাই ছাত্রছাত্রীদের

জানান না। ওই যন্ত্রটির অবিরাম সশব্দ অনুষঙ্গে ছাত্রছাত্রীদের স্বরসপ্তক আয়ত্ত করা সম্ভব হয় না। তাই বহু দিন হারমোনিয়ামের সঙ্গে সা রে গা পা ধা নি র্সা/র্সা নি ধা পা মা গা রে সা সেধে এবং অনেক গান করেও কেবল 'সা'টি বাজিয়ে অন্য যে কোনও স্বর গাইতে বললে অনেক ছাত্রছাত্রীই তা বলতে পারে না। প্রতিটি স্বর চিনতে হলে কেবল 'সা' বাজিয়ে এলোমেলোভাবে অন্য স্বরগুলিকে ঠিক ঠিক গাইবার চেষ্টা করা দরকার। শুধু 'সা' নয় অন্য যে কোনও স্বর বাজিয়ে সেই স্কেলের অন্যান্য স্বরগুলিকে চেনার অভ্যেস করতে হয়। এই পদ্ধতিটি স্বরগুলি চেনা এবং মনে রাখার জন্য একান্ত প্রয়োজনীয়। তবে পদ্ধতিটি বই পড়ে শেখা যায় না। সমর্থ গুরুর কাছে বসে এর প্রয়োগ শিখে নিতে হয়। হারমোনিয়ামে গলা সাধলে স্বরগুলির একটি দৃষ্টিগ্রাহ্যরূপ পাওয়া যায় যেহেতু সাদাকালো চাবিগুলি স্বরের প্রতিনিধিরূপে ওই যন্ত্রে সাজানো আছে। এই জন্য প্রথম শিক্ষার্থীদের পক্ষে হারমোনিয়াম প্রয়োজনীয়।

হারমোনিয়ামের সাহায্যে গান শেখা সম্পর্কে কিছু কথা প্রথম শিক্ষার্থীকে জানানো দরকার। এই যন্ত্রটি বাজানোর সময় হাওয়ার তারতম্য অনুসারে সুরেরও তারতম্য হয়। বেলোটি টিপে ঠিক কতটা হাওয়া দিলে একটি স্বরকে ঠিকঠাক পাওয়া যায় অর্থাৎ সেই স্বরটি তার যথার্থ frequency-তে বাজে তা সংগীত শিক্ষার্থীদের প্রথমেই দেখিয়ে দিতে হয়। তা না হলে স্বরগুলির প্রকৃত ও যথাযথ বোধ জন্মায় না। হাওয়ার নিয়ন্ত্রণ কৌশল ঠিক মতো আয়ত্ত না হলে গলায় এবং কানে সুর ঠিক মতো বসে না এবং হারমোনিয়ামের সঙ্গে অন্যান্য বাদ্য. যন্ত্রের সুর মেলানো কষ্টসাধ্য হয়ে ওঠে। তানপুরা, তবলা, সারেঙ্গি এবং অন্যান্য আনুষঙ্গিক যন্ত্রের সুর সাধারণত হারমোনিয়ামের সঙ্গেই মেলানো হয়, কিন্তু হাওয়ার তারতম্যের ফলে এসব যন্ত্রের সুর উঁচুনিচু হয়ে যাওয়াতে গায়কের পক্ষে সুরের সমতা বজায় রাখা কষ্টকর হয়।

আমাদের দেশে সব হারমোনিয়ামের pitch সমান নয়। প্রায়ই দেখা যায় যে একটি হারমোনিয়ামের যে কোনও স্কেলের একটি রিডের সুরের সঙ্গে অন্য হারমোনিয়ামের সেই একই স্কেলের সেই একই রিডের সুরের মিল নেই—হয় একটু উঁচু কিংবা একটু নিচু। এর ফলে সংগীতশিক্ষক বা শিক্ষিকা তাঁর নিজের হারমোনিয়ামের একটি স্কেলের সুরগুলি যখন বাজিয়ে শোনালেন তখন তাঁদের ছাত্রছাত্রীরা তাদের হারমোনিয়ামে সেই সুরগুলি বাজিয়ে দেখল মিলছে না। তারা তখন বিভ্রান্ত হয়ে পড়ে। তারা বুঝতে পারে না C, D, E, F, G, A, B প্রভৃতি স্কেলের আসল সুরগুলি শুনতে কী রকম হবে। অথচ প্রতিটি pitch-এর নির্দিষ্ট কম্পন সংখ্যা বৈজ্ঞানিক এবং আন্তর্জাতিক মানদণ্ড দ্বারা নিরূপণ করা আছে।

এই বিভ্রান্তি দূর করার জন্য শ্রুতিনন্দনের ৮৫০ ছাত্রছাত্রীর হারমোনিয়ামের স্কেলগুলি অতি আধুনিক বৈজ্ঞানিক পরিমাপক যন্ত্রের সাহায্যে সুদক্ষ হারমোনিয়াম বিশেষজ্ঞগণের সতর্ক তত্ত্বাবধানে আন্তর্জাতিক মানদণ্ড অনুযায়ী সংশোধিত হয়, এবং এরকম সংশোধিত হারমোনিয়ামে লেখা থাকে "Checked by Shrutinandan"।

হারমোনিয়ামের চাবিগুলিতে কীভাবে আঙুল চালানো শিখলে প্রয়োজন মতো দ্রুত বাজানো যায় অনায়াসে, তারও রীতিমতো শিক্ষা প্রয়োজন। যেমন তেমনভাবে খুশি মতন আঙুলের ব্যবহার করলে গানের ও তানের সঙ্গে পরে বাজানো সম্ভব হয় না। তা ছাড়া স্কেলচেঞ্জিং হারমোনিয়ামে কোন pitch থেকে কোন রাগ বাজানো সুবিধাজনক তাও শেখার

প্রয়োজন। 'B-flat' থেকে মালকোষ, 'C' থেকে বিলাবল সাবলীলভাবে বাজানো যায় না। 'B-flat' থেকে খাম্বাজ 'C' থেকে ভৈরবী বাজানো সব থেকে সহজ।

হারমোনিয়ামের চাবিগুলির কিছু সাদা কিছু কালো। চাবিগুলি সাজানো থাকে এই ক্রমে:—

$C^{\#}/D^{b}$ $D^{\#}/E^{b}$ $F^{\#}/G^{b}$ $G^{\#}/A^{b}$ $A^{\#}/B^{b}$

C D E F G A B C...

প্রত্যেক সাদা এবং কালো চাবি 'সা' হিসেবে গণ্য হতে পারে। এইসব pitch-এর নাম পাশ্চাত্য সংগীত থেকে পাওয়া যায়।

ভারতীয় সংগীতে "স্বর-সপ্তক" শব্দটি ব্যবহৃত হয় অর্থাৎ সা, রে, গা, মা, পা, ধা, নি—এই সাতটি সুর। পাশ্চাত্য সংগীতে ব্যবহৃত হয় সা, রে, গা, মা, পা, ধা, নি, সাঁ—এই আটটি স্বর নিয়ে একটি অষ্টক বা octave। পাশ্চাত্যসংগীতে অবশ্য "সা, রে, গা, মা" ইত্যাদি শব্দ ব্যবহৃত হয় না। আমাদের ভাষায় সারেগামাপাধানির্সা নিয়ে একটি octave, স্কেলচেঞ্জিং নয় এমন হারমোনিয়ামে সাধারণত তিন বা সাড়ে তিনটি octave থাকে, স্কেলচেঞ্জিং-এ সাধারণত পৌনে চার বা চার octave থাকে। এখন আমাদের দেশে গানবাজনা নিয়ে যে সব কথা হয় তাতে ভারতীয় এবং পাশ্চাত্য পরিভাষার মিশ্রণ দেখা যায়। যেমন, একটি pitch-এর নীচের দিকের অর্থাৎ মধ্যসপ্তকের 'সা'-র নীচের স্বরগুলিকে আমরা এখন উদারা গ্রামের বা মন্দ্রসপ্তকের স্বর বলি না, lower octave-এর স্বর বলি, তেমনি তার সপ্তকের 'সা'-এর পরের স্বরগুলিকে বলি upper octave-এর স্বর, তারাগ্রামের স্বর বলি না। আর মাঝের সপ্তকের স্বরগুলিকে বলি middle octave-এর স্বর। সপ্তক ও octave-এর মধ্যে পার্থক্য এই যে octave-এর শেষ স্বরটি সপ্তকের প্রথম স্বরের তারাগ্রামের রূপ।

একটু লক্ষ করলেই জানা যাবে যে একটি স্কেলে ১২টি স্বর থাকে। সা, রে, গা, মা, পা, ধা, নি—এই সাতটি শুদ্ধ স্বর। এ ছাড়া রে, গা, ধা, নি—চারটি কোমল স্বর এবং কড়ি 'মা' বা তীব্র মধ্যম। 'C'-কে 'সা' ধরলে $C^{\#}$ বা D^{b}-কোমল 'রে', D= শুদ্ধ 'রে', $D^{\#}$ বা E^{b}=কোমল 'গা', E=শুদ্ধ 'গা', F=শুদ্ধ 'মা', $F^{\#}$ বা G^{b}= কড়ি 'মা', G=পা, $G^{\#}$ বা A^{b}=কোমল 'ধা', A=শুদ্ধ ধা, $A^{\#}$ বা B^{b}=কোমল 'নি', B=শুদ্ধ 'নি'। তেমনি $D^{\#}$-কে 'সা' ধরলে E=কোমল 'রে', F=শুদ্ধ 'রে', $F^{\#}$=কোমল 'গা এই ভাবেই চলবে।

স্কেলগুলিকে আয়ত্ত করাতে হলে ছাত্রছাত্রীদের জিজ্ঞাসা করতে হবে এই ধরনের প্রশ্ন—$G^{\#}$ 'সা' হলে D^{b} কী হবে? $A^{\#}$ বা B^{b} 'সা' হলে 'E' কী হবে? কিছু দিন শেখার পর 'C'-এর কোমল 'গা'-এর তীব্র 'মা' B^{b}-এর শুদ্ধ 'নি' হবে—এটা শিক্ষার্থী বলতে পারছে কি না জানতে হবে।

অনেক সংগীতশিক্ষক হারমোনিয়াম যন্ত্রটি সংগীত শিক্ষার পক্ষে অনুপযোগী বিবেচনা করে প্রথম থেকেই তানপুরার সঙ্গে স্বর সাধন করতে বা গলা সাধতে বলেন, অবশ্য শিক্ষার্থীদের বয়স যদি ৮/১০/১২-এর থেকে বেশি হয়। ছাত্র বা ছাত্রীর কী pitch হওয়া উচিত তা বিচক্ষণতার সঙ্গে নির্বাচন করতে হয়। তা না হলে সারা জীবন ধরে বিকৃত ও কৃত্রিম স্বরে গান গাইবার এবং স্বরযন্ত্রের সমূহ ক্ষতির আশঙ্কা থাকে। শিক্ষকের ভুলের জন্য

বহু ছাত্রছাত্রী পরবর্তীকালে গান শেখা বন্ধ করতে বাধ্য হয় স্বরনালীর (vocal cord) অসুখে কষ্ট পেয়ে। ছাত্রছাত্রীর সাধারণ স্বাস্থ্য, কথা বলার স্বর এবং তার ব্যাপ্তি, তীব্রতা, গভীরতা ইত্যাদি নানা বৈশিষ্ট্য মনোযোগ দিয়ে পর্যবেক্ষণ করার পর তাদের pitch নির্বাচন করা উচিত বলে আমি মনে করি। একটি নির্দিষ্ট স্কেলের সব স্বর আয়ত্ত করতে পারলেই তানপুরা বাঁধার ক্ষমতা ও দক্ষতা অর্জন করা যায়। তানপুরা বাঁধতে গেলে মন্‌কা এবং জোয়ারির ব্যবহারও সঠিক জানতে হয়। কেবল "কান"গুলির ব্যবহার জানলেই হয় না। ঠিকভাবে না শিখে কেবল কানে মোচড় দিলে তার ছিঁড়ে চক্ষু হানির আশঙ্কা থাকে। আগ্রা ঘরানার প্রণম্য বিলায়েত হুসেন খাঁ সাহেবের একটি চোখ এইভাবেই নষ্ট হয়েছিল। বার বার যদি শিক্ষকের সাহায্যে তানপুরার সুর বাঁধতে হয় তাহলে কোনওদিনই performer বা শিল্পী হবার সম্ভাবনা থাকে না। একেবারে শিশু অবস্থায় তানপুরা মেলানো সম্ভব নয়। ছোট ছোট হাত দিয়ে তানপুরার কান ধরে মোচড় দেওয়া সম্ভব নয়। তাই শিশুদের হারমোনিয়ামের সাহায্যেই গান শেখানো শুরু করা উচিত।

কণ্ঠসংগীত শিক্ষার্থীদের প্রথম থেকেই উপদেশ দেওয়া হয় আ'কার শুদ্ধ করতে। সুদূর ও অদূর অতীত থেকেই শিক্ষক বা ওস্তাদেরা এই উপদেশ দিয়ে আসছেন। কিন্তু কেন 'আ' কারে স্বরগুলি সাধতে হবে তার কোনও যুক্তি তাঁরা দেখাননি। এখনও সে যুক্তি বা বিচার মেলে না। কোনও সংগীত শাস্ত্রগ্রন্থ বা সংগীতগুরুর কাছ থেকে আমি 'আ'-কার সাধার গুরুত্বের ভিত্তি কী তা চেষ্টা করেও জানতে পারিনি। আমার নিজের চিন্তা ও বিচারের মধ্য দিয়ে আমি সেই যুক্তি খুঁজে পেয়েছি। সেটি হল—সা, রে, গা, মা, পা, ধা, নি—এই সাতটি স্বরের পাঁচটিই—সা, গা, মা, পা, ধা আকারান্ত, বাকি দুটি অর্থাৎ রে ও নি যথাক্রমে একারান্ত ও ইকারান্ত। সেইজন্য 'আ'-কারের গুরুত্ব বেশি। 'আ'-কারের উচ্চারণ শুদ্ধ না হলে এই পাঁচটি স্বরের প্রকাশই ত্রুটিপূর্ণ হয়ে যায়। কিন্তু কতটা মুখ খুলে 'আ' উচ্চারণ করতে হবে সে ব্যাপারে কোনও সুস্পষ্ট নির্দেশ মেলে না। তার ফলে কিছু ছাত্রছাত্রী বিরাট হাঁ করে গলা সাধে, আবার অনেকে মুখ একটু ফাঁক করে বা একেবারে না খুলে 'আ'-কারে গলা সাধে। এই দুরকম 'আ'কারই অস্বাভাবিক এবং এদের পরিণাম হল বিকৃত ও অস্ফুট স্বরে গান গাওয়ার অভ্যাস।

শিক্ষক শিক্ষিকার উচ্চারণের দোষে বহু ছাত্রছাত্রী গা, মা, পাকে গ্যা, ম্যা, প্যা বলে। এদের গানে সরগমগুলি অশ্রাব্য ও হাস্যকর রূপ নেয়। অতএব 'আ'কারে গলা সাধতে হলে মুখ ততটাই ফাঁক করতে হবে যতটা ফাঁক করলে স্বরগুলিকে পূর্ণমাত্রায় এবং শ্রুতিসুখকর ও স্বাভাবিক ভাবে 'আ'-কারের মাধ্যমে ফুটিয়ে তোলা যায়। এটি সমর্থ গুরুর কাছে শেখার বিষয়। কণ্ঠসংগীত শিক্ষার প্রাথমিক স্তর থেকেই যদি স্বরক্ষেপণের ও উচ্চারণের ত্রুটিপূর্ণ অভ্যাস হয়ে যায় তবে ভবিষ্যতে সুগায়করূপে প্রতিষ্ঠিত হবার সম্ভাবনা থাকে না। আমার কাছে এমন অনেকে এসেছেন এবং আসেন যাঁরা দশ বছর বা তার বেশি সময় ধরে গান শিখে গান গাওয়া ছেড়ে দিয়েছেন কণ্ঠস্বরের বিকৃতি এবং স্বরনালীর ব্যাধির কারণে। ভারতবর্ষের প্রায় সমস্ত কণ্ঠশিল্পীর কাছে প্রশ্ন করে সদুত্তর না পেয়ে বহুদিন চিন্তা ও পরীক্ষণের দ্বারা আমি এই সিদ্ধান্তে উপনীত হয়েছি—অনতিদূরবর্তী (খুব কাছে বা খুব দূরে নয়) মা'কে তাঁর ছেলেমেয়েরা যখন খোলা গলায় 'মা' বলে ডাকে তখন তাদের মুখ যতটা ফাঁক হয় ঠিক ততটা হাঁ করেই 'আ'-কারে স্বরগুলি সাধা উচিত। শিশুরা জন্মসূত্রে মা'কে ডাকতে শেখে বলে কোনও মুখ বিকৃতি হয় না। শিশুদের কাছে 'মা' ডাকটি যতটা স্বাভাবিক

অন্যান্য উচ্চারণ তত স্বাভাবিক নয়। কেবল আকার নয়, গানের এবং বিভিন্ন প্রকার তানের জন্য 'ই', 'উ', 'ও', 'এ' কারেরও প্রয়োজন হয়। তবে সেগুলিকেও সঠিক উচ্চারণ করতে শিখতে হয় শৈশব থেকেই।

'আ'কার, 'ই'কার, 'এ'কার, 'ও'কার দিয়ে স্বরগুলি অভ্যাস করবার সময় দেখতে হবে মুখবিকৃতি হচ্ছে কি না। অনেক গায়কের গান শোনার সময় তাঁদের মুখবিকৃতি দেখে অনেক শ্রোতা ভাবেন গান গেয়ে কষ্ট পাওয়ার দরকার কী? ছোটবেলা থেকে বিকৃতভাবে স্বরক্ষেপণের পরিণামে ওইসব মুখবিকৃতি গায়নের সঙ্গী হয়। ঈশ্বরের কৃপায় একমাত্র মানুষের কণ্ঠস্বর সুরের সঙ্গে অর্থপূর্ণ শব্দ অর্থাৎ কবিতা ইত্যাদি উচ্চারণে সমর্থ, যা মানুষ নির্মিত কোনও সংগীত-যন্ত্র পারে না। এই সুন্দর যন্ত্রনিঃসৃত শব্দে স্বরবর্ণ ও ব্যঞ্জনবর্ণ যদি ত্রুটিপূর্ণ উচ্চারণে বিকৃত হয় তাহলে যন্ত্রসংগীতের তুলনামূলক শুদ্ধতায় শ্রোতারা বেশি আকৃষ্ট হলে এবং সে কারণে যন্ত্রসংগীতের শিল্পীদের কদর ও দক্ষিণা বৃদ্ধি পেলে কণ্ঠ সংগীত শিল্পীদের দুঃখ পাওয়ার কী কারণ থাকতে পারে?

সংদষ্টোদ্‌ঘুষ্ট সূৎকারিভীতশঙ্কিতকম্পিতাঃ।
করালী বিকলঃ কাকী বিতালকরভোড্ডটাঃ ॥
ঝোম্বকস্তুম্বকী বক্রী প্রসারী বিনিমীলকঃ।
বিরসাপস্বরাব্যক্তস্থানভ্রষ্টাব্যবস্থিতাঃ ॥
মিশ্রকোঽনবধানশ্চ তথান্যঃ সানুনাসিকঃ।
পঞ্চবিংশতিরিত্যেতে গায়না নিন্দিতা মতাঃ ॥

—সংগীত রত্নাকর

কণ্ঠসংগীত শিক্ষার্থীদের আত্মসমালোচনার মাধ্যমে নিজেদের সংশোধন করার জন্যে নতুন করে সংগীতরত্নাকরে উল্লিখিত দোষগুলি বাংলায় লিখছি—যেহেতু সংস্কৃত সকলের বোধগম্য নয়।

১। সংদষ্ট—দাঁতে দাঁত লাগিয়ে যে গায়।
২। উদ্‌ঘুষ্ট—জোরে চেঁচিয়ে যে গায়।
৩। সূৎকারী—গাইবার সময় যে স্‌ স্‌ স্‌ শব্দ করে।
৪। ভীত—যে ভয়ভীত হয়ে গায়।
৫। শংকিত—যার আত্মবিশ্বাস নেই, যে ঘাবড়ে গিয়ে তাড়াতাড়ি গায়।
৬। কম্পিত—যার গলা কাঁপে।
৭। করালী—যে বিকট হাঁ করে গায়।
৮। বিকল—যার সুরগুলি ঠিক ঠিক লাগে না, কম বা বেশি হয়।
৯। কাকী—যার কাকের মতো কর্কশ আওয়াজ।
১০। বিতাল—যার গানে তাল, লয় ঠিক নেই।
১১। করভ—যে মাথা উঁচু করে গায়।
১২। উড্ডট—যে ভেড়ার মতো আওয়াজ করে গায়।
১৩। ঝোম্বক—যে গলা ও মুখের শিরা ফুলিয়ে গায়।

১৪। তুম্বকী—যে তুম্বার মতন মুখ ফুলিয়ে গায়।
১৫। বক্রী—যে মুখ আর ঘাড় বেঁকিয়ে গায়।
১৬। প্রসারী—যে গাইবার সময় অযথা হাত, পা ছোঁড়ে।
১৭। বিনিমীলক—যে চোখ বন্ধ করে বা চোখ টিপে টিপে গায়।
১৮। বিরস—যার গান নীরস।
১৯। অপস্বর—যার গানে বর্জিত স্বর লাগে।
২০। অব্যক্ত—যার গানের কথার উচ্চারণ অস্পষ্ট।
২১। স্থানভ্রষ্ট—যার স্বর উপযুক্ত মাত্রায় পৌঁছায় না।
২২। অব্যবস্থিত—যার গায়নের কোনও রীতি নেই।
২৩। মিশ্রক—যে রাগ শুদ্ধ না রেখে মিশ্র করে ফেলে।
২৪। অনবধান—যে আনুষঙ্গিক বিষয়ে গুরুত্ব দেয় না, যে অমনোযোগী।
২৫। সানুনাসিক—যে নাকী স্বরে গায়।

এই দোষগুলি সকল প্রকারের কণ্ঠশিল্পীর পক্ষেই অবশ্যবর্জনীয় বলে মনে হয়। ছাত্রছাত্রীরা স্বভাবতই তাদের শিক্ষককে অনুকরণ করে। শিক্ষকের গুণগুলির সঙ্গে সঙ্গে দোষগুলিকেও তারা আয়ত্ত করার চেষ্টা করে। তারা ভাবে যে শিক্ষক শিক্ষিকারা বা বিখ্যাত সংগীতশিল্পীরা যা কিছু করে থাকেন তার সবই ভাল এবং অনুকরণযোগ্য। তাই প্রথম থেকেই শিক্ষক শিক্ষিকাদের ওই দোষগুলিকে সযত্নে পরিহার করে চলতে হবে। এই দোষগুলি বর্জন করলেই সুগায়ক হবার সম্ভাবনা থাকে, তাই সুগায়কের গুণগুলি আর উল্লেখ করলাম না। সংগীত শিক্ষার ক্ষেত্রে স্বর ও ব্যঞ্জনের উচ্চারণ, শ্বাস বা হাওয়ার নিয়ন্ত্রণ, তাল ও লয়ের অধিকার, বাণীর শুদ্ধতা, সর্বোপরি সংগীতের নান্দনিক (aesthetic) আবেদন সম্পর্কে সর্বদা সচেতন থাকা প্রয়োজন। এগুলির বিস্তারিত আলোচনা স্বতন্ত্র অধ্যায়ে করেছি।

এবারে শিক্ষার্থীদের তাল ও লয় সংক্রান্ত সমস্যার আলোচনা করছি। স্বর, সুর, গান, তান ইত্যাদির কোনোটিই তাল ও লয় ছাড়া থাকতে পারে না। পৃথিবীর যে কোনও গানের তাল ও লয় অবিচ্ছেদ্য উপাদান। তাল হচ্ছে নির্দিষ্ট সংখ্যক মাত্রায় গঠিত ছন্দে নিবদ্ধ রচনা। প্রকৃতি, শরীর সবই তালে বাঁধা। পাশ্চাত্য সংগীতের তালের সঙ্গে ভারতীয় সংগীতের তালের মূল পার্থক্য হল—ভারতীয় সংগীতের তাল বৃত্তের মতন, অর্থাৎ প্রতিটি আবর্তনের শেষে তালের ঠেকা প্রথম মাত্রা বা সমে ফিরে আসে, কিন্তু পাশ্চাত্য সংগীতের তাল মূলত সরলরেখার মতন, বারবার সমে ফিরে আসার প্রয়োজন নেই। একটি তালের নির্দিষ্ট সংখ্যক মাত্রা ও তাদের বিভাগ অনুযায়ী সৃষ্ট ছন্দনির্ভর মৌলিক গুরুলঘু বাণীবিন্যাস যা বন্দিশের সৌন্দর্য বিকাশের সহায়ক তাকেই সেই তালের ঠেকা বলা যায়। ভারতীয় সংগীতে ব্যবহৃত তালবাদ্যগুলির যেমন, তবলা, পাখোয়াজ, খোল, ঢাক, ঢোল প্রভৃতির বাণী দিয়ে ঠেকাগুলিকে সাধারণত প্রকাশ করা হয়। উদাহরণ—তবলায় ঝাঁপতালের ঠেকা—

\+ | | | | | | | | |
ধি না ধি ধি না তি না ধি ধি না = ১০ মাত্রা

পাখোয়াজে শূলতাল—

\+ | | | | | | | | |
ধা ধা দেন তা কেটে ধা তেটে কতা গদি ঘেনে =১০ মাত্রা

কিন্তু তাল বোঝা বা তালের বোধ সৃষ্টির জন্য এই সব তালবাদ্যের অনুষঙ্গ সর্বদা অবশ্য প্রয়োজনীয় মোটেই নয়। হাতে তালি দিয়ে এবং ঠেকাগুলিকে সাংগীতিক ভাবে পড়িয়ে শিক্ষার্থীদের তালের বোধ সৃষ্টি করা যায়, তবলা পাখোয়াজের কোনও দরকার হয় না। বন্দিশ, সরগম সবকিছুই হাতে তালি দিয়ে অভ্যাস করানো প্রয়োজন। লয়ের প্রসঙ্গ এসে গেল। কথা বলা, গান করা শুধু নয় সব কাজেরই একটা লয় বা tempo থাকে। যখন কোনও ব্যক্তির সঙ্গে প্রথম আলাপ পরিচয় হয় বা পরিচিত ব্যক্তির সঙ্গে প্রথম কথা আরম্ভ করি তখন ধীরে ধীরে কথা বলি। অবশ্য, পরিচিত ব্যক্তিটি যদি অন্তরঙ্গ বন্ধু হন তাহলে প্রথম থেকেই তাড়াতাড়ি কথা বলি। প্রথম পরিচিত ব্যক্তির সঙ্গে আলাপ জমলে আমাদের কথা বলার গতি বাড়ে। ঝগড়া করার সময় অনেক কথা অতি দ্রুত বেগে মুখ থেকে বেরিয়ে আসে। যারা খুব আস্তে চলে বা কাজ করে তাদের আঠারো মাসে বছর হয়।

কথা, সুর, গান, তাল, অন্যান্য কাজকর্ম লয় ছাড়া সম্ভব নয়। সময় বা কাল ছাড়া কোনও ঘটনা বা কাজ হয় না। সময়ের আধারে একটি নির্দিষ্ট গতিবেগকে লয় বলা যায়। একটি তালের দুটি মাত্রার মাঝখানের যে সময়টি তাকে লয় বলে। একটি তালের আবর্তন যদি একটি পূর্বনির্দিষ্ট সময় সীমার মধ্যে নিষ্পন্ন হয় তবে বলা যাবে যে লয়ের পরিবর্তন হয়নি, লয় ঠিক আছে। এই সময়সীমাটি অবশ্য ঘড়ির কাঁটা দিয়েই শুধু নির্ধারিত হয় না, নির্ধারিত হয় গায়নের বিভিন্ন পর্যায় ও কথার তারতম্য অনুসারে।

গান, তাল, লয় ছাড়া থাকতে পারে না। ট্রেন যেমন রেললাইন ছাড়া অস্তিত্বহীন, গানও তেমনি তাল ছাড়া অসম্ভব। যাঁদের তাল-লয় বোধ পরিণত নয় তাঁরাই তাল ছাড়া টপ্পা ইত্যাদি বিভিন্ন গান গেয়ে থাকেন। তাই শিক্ষার্থীদের প্রথম দিন থেকেই হাতে তালি খালি দিয়ে তাল ও লয়ের অভ্যাস না করালে ভবিষ্যতে তালে লয়ে গান করার সম্ভাবনা প্রায় থাকে না। অনেক শিল্পীকে তবলা বাদকের দিকে চেয়ে অতি সন্তর্পণে গান করতে হয়। তবলা সঙ্গতকারী ঠেকা ছাড়া অন্য বোল বাজালে গায়ক চুপ করে থাকেন, রেগে যান, বিশেষত ঠুমরির লগ্গি বাজানোর সময় কণ্ঠশিল্পী মৃদু হেসে হারমোনিয়াম বা সারেঙ্গি বাদকের দিকে তাকিয়ে থাকেন অথবা বেতালে গাইতে থাকেন, তবলিয়া মিলিয়ে দেন। এর কারণ হল, প্রথম থেকে তাল, মাত্রা এবং লয়ের সঙ্গে সম্পর্ক না রেখে গান শেখা শুরু করা। তালের বৃত্তটি সম্পূর্ণভাবে আয়ত্তে না এলে তবলা বা অন্যান্য তালবাদ্যের সঙ্গে সাবলীলভাবে গাইতে পারা যায় না। বিভিন্ন ছন্দের বোল বানানো এবং লয়কারীর সৌন্দর্য তখন পরিহারের বিষয় হয়ে দাঁড়ায়। খ্যাল গান তাই কেবল তানসর্বস্ব হয়ে দাঁড়ায়, তাও লয় ছাড়া। কোনও বিশেষ ঘরানার নামের আশ্রয়ে তাল লয়ের বিভিন্ন লীলার সৌন্দর্য থেকে বঞ্চিত হয়ে উৎকৃষ্ট খ্যাল গান গাওয়া কখনও সম্ভব নয়।

লয় ব্যাপারটি যে কত গুরুত্বপূর্ণ তার প্রমাণ আমরা অনেক সময় না জেনেই দিয়ে থাকি। "খর বায়ু বয় বেগে, চারিদিক ছায় মেঘে"—রবীন্দ্রনাথের এই গানটি যদি কেউ অতি বিলম্বিত বা ধীর লয়ে গায় তাহলে গানটি কি সুখশ্রাব্য হবে? আবার এটি যদি অতিদ্রুত লয়ে গাওয়া হয় তাহলে গানটি কি গোলমালে পরিণত হবে না? কিংবা "এক দো তিন চার পাঁচ ছেয় সাত আট নও"—এই অতি পরিচিত ফিল্মি গানটিকে বেশ বিলম্বিত বা অতিদ্রুত লয়ে গাইলে ব্যাপারটি কেমন হবে? অতএব লয়ের ওপরই গানের মানে বা তার ঈপ্সিত প্রভাব

নির্ভর করে। ভারতীয় সংগীতের স্বরলিপির কোনও বইতেই গানগুলি কোন কোন লয়ে গাওয়া উচিত তা লেখা থাকে না। লয় নির্বাচনের কাজটি শিল্পীর সংগীতবোধ এবং গানের অর্থ বিচারের ক্ষমতার ওপর ছেড়ে দেওয়া হয়। পরিণামে অনেক ক্ষেত্রে গানের নামে কিছু অর্থহীন প্রলাপ শিক্ষক ছাত্র পরম্পরায় স্থায়িত্ব লাভ করে। বিলম্বিত খ্যাল গানে 'সম্'-এর পর দ্বিতীয় মাত্রাটির ভাগ্য সাধারণত নির্ধারণ করেন তবলিয়া। তাতে "সুমরণ তোরা"—এই গানে "তো" শব্দের ওপর 'সম্' পড়বার পর কখন যে 'রা'—আসবে তা বলা কঠিন, তারপর "তু করীম রহীম রব্ব্ রহমান"—এই অংশে হ্রস্ব ও দীর্ঘ উচ্চারণের ত্রুটির জন্য কোনও শ্রোতা কোনও কথাই বুঝতে পারবেন না এবং জিজ্ঞেস করার অধিকার নেই ভেবে এবং বড় শিল্পীকে গানের শব্দ বা তার অর্থ জিজ্ঞাসা করা অশালীনতা হতে পারে মনে করে শ্রোতা ভাববেন যে কথার কোনও স্থান এই গানে নেই এবং শিল্পীও সদর্পে শুধু রাগ আর তার ঘরানার মহত্ত্ব সম্বন্ধে বলে কথা ছাড়া কণ্ঠযন্ত্রের অনুষ্ঠান পরিবেশন করবেন—তাও সর্বদা সুললিত কণ্ঠে মোটেই নয়—কিন্তু মুখে বলা হবে "উত্তম গানা"—এই ধারণার সংশোধন হওয়া আজ জরুরি।

লয়ের পার্থক্য রাগের পার্থক্যেরও অন্যতম প্রধান কারণ। ভৈরব ও কালেংড়া রাগের স্বরগুলি একই, কিন্তু ভৈরবের চলন ধীর, কালেংড়ার চঞ্চল। ভূপালী এবং দেশকার রাগে একই স্বর ব্যবহৃত হয়, কিন্তু ভূপালী ধীর প্রকৃতির, দেশকার স্বভাবতই ত্বরিত গতি। পুরিয়া, মারবা এবং সোহিনীতে একই স্বরের ব্যবহার হয়, কিন্তু পুরিয়ার স্বরূপ সাধারণত বিলম্বিত লয়ে, মারবার ধীর ও মধ্য লয়ে এবং সোহিনীর মধ্যদ্রুত লয়ে প্রকাশিত হয়। অবশ্য ধীর প্রকৃতির রাগগুলিরও দ্রুত লয়ে গাইবার বন্দিশ থাকে, কিন্তু সেই দ্রুততার একটা সীমা আছে, সে সীমা লঙ্ঘন করলে রাগগুলির আবেদন বা চরিত্র লুপ্ত বা ভ্রষ্ট হয়। এমনকি রাগের রূপ প্রকাশক phrase বা স্বরসমষ্টিগুলির প্রত্যেকটি প্রকাশের নির্দিষ্ট লয় থাকে। রাগসংগীত এবং অন্যান্য ভারতীয় সংগীতের স্বরলিপির বইগুলিতে গানগুলির সুরের কঙ্কাল মাত্র পাওয়া যায়। কোন গান কী লয়ে গাইতে হবে এবং গানের প্রাণ কীভাবে প্রতিষ্ঠা করতে হবে তার কোনও নির্দেশ পাওয়া যায় না। একটি রাগ ঠিকমতো গাইতে হলে সেই রাগের স্বরগুলির ওপর প্রথমে নির্ভর করে পরে সেগুলির উত্তরণের দ্বারা এমন সুরের পরিমণ্ডল রচনা করতে হয় যার স্বরলিপি করা সম্ভব নয়। ভারতীয় রাগসংগীতের কোনও স্বরই সাধারণত নির্দিষ্ট কম্পাঙ্কে অবস্থান করেনা, অর্থাৎ স্বরগুলি রাগে ব্যবহৃত বা অব্যবহৃত স্বরের সাথে মিশে রাগের স্বরূপ প্রকাশে সাহায্য করে। এ বিষয়ে বিস্তারিত শিক্ষা বই থেকে পাওয়া সম্ভব নয়, একমাত্র সমর্থ গুরুর কাছেই এই শিক্ষা লাভ করা যায়।

অনুরূপভাবে প্রত্যেক তালের ঠেকার মধ্য দিয়ে তালের চরিত্র বা প্রকৃতি পরিস্ফুট হয়। ঠেকাগুলি কেবল বাণীসমষ্টি নয়, র্ধা র্ধি র্না র্ধা র্তি র্না উচ্চারণ করলেই দাদরা হয় না। উৎকৃষ্ট তবলিয়াদের হাতে বাজানো দাদরা তালের বাণী বিন্যাস শুনে ওই তালের সঠিক রূপ জেনে নিতে হয়, কারণ সংগীতবিদ্যা গুরুনির্ভর। যেমন—ধা ধিন ধিন ধা, ধা ধিন ধিন ধা, ধা তিন তিন তা, তা ধিন ধিন ধা—বাণীগুলি সুরবিহীন ও মীড়বিহীনভাবে বাজালে তিনতালের ঠেকা অর্থবিহীন হয়ে যায়; ১৬টি মাত্রা বাজানো হয়। তিনতাল এমন একটি তাল যার চরিত্র বা প্রকৃতি অতি বিলম্বিত থেকে আরম্ভ করে অতি দ্রুত লয়ে

বাজালেও পরিবর্তিত হয় না। তেমনি কিছু তাল আছে যেগুলি অতি বিলম্বিত এবং অতি দ্রুত লয়ে বাজালে চরিত্রভ্রষ্ট হয়। যেমন, বিষমপদী তালগুলি—ঝাঁপতাল, ঝুমরা, পঞ্চম সওয়ারী। অতিবিলম্বিত বা অতিদ্রুত লয়ে এই তালগুলি বাজালে যথাক্রমে ১০ মাত্রা, ১৪ মাত্রা এবং ১৫ মাত্রা বাজানো হয়, ওই তালগুলি বাজানো হয় না।

সুরের সঙ্গে তাল ও লয়ের অভ্যাসের প্রথম প্রণালী হল ঘড়ির কাঁটার সঙ্গে মিলিয়ে স্বরগুলি সাধা। 'সা' স্বরটি প্রথমে ৪ বা ৮ সেকেন্ড ধরে গাওয়া। পরে চেষ্টা করা ওই একই স্বর ১৬ সেকেন্ড ধরে গাইবার; ক্রমশ ঘড়ির কাঁটার গতি অনুযায়ী একটি নির্দিষ্ট মাপের সময়ের মধ্যে দেড়গুণ, দ্বিগুণ, তিনগুণে স্বরগুলি গাওয়ার অভ্যাস করা হাতে তালির সাহায্যে তাল ও ফাঁক বজায় রেখে। লিখে লিখে কথাগুলি বোঝানো সম্ভব নয়, সাক্ষাৎ ও প্রত্যক্ষ শিক্ষার মাধ্যমেই তা সম্ভব।

কণ্ঠসংগীত শিক্ষার্থীদের আর একটি উৎকট সমস্যা হল গানের ভাষার মানে না বোঝা। সমস্যাটি আরও জটিল হয় খ্যাল, ঠুমরি, গজল ইত্যাদি গানের ভাষা নিয়ে। অধিকাংশ ধ্রুপদ, খ্যাল, ঠুমরি, হিন্দি ও ব্রিজভাষায় (আগ্রা, মথুরা, বৃন্দাবন অঞ্চলের কথ্য ভাষা) রচিত। বহু সংগীতপুস্তক প্রণেতা ও সংগীত শিক্ষক-শিক্ষিকা এই ভাষাগুলি জানেন না, বোঝেন না বা বোঝার চেষ্টাও করেন না, তাই ছাত্রছাত্রীরাও প্রশ্ন করলে সদুত্তর পায় না।

আমাদের রাগসংগীত শিক্ষার পদ্ধতি শুধুমাত্র ঘরানার কূপমণ্ডুকতায় এত বেশি সংকীর্ণ হয়েছে যে ঘরানার mannerism-গুলোই তাদের সৌন্দর্যকে আচ্ছন্ন করেছে, তার একটা প্রধান কারণ হল গানের বাণীর অস্পষ্টতা, এবং অজ্ঞানতা ও অশ্রদ্ধা বশত সুস্পষ্ট হলেও অর্থহীন। তারা "সাসনদীয়া" শুনলে বোঝে 'নদীয়ার শাসন' নিয়ে কিছু বলা হয়েছে। এ বিষয়ে অনেক দৃষ্টান্ত দেওয়া যায়, এক আধটির নমুনা দিচ্ছি—

শিক্ষকের কাছে ছাত্রী শিখেছে—মালকোষ রাগের গানের স্থায়ী—"মুখ মৌর মৌর মসিকাত জাত"। "মসিকাত" শব্দের কোনও মানে হয় না। আসল শব্দটি হল "মুসকাত"—যার মানে মৃদু হাসি। আসল কথাটি হল—"মুখ মোর মোর মুসকাত যাত"।

ইমনের একটি খ্যালের অন্তরা লেখা আছে The Pathfinder of Indian Classical Music বইয়ে, যার রচয়িতা Modern History-তে M.A. পাশ করেছেন কলকাতা বিশ্ববিদ্যালয় থেকে এবং M. mus ও B.ED ডিগ্রিও লাভ করেছেন, লেখাটি এইরকম:

"মানে কো রিঝাবে সবকো
চরণ গহেস দিকানা কেজব
আবে অচপল তাল সুর।"

সঠিক কথা পাঠককে জানানো কর্তব্য মনে করি। সঠিক অন্তরাটি হচ্ছে:

"মানে তো রিঝাবে সবকো
চরণ গাহে শাহ্‌ভিখন কে
জব আবে অচপল তাল সুরসোঁ।"

অর্থাৎ "পার্বতীসুতলম্বোদর" "পাকদিয়ে সুতো লম্বা কর"-তে পরিণত হয়েছে। এর পরিবর্তন যে কতটা অপরিহার্য তা আমার পরমারাধ্য গুরুদেব গুরু জ্ঞানপ্রকাশ ঘোষ সারাজীবন বোঝাবার চেষ্টা করেছেন। সেই চেষ্টা সফল করবার প্রথম পদক্ষেপ "শ্রুতিনন্দন"।

গুরুশিষ্য পরম্পরা

আমাদের দেশের রাগসংগীতের মহান ঐতিহ্যকে অক্ষুণ্ণ রাখতে হলে সম্ভাবনাময় শিশুসংগীত শিক্ষার্থীদের ভবিষ্যতের যোগ্য শিল্পীরূপে প্রস্তুত করতে হবে উপযুক্ত শিক্ষাদানের মাধ্যমে। এ কাজ কীভাবে সম্ভব দেশের বর্তমান পরিস্থিতিতে?

প্রথিতযশা ও প্রকৃত সংগীতশিল্পী হতে গেলে গুরু বা ওস্তাদগণের সযত্ন ও বিচক্ষণ তত্ত্বাবধানে নিষ্ঠা এবং শ্রদ্ধার মনোভাব নিয়ে দীর্ঘকাল সংগীত সাধনা করা উচিত। শিষ্যদের অন্তর্নিহিত সম্ভাবনা বাস্তবায়িত হয় গুরুগণের যত্নে এবং শিষ্যদের প্রযত্নে। বিচিত্র খাদ্যের স্বাদ গ্রহণের ইচ্ছার মতো আজ একগুরু, কাল আরেক গুরুর কাছে শেখার চেষ্টা করলে—শেখা হয় না। অন্য গুরুর কাছে যাওয়ার প্রয়োজন হতে পারে—তবে তা একজন সমর্থ গুরুর কাছে সম্পূর্ণ তালিম পাবার পরেই। তাই খুবই ভেবেচিন্তে প্রথম গুরু নির্বাচন করা উচিত।

গুরু এবং শিক্ষকের মধ্যে পার্থক্য আছে। গুরুমাত্রই শিক্ষক, কিন্তু শিক্ষকমাত্রই গুরু হতে পারেন না। আমাদের দেশে বিংশ শতাব্দীর প্রথম থেকে আজ পর্যন্ত অসংখ্য সংগীত বিদ্যালয়, মহাবিদ্যালয় এবং বিশ্ববিদ্যালয় প্রতিষ্ঠিত হয়েছে, এবং হয়ে চলেছে,—কিন্তু ওইসব সংগীত শিক্ষা প্রতিষ্ঠানগুলি থেকে অতি অল্পসংখ্যক সংগীতশিল্পীকে আমরা পেয়েছি। যাঁদের পেয়েছি তাঁদের মধ্যে সম্ভবত একজনও প্রথমশ্রেণীর রাগসংগীত শিল্পী হিসেবে সকলের কাছে স্বীকৃতি লাভ করেননি। কারণ কী?

সংগীত শিক্ষায়তনগুলিতে অন্যান্য শিক্ষা প্রতিষ্ঠানের মতোই শিক্ষক নিয়োগ করা হয় বিজ্ঞাপনের মাধ্যমে, ডিগ্রি-ডিপ্লোমা ইত্যাদি পরিচয়পত্র দেখে নির্দিষ্ট মাসিক বেতনে। উচ্চমানের সংগীতশিল্পীতে ছাত্রছাত্রীদের পরিণত করার উপযুক্ত শিক্ষা এবং অন্যান্য প্রয়োজনীয় প্রলক্ষণসমূহ (personality traits) শিক্ষকপদপ্রার্থীদের আছে কি না তা যাচাই করা হয় না। সংগীতশিক্ষকগণ চাকুরীজীবী, তাঁদের শিক্ষাদান নির্দিষ্ট সময়সূচির দ্বারা সীমিত ও নিয়ন্ত্রিত। তাঁরা কেবল দেখেন পাঠক্রমভুক্ত বিষয়গুলির অধ্যাপনা একটি শিক্ষাবর্ষে কীভাবে কত দ্রুত সমাপন করা যায়। এভাবেই তাঁরা ছ'বছরে ৪০টি রাগ শেখান যেখানে ৪০ বছর সাধনা করলেও ৬টি রাগ ঠিকমতো আয়ত্ত করা কঠিন। যিনি কাঠের কাজ করবেন বা যিনি ইলেকট্রিকের কাজ করবেন তিনি যদি শুধু কতগুলি বই পড়েন তবে কোনওদিনই ওইসব কাজে দক্ষতা লাভ করতে পারবেন না। ঠিক তেমনই যে সংগীতশিক্ষক কোনও সমর্থ গুরুর কাছে দীর্ঘকাল সংগীতশিক্ষা করেননি, নিজে ভাল গান করে বা বাজিয়ে অভিজ্ঞতা অর্জন করেননি—তিনি কী করে ভাল গাইতে হয় তা কেমন

করে শেখাবেন?

সংগীত শিক্ষাপ্রতিষ্ঠানগুলিতে ছাত্রছাত্রীদের ব্যক্তিগত ঘনিষ্ঠ সম্পর্ক কদাচিৎ গড়ে ওঠে। গুরু-শিষ্য সম্পর্কের মধ্যে যে ভক্তি শ্রদ্ধা এবং স্নেহের পরিবারসুলভ বন্ধন থাকা উচিত তার অভাব স্বাভাবিকভাবেই ছাত্রছাত্রী ও শিক্ষক শিক্ষিকার সম্পর্কের মধ্যে সুস্পষ্ট। ভারতীয় রাগসংগীতের অন্তর্নিহিত মূল্যবোধগুলি—অর্থাৎ ভারতবর্ষের সনাতন আধ্যাত্মিকতা, শ্রদ্ধা, তিতিক্ষা, ধৈর্য্য, গুরুবাক্যে অবিচল আস্থা ও নিষ্ঠা, পরমত সহিষ্ণুতা ইত্যাদি সম্পর্কে সচেতনতা এবং অনুশীলন, সংগীত শিক্ষাপ্রতিষ্ঠানগুলিতে অপ্রাসঙ্গিক ও অনাবশ্যকবোধে উপেক্ষিত হয়। অথচ শুধু ভারতে নয়, সাংস্কৃতিক ঐতিহ্যসম্পন্ন যে কোনও দেশেই দেখা যায় যে প্রাচীন ঐতিহ্যনির্ভর যে কোনও বিদ্যা সাফল্যের সঙ্গে যাঁরা অর্জন করেছেন তাঁরা ওইসব মূল্যবোধকে গুরুত্ব দিয়েছেন। বর্তমানে একদিকে নিজের গুরু বা শিক্ষকের প্রতি অন্ধবিশ্বাস এবং অন্যদিকে অন্যগুরু বা শিক্ষককে নিন্দা করার প্রবণতা বড় প্রকট হয়েছে। আগেও এই মনোভাব ছিল না—তা নয়, তবে এখন তা ব্যাপক আকার ধারণ করেছে। এটি ভারতীয় আদর্শবিরোধী মনোভাব, এবং যে কোনও সংগীতের উন্নতিতে এই মনোভাব বিঘ্ন সৃষ্টি করে।

অধ্যাত্মবিদ্যার মতোই ভারতীয় রাগসংগীত গুরুমুখী। সমর্থ ও সিদ্ধগুরুই যেমন মুমুক্ষুশিষ্যকে সক্রিয়ভাবে পরিচালিত ও নিয়ন্ত্রিত করেন, প্রকৃত সংগীতগুরুও তেমনি জিজ্ঞাসু ও শ্রদ্ধাবান শিষ্যকে সংগীতজ্ঞানী ও উপযুক্ত সংগীত শিল্পী হতে অকুণ্ঠচিত্তে এবং অকৃপণভাবে সাধ্যমত সাহায্য করেন। কালজয়ী শিল্পীদের জীবনী এবং ভারতীয় সংস্কৃতির ইতিহাস থেকে জানা যায় যে, গুরুশিষ্য পরম্পরাগত শিক্ষার মাধ্যমেই বিদ্যা যথার্থভাবে সংরক্ষিত এবং সঞ্চারিত হয়।

আধ্যাত্মিক সাধনা এবং সংগীত সাধনার ক্ষেত্রে গুরুর উপর একান্তভাবে নির্ভরতা ছাড়া কোনও বিকল্প নেই। জপ, ধ্যান, আসন ইত্যাদি ক্রিয়া গুরুর একান্ত সান্নিধ্যে থেকে শ্রদ্ধার সঙ্গে শিখতে হয়। অনুরূপভাবে কখন কেমন করে গলার আওয়াজ লাগাতে হবে,—তাল, লয়, ছন্দ ইত্যাদি অভ্যাস ও আয়ত্ত করতে হবে তার নির্দেশ কেবল একজন সমর্থ ও যোগ্য সংগীতগুরুই দিতে পারেন। আধ্যাত্মিক গুরু বললেন, "১০৮ বার গায়ত্রী মন্ত্র জপ করবে রোজ"—কিন্তু 'কেন'—সেই উত্তরটি উনিই জানেন। তেমনি, একটি বিশেষ অলংকার বা পাল্টা (স্বরসমন্বয়) একজন শিষ্যকে ২ ঘণ্টা ধরে করবার জন্য বা ৫০০ বার গুনে গুনে পরপর—একবার সরগম ও ঠিক তারপরের বার 'আ'-কার দিয়ে কেন অভ্যেস করতে বলা হয় তা একজন সমর্থ সংগীতগুরু নিজের অভিজ্ঞতালব্ধ জ্ঞান থেকেই বলতে পারেন। শুধু অন্ধভাবে গুরুবাক্য মেনে ৫০০ বার গুনে অভ্যেস করলেই হবে না, দেখতে হবে,—প্রতিবারেই কিছু উন্নতি হচ্ছে কি না। স্বর উচ্চারণ করতে গেলে মুখটি কতটা খোলা দরকার তা একমাত্র গুরুই বলে দিতে পারেন। স্বর প্রয়োগের ক্ষেত্রে তাঁর দীর্ঘ অভিজ্ঞতা ও জ্ঞানের ভিত্তিতে শিষ্যের কাছ থেকে ঠিকভাবে গানের পড়া আদায় করবার জন্য রাতের পর রাত গুনেগুনে শিষ্যের গুরুর সামনে বসে একই পাঠ বারবার অভ্যেসের যে রীতি ছিল, তা অনেকেরই জানা আছে। গুরু সন্ধ্যে সাতটার সময় শিষ্যকে ডাকলেন ও রেয়াজে বসালেন। একই তান বা পাল্টা অভ্যেস করতে করতে শিষ্যের যখন ঘুম পেয়ে যাচ্ছে তখন তার গায়ে গড়গড়া থেকে জ্বলন্ত টিকে ছুঁড়ে মারলেন বা শিষ্যের বাঁ হাতের ওপর খাটের একটি পায়া

চাপিয়ে দিলেন—আবার কখনও কড়িকাঠের সঙ্গে একটা দড়ি দিয়ে একগুচ্ছ মাথার চুল বেঁধে রেখে গুরু তাকে জাগিয়ে রাখলেন সকাল সাতটা পর্যন্ত—এসব গল্প কথা নয়। আপাতদৃষ্টিতে গুরু বা ওস্তাদের এমন আচরণ নিষ্ঠুর মনে হলেও এমন কঠোর ও সজাগ শাসনের মধ্য দিয়ে না গেলে একজন ওস্তাদ বড়ে গুলাম আলি খাঁ সাহেবের মতো শিল্পীকে পাওয়া সম্ভব নয়। ওই নিখুঁত স্বরক্ষেপ, জড়তাবিহীন পরিচ্ছন্ন তানের দানা, এবং যা ভাবা তাই করে ফেলা কতটা পরিশ্রমসাধ্য ও একনিষ্ঠ সাধনালভ্য তা, যাঁরা ওঁর সংস্পর্শে এসেছেন তাঁরা জানেন। সুরমণ্ডল ও সংগীত ছিল তাঁর অস্তিত্বের সঙ্গী। এমনকি যিনি ওঁর ক্ষৌরকর্ম করতে আসতেন, তিনি ভয়ে চমকে উঠতেন—কেননা, ক্ষুরটি যখন গলায় তার কাজ করছে ঠিক তখনই খাঁ সাহেব তিনসপ্তক তান করে তাঁর নিজের সাবলীলতা পরীক্ষা করে নিতেন। যাঁরাই বিভিন্ন যুগে সকলের শ্রদ্ধা ও ভালোবাসা পেয়েছেন তাঁরাই গুরুর কথা ও শাসন শিরোধার্য করে অক্লান্ত পরিশ্রম করেছেন। উগ্র গণতান্ত্রিক অধিকারবোধ প্রতিষ্ঠার জন্য এঁরা কোনওদিন গুরুর সঙ্গে বাদানুবাদে লিপ্ত হননি, আবার প্রচারমাধ্যম ও নামীদামি লোকের অনুগ্রহলাভের চেষ্টায় এঁরা কোনওদিন কালাতিপাত করেননি।

ওস্তাদ বড়ে গুলাম আলি খাঁ সাহেবের মতো শিল্পীও তাঁর খ্যাতির মধ্যগগনে থাকাকালীন তাঁর গুরু ও কাকা ওস্তাদ কালে খাঁ সাহেবের নামের উল্লেখ হলেই সজল চোখে কানে হাত দিতেন; বলতেন: 'কালে খাঁ সাহেবের স্বরগুলি ছিল সার্চলাইটের মতো যা আমি আয়ত্ত করতে পারিনি।' আবার কখনও বলতেন: "ওঁর তুলনায় আমি টাকায় চার আনা মাত্র।" এসব কথা আমি ওস্তাদজীর (ওস্তাদ মুনাব্বর আলি খাঁন) কাছে ও গুরু জ্ঞানপ্রকাশ ঘোষের কাছে বহুবার শুনেছি।

আমার প্রথম সংগীতগুরু, আমার বাবা শ্রীঅজিতকুমার চক্রবর্তী ছেলেবেলায় আমাকে অনেকদিন ধরে একটি গান কিংবা একটি তান একটানা সাত-আট ঘণ্টা অভ্যেস করিয়েছেন। ইলেকট্রিসিটি না থাকায় সে সময় আমার মা হাতপাখা দিয়ে হাওয়া করতেন; কিংবা খাবার সময় হলে খাওয়াবার জন্য ব্যস্ত হতেন। কিন্তু রেয়াজ শেষ না হলে বাবা কখনই উঠতে দিতেন না। সেসময় মা জোরাজুরি করলে তিনি রেগে বলতেন: 'কুপুত্রের চেয়ে নির্বংশ হওয়া ভাল।' অর্থাৎ বাবার কাছে আমার কুপুত্র হবার সংজ্ঞা হচ্ছে—'শ্রেষ্ঠ গায়ক হতে না পারা এবং সকলের ভালবাসা ও আশীর্বাদ না পাওয়া।' গুরুরূপে বাবার একটি প্রধান গুণ হল—যেদিন আমাকে অন্য গুরুর হাতে সমর্পণ করলেন সেদিন থেকে কখনও তাঁর শিক্ষাদান পদ্ধতি বা আমার অনুশীলনের ব্যাপারে হস্তক্ষেপ করতেন না—শুধুমাত্র আমার নিয়মিত রেয়াজের দিকে লক্ষ্য রাখতেন এবং রেয়াজের বিষয়গুলি ক্রমশ পরিচ্ছন্ন থেকে পরিচ্ছন্নতর হচ্ছে কিনা দেখতেন।।

বড় হবার পর বাবার শিক্ষা ও গুরুদের কাছে কঠিন রেয়াজের প্রয়োজনীয়তার কথা জেনে ও বুঝে বহুদিন সারারাত তানপুরা নিয়ে একই তান ৫০০/৬০০ বার অভ্যেস করেছি এবং ফলও পেয়েছি। ওস্তাদ আমীর খাঁ সাহেবের ছুট্ অঙ্গের সরগম ও তান শুনে মুগ্ধ হয়ে বহু রাত জেগে খাতায় লিখে ওই তানের গঠনপ্রক্রিয়াটি বোঝার ও তার প্রকাশভঙ্গি আয়ত্ত করার চেষ্টা করেছি, মাঝে মাঝে গেয়ে আনন্দ পেয়েছি এবং এখনও পাই।

সংগীত সাধনার অন্যতম প্রধান উদ্দেশ্য সুন্দরের আবাহন ও উপাসনা। যিনি এবং যাঁরা স্বর, সুর, তাল লয়ের দীর্ঘ সাধনের মাধ্যমে সুন্দরকে উপলব্ধি করেছেন, তিনি এবং তাঁরাই

প্রকৃত অর্থে সংগীতগুরু। কণ্ঠসংগীতগুরুর এই গুণগুলি ছাড়া সাহিত্যের জ্ঞান ও বোধ থাকা একান্ত প্রয়োজন। তাঁরা অনেকসময় শ্রুতকীর্তি সংগীতশিল্পী নাও হতে পারেন, অর্থাৎ performer রূপে তাঁদের নাম-ডাক নাও থাকতে পারে। স্বার্থবোধশূন্য, ব্যক্তিগত লাভক্ষতি সম্পর্কে উদাসীন এবং প্রকাশক্ষম, সংগীতজ্ঞানী ব্যক্তিই যথার্থ গুরু।

সমর্থগুরুর অধীনে শিক্ষাগ্রহণ করলে গুরুর জীবনবোধ ও তাঁর সাধনলব্ধ প্রজ্ঞা শিষ্যের মধ্যে সঞ্চারিত হবার সম্ভাবনা থাকে। প্রাতিষ্ঠানিক শিক্ষা ব্যবস্থায় তা একেবারেই অসম্ভব। ভারতীয় রাগসংগীত শিক্ষার প্রেক্ষাপটে আমার চিন্তা অনুসারে সমর্থ বা যথার্থ গুরুর বৈশিষ্ট্য বা গুণাবলীর আলোচনা করছি:

আমাদের সুপ্রাচীন ঐতিহ্য অনুসারে কোনও বিষয়ের জ্ঞান কোনও ব্যক্তির নিজস্ব নয়। ব্যক্তি জ্ঞানের স্রষ্টা নয়—জ্ঞানের বাহকমাত্র। এই জ্ঞান সততার সঙ্গে সংগ্রহ করতে হয়। জ্ঞানের গ্রহণক্ষমতা বিচার করে নিজের সাধনা এবং উপলব্ধি শিষ্যকে উত্তরাধিকারী হিসেবে দান করা এদেশে আচার্য এবং গুরুর কর্তব্যরূপে স্বীকৃত। সাধনায় সিদ্ধিলাভের পর শিষ্যেরও কর্তব্য হবে উপযুক্ত পাত্রে আপন বিচারের দ্বারা সমৃদ্ধ সেই জ্ঞান সঞ্চারিত করা। এইভাবে গুরু-শিষ্য পরম্পরায় জ্ঞান ও বিদ্যার ধারাকে অক্ষুণ্ণ ও অব্যাহত রাখা ও উন্নত করার রীতিটি বোধহয় একান্তভাবেই ভারতীয়। আদর্শ সংগীতগুরুরূপে যাঁরা চিরকাল বরণীয় তাঁরা শিষ্যদের সংগীতের মহান ঐতিহ্যের সঙ্গে সক্রিয়ভাবে পরিচয় করিয়ে দিয়েছেন; নিজের কৃতিত্ব সম্বন্ধে সম্পূর্ণ নীরব থেকেছেন। আত্মপ্রচার বা নিজেদের গুণপনার বিজ্ঞাপন প্রকৃত গুরু এবং আচার্যের প্রকৃতিবিরুদ্ধ।

অহংকারশূন্যতা, আত্মবিশ্বাস, ধৈর্য, ব্যক্তিস্বার্থ সম্পর্কে ঔদাসীন্য যথার্থ গুরুর গুণরাশির অন্তর্গত। শিষ্য যদি আপ্রাণ চেষ্টা করেও কোনও একটি বিষয় আয়ত্ত করতে না পারে—আদর্শ গুরু কখনই ধৈর্যচ্যুত হন না, তার সাফল্যের জন্য বারবার যত্ন করেন, তার শিক্ষার জন্য নতুন উপায় উদ্ভাবন করেন। যে ধৈর্য ও তিতিক্ষার শিক্ষা তিনি শিষ্যরূপে তাঁর গুরুর কাছ থেকে পেয়েছেন সেই ধৈর্যের দৃষ্টান্ত তিনি স্থাপন করেন গুরুরূপে শিষ্যের কাছে। ধৈর্য ও তিতিক্ষা ছাড়া কোনও বিদ্যালাভ সম্ভব হয় না—এই সত্যটি বারবার প্রমাণিত হয়েছে সাধক, শিল্পী এবং স্বনামধন্য ব্যক্তিদের জীবনে। আমার গুরুদেব গুরু জ্ঞানপ্রকাশ ঘোষের জীবন থেকে একথার সত্যতার প্রমাণ পেয়েছি।

শ্রীগুরুদেব বলতেন—'যথার্থ গুরু তাঁর অভিজ্ঞতা এবং বিচারের দ্বারা নির্ধারণ করেন শিষ্যদের সংগীতশিক্ষা গ্রহণ করার মতো শারীরিক ও মানসিক সামর্থ্য আছে কি না। বিচক্ষণ চিকিৎসকের মতো তাঁর স্বজ্ঞা (intuition) ও প্রজ্ঞা (wisdom) শিষ্যের যোগ্যতা নিরূপণ করে। তিনি শিষ্যের কণ্ঠস্বর শুনেই বুঝতে পারেন তার শরীরে কোনও রোগ বা অপুষ্টিজনিত দুর্বলতার কথা। শুধু তাই নয়, শিষ্যের পিতামাতা বা পরিবারের অন্য কোনও ব্যক্তির, যার সঙ্গে শিষ্যের ঘনিষ্ঠ সম্পর্ক রয়েছে, তার কোনও অস্বাভাবিকতা বা দোষ তাকে প্রভাবিত করছে কি না। আধ্যাত্মিক গুরু যেমন ভবরোগ বৈদ্যরূপে শিষ্যের পারমার্থিক সম্পদ লাভের পথে অন্তরায়গুলি জেনে সেগুলি দূর করেন—প্রকৃত সংগীতগুরুও তেমনি শিষ্যের সংগীত বিদ্যালাভের এবং যথার্থ শিল্পী হবার পথে শারীরিক, মানসিক এবং পারিপার্শ্বিকজনিত অন্তরায়গুলি জেনে সেগুলির মূলোচ্ছেদ করতে পারেন ঈশ্বরের দানকে অক্ষুণ্ণ রেখে। এই ক্ষমতা না থাকলে তিনি গুরুপদবাচ্য নন। শিষ্যের শরীরে

যে সব দোষ বা রোগ গুরু সাধারণ অর্থে চিকিৎসক না হয়েও আবিষ্কার করেন, সেগুলি খ্যাতিমান এবং অভিজ্ঞ চিকিৎসকগণের দ্বারাও সমর্থিত হয়। আমার ব্যক্তিগত অভিজ্ঞতার ভিত্তিতেই এমন আপাত অবিশ্বাস্য তথ্যটি জ্ঞাপন করছি। আমরা দেখি যে ১০/১২ বছর গান শেখানোর পরেও কোনও শিষ্য গান গাইতে পারছেন না, তানপুরা বাঁধতে পারছেন না, তালে-লয়ে গান গাইতে ভয় পাচ্ছেন, কিংবা বিকৃত কণ্ঠে গ্যা-ম্যা-প্যা-ধ্যা—ইত্যাদি বিকৃত উচ্চারণ মুখ দিয়ে বার করে নিজেদের অজ্ঞাতসারে শ্রোতাদের বিরক্তি উৎপাদন করছেন এবং ভারতীয় রাগসংগীতের প্রতি সাধারণ শ্রোতাদের বিরাগ উৎপাদন করছেন। তা হলে দশ বারো বছর বা তারও বেশি সময় ধরে গুরুকে দক্ষিণা দিয়ে (যা টাকার অঙ্কে খুব সামান্য নয়) শিখে ছাত্ররা কী পেলেন? তা ছাড়া গুরুদের অন্যান্য চাহিদা মেটাতে গিয়ে অনেককে অনেককিছু খোয়াতে হয়। এইসব ব্যক্তিদের যে গায়ক হবার সম্ভাবনা ছিল না একথা গুরু কখনও বলেননি, কেননা তাতে তাঁর উপার্জন কমে যাবার আশঙ্কা ছিল। আমরা যদি এই জাতীয় বদ্ গুরু বা ওস্তাদ হই তবে আমাদের পাল্লায় পড়লে ছাত্রদের ধনে প্রাণে মারা পড়তে হবে। অল্পবয়স্ক শিষ্যশিষ্যা এবং তাদের অভিভাবকেরা অজ্ঞতার বশে সহজেই অসৎ গুরুর লোভের শিকার হয়ে থাকেন।

প্রকৃত গুরু নির্লোভ হন। শুধু তাই নয়—সামর্থ্য, যোগ্যতা এবং যথার্থ অধিকারী শিষ্যদের বিনা দক্ষিণা বা কোনও পারিশ্রমিক ছাড়াই শিক্ষাদান করার মানসিকতা রাখেন—নিজের আর্থিক ক্ষতি স্বীকার করে—এমনকি নিজের পরিবারে তাদের স্থান দিয়ে ভরণপোষণের সমস্ত দায়িত্ব নিয়ে। বৈদিকযুগে আচার্য, গুরুদের যে সব সদ্‌গুণ এবং নিঃস্বার্থ মনোভাব ছিল যথার্থ সংগীতগুরুও সেইসব গুণ ও মনোভাবের পরিচয় দেন। গুরুর অসাধারণ চারিত্রিক বৈশিষ্ট্য শিষ্যের শ্রদ্ধা আকর্ষণ করে। শিষ্যরা যদি গুরুকে শ্রদ্ধা না করতে পারে তা হলে শিক্ষাদান ও শিক্ষাগ্রহণ পণ্ডশ্রম। গুরু ও শিষ্যের পারস্পরিক সম্পর্কটি এককথায় পিতা ও সন্তানের আত্মিক বন্ধনের সম্পর্ক।

আমার জানা সাম্প্রতিক অতীতের যথার্থ ও সমর্থ কয়েকজন সংগীতগুরুর মধ্যে দুটি উজ্জ্বল দৃষ্টান্ত—স্বর্গত বাবা আলাউদ্দিন খান্ এবং আমার পরমারাধ্য গুরুদেব স্বর্গত জ্ঞানপ্রকাশ ঘোষ। প্রথম জনের ব্যক্তিগত সান্নিধ্য আমি লাভ করিনি, কিন্তু ওঁর একাধিক শিষ্য—যাঁরা যুগন্ধর ও সম্মাননীয় শিল্পীরূপে খ্যাতিমান হয়েছেন, যেমন, ওস্তাদ আলি আক্‌বর খান্, শ্রীমতী অন্নপূর্ণা দেবী, পণ্ডিত রবিশংকর, স্বর্গত নিখিল বন্দ্যোপাধ্যায়, শ্রীঅজয় সিংহরায় প্রমুখ শ্রদ্ধেয় সংগীতগুণীদের কাছ থেকে এবং তাঁদের জীবনীগ্রন্থ থেকে জেনেছি—ওঁর নিরলস সংগীত সাধনা, গুরুর প্রতি ঐকান্তিক নিষ্ঠা, আত্মসমর্পণ এবং শিষ্যদের শারীরিক, মানসিক এবং সাংগীতিক উন্নতি ও বিকাশের জন্য তাঁদের প্রতি পিতৃমাতৃসুলভ স্নেহ ও শাসনমিশ্রিত সদা সতর্ক দৃষ্টির কথা। মাইহারে তাঁর নিজের বাসভবনে শিষ্যদের রেখে অহোরাত্র তাঁদের অনুশীলনের তত্ত্বাবধানে তিনি তাঁর সমস্ত শক্তি, জ্ঞান ও অনুভবকে নিয়োজিত করতেন। তাঁদের আলস্য ও কর্তব্যের প্রতি ঔদাসীন্যের জন্য যেমন তাঁরা কঠোর শাস্তি পেতেন—তেমনই তাঁর পিতৃহৃদয়ের স্নেহ ও করুণার বন্ধন থেকে তাঁরা কখনওই মুক্তি চাইতেন না। বাবা আলাউদ্দিন খান্ ছিলেন কণ্ঠ ও যন্ত্রসংগীতের প্রায় সমস্ত শাখায় এক অভূতপূর্ব পারঙ্গমব্যক্তিত্ব। কিন্তু তাঁর প্রগাঢ় এবং বহুমুখী সংগীতজ্ঞান ছিল হৃদয়ের গভীর অনুভূতি ও বিস্তারের সঙ্গে ওতপ্রোতভাবে

জড়িত। যোগ্য অধিকারীকে তিনি অকৃপণভাবে জ্ঞান বিতরণ করেছেন। স্বার্থবুদ্ধিহীন ভালবাসা দিয়ে, সারাজীবন সার্থক উত্তরাধিকারী খুঁজেছেন নিজের সংগীতসম্পদকে আগামী প্রজন্মপরম্পরায় সঞ্চারিত করার উদ্দেশ্যে। জিজ্ঞাসু শিষ্য যেমন যথার্থ গুরুর অন্বেষণ করে—যথার্থ ও সমর্থ গুরুও তেমনই যোগ্য ও শ্রদ্ধাবান শিষ্যের অপেক্ষা করেন।

প্রকৃত গুরুর আর একজন দৃষ্টান্ত হলেন আমার গুরুদেব আচার্য জ্ঞানপ্রকাশ ঘোষ—যাঁর নিরবচ্ছিন্ন সান্নিধ্যে আমি প্রায় শৈশব থেকে ১৯৯৭ সালে তাঁর মহাপ্রয়াণ পর্যন্ত সংগীতশিক্ষা অর্জনের সৌভাগ্য লাভ করেছি। তাঁর জ্ঞানের ও হৃদয়বত্তার সম্পূর্ণ বিবরণ দেবার চেষ্টা করা আমার পক্ষে অসম্ভব। আমার ক্ষুদ্রবুদ্ধি দিয়ে তাঁকে বোঝা এবং বোঝানোর প্রয়াস প্রদীপের আলোয় সূর্যকে দেখানোর মতো। তবে দীর্ঘ চার দশকের কিছু বেশি সময় জুড়ে আমার ব্যক্তিগত, সামাজিক এবং সাংগীতিক জীবনের অভিজ্ঞতার পটভূমিতে আমি উপলব্ধি করেছি যে তাঁর মতো সংগীতগুরুর জন্য সংগীতজগৎকে শত শত যুগ অপেক্ষা করতে হবে। বাবা আলাউদ্দিন খান এবং গুরু জ্ঞানপ্রকাশ ঘোষ ওইরকমই ক্ষণজন্মা সংগীতজ্ঞানী গুরু ছিলেন। এঁদের দান ভারতীয় সংগীত ও সংস্কৃতির ইতিহাসে অবিস্মরণীয়।

আমার গুরুদেব ছিলেন ধনী ও সংস্কৃতিমনস্ক পরিবারের সন্তান। ওঁর পিতামহ দ্বারিকানাথ ঘোষকে বলা হয় এদেশে হারমোনিয়াম যন্ত্রটির প্রথম প্রবর্তক। Dwarkin Harmonium তাঁর নামটি আজও সগৌরবে ঘোষণা করছে। বাবা আলাউদ্দিন খানের মতন আমার গুরুদেবও শৈশব থেকেই ছিলেন কণ্ঠ ও যন্ত্রসংগীতের বিভিন্ন ধারা এবং প্রকার শিক্ষা ও অনুশীলনে আগ্রহী ও নিষ্ঠাবান। গুরুবর্গের প্রতি শ্রদ্ধা, তাঁদের অনুগ্রহলাভের জন্য তাঁর দ্বিধাহীন স্বার্থত্যাগ, জ্ঞানলাভের জন্য তাঁর অতন্দ্র ও অনলস অধ্যবসায় এবং প্রয়োজনে ছোটদের কাছ থেকেও শিক্ষালাভের মানসিকতা—শিক্ষার্থী মাত্রেরই আদর্শ এবং প্রেরণা।

গুরুজির পূর্ণাঙ্গ জীবনী লেখার চেষ্টা আমি করছি না—কেবল শিষ্য ও গুরুরূপে তাঁর কিছু পরিচয় এখানে প্রাসঙ্গিক মনে করি।

আমাদের সুপ্রাচীন রাগসংগীত আয়ত্ত ও অনুশীলনের সঙ্গে সঙ্গে আমার গুরুদেব আধুনিক জ্ঞানবিজ্ঞানকেও অঙ্গীকার করেছিলেন। কলকাতার প্রেসিডেন্সি কলেজের কৃতী ছাত্র হিসেবে উনি প্রথম শ্রেণীতে প্রথম স্থান অর্জন করে স্নাতক হয়েছিলেন। খেলাধুলাতেও উনি ছিলেন অগ্রণী। ফুটবল খেলতে গিয়ে ওঁর একটি চোখ নষ্ট হয়েছিল। ওঁর চিন্তাভাবনায় প্রাচীনের প্রতি গভীর শ্রদ্ধার সঙ্গে আধুনিক যুগোচিত বা আধুনিক মানসোচিত জিজ্ঞাসা যুক্ত ছিল। নির্বিচারে শাস্ত্রবচনকে সর্বতোভাবে মেনে চলা আধুনিকতার পরিপন্থী—তাই উনি সব সময় যা কিছু শিখেছেন এবং শিখিয়েছেন তার সব কিছুই ওঁর নিজস্ব বিচারের নিকষে পরীক্ষিত। ওঁর অন্যতম প্রধান উপদেশ: 'নিজের বুদ্ধির ঘরের জংধরা তালাটা ভাঙো, যা শিখছ তাকে নিজের বুদ্ধি দিয়ে বিচার করে গ্রহণ করবে, অযৌক্তিক উপাদান বর্জন করবে।'

একদিন গান শেখানোর ক্ষেত্রে আমার কী কী করণীয়—তা জানতে চাইলে গুরুদেব একটি অপূর্ব উপদেশ দিয়েছিলেন যা আমি জীবনে কোনওদিনও ভুলব না। বলেছিলেন: একজন সৎগুরুর ভূমিকা অনেকটা একজন সৎ, অভিজ্ঞ general physician-এর মতো। ওই ডাক্তার যেমন রোগীর দেহের বিশেষ রোগটি খুঁজে কেবলমাত্র তারই উপশমের বন্দোবস্ত করেন এবং অন্যান্য সুস্থ অঙ্গপ্রত্যঙ্গের স্বাভাবিক ক্রিয়ার ব্যাঘাত ঘটান না—

শ্রীমৎ প্রেমানন্দতীর্থ স্বামীজী মহারাজ—পরিবারের আধ্যাত্মিক শক্তির উৎস

পরমগুরু জ্ঞানপ্রকাশ ঘোষ

উস্তাদ মুনাব্বর আলি খান—যৌবনের গুরু

কানাইদাস বৈরাগী—কৈশোরের গুরু

তেমনই সৎগুরু ঈশ্বরের কৃপাপ্রাপ্ত একজন শিষ্যের সাবলীলতা, স্বাভাবিক গুণাবলীকে বুঝে সেগুলিকে অনুপ্রাণিত করে—কেবল ত্রুটিগুলিকেই শিষ্যকে বুঝিয়ে দিয়ে সেগুলি দূর করতে সাহায্য করেন। কানাই দত্ত, পণ্ডিত শংকর ঘোষ এবং পণ্ডিত শ্যামল বসুর বাজনা মন দিয়ে শুনলে বোঝা যাবে গুরুদেবের তবলার একটি কায়দা বা টুকরা তিনজনের হাতেই প্রকাশ পেয়েছে অতি সুন্দর ভাবে—কিন্তু তাদের স্বাদ ভিন্ন।

আমাদের দেশে প্রায় সমস্ত গুরু কেবল অনুকরণকেই শিষ্যের শিক্ষালাভের উপায় বলে উপদেশ দিয়ে থাকেন। তাঁদের শিষ্যরাও গুরু ও ঘরানার হুবহু অনুকরণ করতে গিয়ে অনেক সময় রাগসংগীতকে নির্বিচার সৌন্দর্যবোধহীন গানে পরিণত করে তোলে। ওইজন্য রাগসংগীতের শ্রোতার সংখ্যা কমেছে। ওস্তাদ ও ঘরানার প্রতি নিরতিশয় অসুস্থ আনুগত্যের প্রভাবে হতভাগ্য স্বরগুলি বিকৃত হয়ে যায় এবং শিল্পীর(?) হাত-পা ও সমস্ত শরীরের গতিবিধি দর্শকের দুশ্চিন্তা ও উৎকণ্ঠার কারণ হয়। সংগীত যে একটি শিল্প—শিল্পমাত্রই যে সুন্দরের অভিব্যক্তি এবং যা কিছু সুন্দর তাই মানুষকে আনন্দ দেয় এসব কথা তখন একেবারেই অর্থহীন হয়ে যায়। গুরু পরম শ্রদ্ধেয় ঠিকই—কিন্তু যেহেতু তিনি মানুষ তাই তাঁরও কিছু ত্রুটি থাকতে পারে। কিন্তু সেই ত্রুটিগুলোকে কেবল অনুকরণ করলেই গুরুর প্রতি ভক্তি দেখানো হয় না। কথা বলতে গেলে, গান গাইতে গেলে উপযুক্ত ও যথার্থ মুদ্রার প্রয়োজন হয়। মুদ্রার মানে অঙ্গভঙ্গি, হাত, পা, মুখ ইত্যাদির ব্যবহার বা প্রয়োগ যাকে ইংরাজিতে বলা যায় gesture। একটি পরিস্থিতিতে একটি মুদ্রার প্রয়োগ শোভন, অন্যত্র নয়। যেমন, অনিচ্ছা সত্ত্বেও যখন কোনও কথা মেনে নিতে হয় তখন কাঁধ ঝাঁকিয়ে (shrug of the shoulder) মনোভাবটি জানিয়ে দেওয়া অশোভন নয়, কিন্তু 'আপনি ভাল আছেন তো?'—এই কথাটি জিজ্ঞাসা করার সময় যদি কেউ ওই মুদ্রাটি কয়েকবার প্রয়োগ করেন তখন সেটি হয় মুদ্রাদোষ আর তখনই সেটি হয়ে ওঠে হাসি আর বিরক্তির কারণ। আমরা ধ্রুপদ, খ্যাল ইত্যাদি গাইতে গিয়ে লয়কারী এবং তান সরগম করার সময় গুরুপ্রদর্শিত পথে অদৃশ্য কোনও শত্রুকে যদি মারের ভয় দেখাই, শূন্যে অনুপস্থিত কোনও ঘুড়ি ওড়াই, কিংবা এরকম আরও দুঃসাধ্য ক্রিয়া করি আনুষঙ্গিক মুখবিকৃতি সহযোগে—তা হলে কি আমাদের গুরুদের সম্মান বাড়ে? অন্ধ অনুকরণই যদি সংগীতশিক্ষার আদর্শ হত তা হলে নিখুঁত video recording-ই ঐতিহ্য অক্ষুণ্ণ রাখার সবচেয়ে নির্ভরযোগ্য উপায়রূপে গণ্য হত।

আমার গুরুদেবের শিক্ষা ছিল—যা কিছু প্রাচীন, কেবল তাই শ্রেষ্ঠ নয়, যা কিছু নতুন তা-ই নিন্দনীয় নয়—

"পুরানমিত্যেব ন সাধু সর্বম্।
ন চাপি সর্বং নবমিত্যবদ্যম্ ॥"

তাঁর একটি গানেও এই মনোভাবটি পরিস্ফুট:

"আমি নূতনের অভিলাষী,
যা কিছু নবীন নওল রঙিন তারই আমি পিয়াসী।
পুরাতন তাও জানি

ফিরে ফিরে আসে নূতনের সাথে
মিশে করে কানাকানি।
নূতনের বেশে পুরাতন এসে দিলে মোরে হাতছানি
তাহারেই আমি মানি।”

ঐতিহ্য বা tradition এবং ব্যক্তিপ্রতিভা বা individual talent-এর সার্থক প্রতিযোজনের (adjustment, adaptation) ফলেই সংগীতে, সাহিত্যে ও অন্যান্য শিল্পে যুগে যুগে অভিনব ও বিচিত্র স্বাদ ও বর্ণের আবির্ভাব লক্ষ্য করা যায়। বিগত যুগের এবং বর্তমানের অনেক সংগীতগুরুর অনুকরণাত্মক শিক্ষাদানের জন্যই এদেশে রাগসংগীত বেঁচে থাকলেও কণ্ঠসংগীতের শিল্পীর দারুণ অভাব।

গুরুদেব নিজে তবলার ফরুখাবাদ ঘরানার ওস্তাদ মশিত খাঁ সাহেব এবং ওস্তাদ আজিম খাঁ সাহেবের শিষ্য ছিলেন, কিন্তু নিজের বিচার এবং সৌন্দর্যবোধের (aesthetic sense) আধারে একটি অনুপম শৈলী বা style-এর প্রবর্তন করেন। আবার নিজের বিচারলব্ধ শৈলীর অন্ধ অনুকরণও তিনি শিষ্যদের করতে দেননি। তাদের যোগ্যতা ও প্রবণতা অনুসারে তিনি শিক্ষা দিতেন নিজের বাড়িতে স্থান দিয়ে তাদের ভরণপোষণের সমস্ত দায়িত্ব নিয়ে এবং তাদের অনুশীলনের সময় সতর্ক প্রহরায় নিজেকে নিযুক্ত রেখে। প্রতিটি শিষ্যই আপন বৃন্তে অর্থাৎ নিজস্ব প্রতিভা ও মনীষার ভিত্তিতে তাঁর কাছে শিক্ষাগ্রহণ করে স্বীয়মহিমায় যশস্বী শিল্পীতে পরিণত হয়েছেন উত্তরকালে। প্রয়াত কানাই দত্ত, নিখিল ঘোষ, দিলীপ দাস তাঁদের স্থায়ী স্বাক্ষর রেখে গেছেন ভারতীয় সংগীতের ইতিহাসে। শ্রীশ্যামল বোস, শ্রীশংকর ঘোষ, শ্রীঅনিন্দ্য চট্টোপাধ্যায়, শ্রীসঞ্জয় মুখোপাধ্যায়, শ্রীগোবিন্দ বোস এবং আরও অনেকে তাঁর অমোঘ জ্ঞান ও শিক্ষাদানের প্রমাণ দিয়ে চলেছেন। তৃতীয় প্রজন্মে ওঁর প্রত্যক্ষ ও পরোক্ষ শিষ্যদের মধ্যে শ্রীমল্লার ঘোষ, শ্রীবিক্রম ঘোষ, শ্রীনয়ন ঘোষ, শ্রীঅভিজিৎ ব্যানার্জি, শ্রীতন্ময় বোস এখন বিশ্বজোড়া খ্যাতির অধিকারী।

গুরুজির গানের শিষ্যদের প্রসঙ্গে আসছি। খ্যাল ঠুমরি গায়কদের মধ্যে প্রয়াত প্রসূন বন্দ্যোপাধ্যায়ের নাম প্রথমেই করব যিনি গুরুজির বাড়িতে থেকে বহু বছর তালিম পেয়েছেন এবং প্রায় আটের দশক অবধি যাঁর নাম বাংলার ঘরে ঘরে মানুষ জানত। তাঁর বাংলাভাষায় গাওয়া গানও বসন্তবাহার, যদুভট্ট, ইত্যাদি গুরুজির সুরারোপিত বাংলা ছায়াছবির মাধ্যমে সবাই শুনেছেন এবং মুগ্ধ হয়েছেন। পরবর্তীকালে যাঁরা সর্বভারতে এবং বহির্ভারতে সুপ্রসিদ্ধ হয়েছেন তাঁদের মধ্যে শ্রীঅরুণ ভাদুড়ি ও শ্রীমতী তনিমা ঠাকুরের নাম সর্বজনবিদিত। বাংলা ভাষায় রচিত ও সুরারোপিত গুরুজির গান গাননি এমন শিল্পীর নাম অনেক কষ্ট করে খুঁজতে হবে। যেমন মহিলা শিল্পীদের মধ্যে বেগম আখতার, সন্ধ্যা মুখার্জি, নীতা সেন, বাণী কোনার, প্রতিমা বন্দ্যোপাধ্যায় এঁদের নাম কে না জানেন? আর পুরুষশিল্পীদের মধ্যে মানবেন্দ্র মুখোপাধ্যায়, হেমন্ত মুখোপাধ্যায়, দীপংকর চট্টোপাধ্যায়, সতীনাথ মুখোপাধ্যায়, প্রমুখ শিল্পীদের কণ্ঠে গুরুদেবের গান আজও অমর হয়ে আছে। হিন্দিভাষায় গুরুদেব রচিত খ্যালের বন্দিশ (পিয়া মিলনকে কাজ—ভাটিয়ার) মানিক ভার্মার কণ্ঠে এবং ভজন (মৈ দ্বার খোলকর বৈঠা হুঁ তুম আজানা ভগবান) পণ্ডিত এ, কাননের কণ্ঠে কেই বা শোনেননি! ওঁর সুরারোপিত ও রচিত হিন্দিভাষায় গান বহুশিল্পীর

কণ্ঠে জনপ্রিয় হয়েছে।

অজ্ঞানবশত যাঁদের নামোল্লেখ করতে পারলাম না—তাঁরা যেন আমায় ক্ষমা করেন। আমার পরম শ্রদ্ধেয় গুরুমা শ্রীমতী ললিতা ঘোষ-এর নাম এবং ভূমিকা এক্ষেত্রে বিশেষভাবে স্মরণীয়, কেননা, গুরুদেবের রচিত বিভিন্ন পর্যায়ের বাংলা গান, হিন্দি গীত ও ভজন তাঁর উদ্দেশ্যে রচিত এবং সুরারোপিত হয়েছে। তাঁর কণ্ঠে সেই গানগুলি সযত্নে লালিত হয়ে একটি ভিন্নমাত্রা লাভ করেছে।

বিশ্বখ্যাত সেতারবাদক প্রয়াত নিখিল বন্দ্যোপাধ্যায় আমাদের গুরুজির কাছে কিছুদিন গান শিখেছিলেন এবং প্রচার না করে সুন্দর গাইতেন—এ কথা হয়তো অনেকেই জানেন না। প্রখ্যাত সানাইবাদক আলি আহমেদ হুসেনও গুরুজির কাছে সংগীতের অনেক ব্যাপারে ঋণী এবং আজও তাঁকে গুরুজ্ঞানে শ্রদ্ধা করেন।

গুরুজি সংগীতে উৎকর্ষ লাভের জন্য শিষ্যদের বলতেন অন্যান্য বিষয়ে তাঁদের জ্ঞান ও শিক্ষা অর্জন করতে। সংগীতের মানোন্নয়নের জন্য এবং যে সমস্ত অন্ধসংস্কার ও মূর্খতা দীর্ঘকাল প্রশ্রয় পেয়ে দৃঢ়মূল হয়েছে রাগসংগীতের শিল্পীদের মনে সেগুলি উৎপাটনের জন্য তিনি সাধারণ শিক্ষার ওপর বিশেষ গুরুত্ব দিতেন। সর্বোপরি উনি শিষ্যদের নৈতিকবোধের বিকাশ ও উন্নতি সবচেয়ে প্রয়োজনীয় মনে করতেন। একটি প্রথম শ্রেণীর সংবাদপত্রে প্রকাশিত ওঁর একটি সাক্ষাৎকারের বিবরণ থেকে ওঁর উক্তি উদ্ধৃত করছি:

> "সাধারণ শিক্ষার মান উন্নত না হলে সংগীতের শিক্ষায় উন্নতি হওয়া সম্ভব নয়। সাধারণ শিক্ষা মানে ডিগ্রি জোগাড় নয়। সাধারণ শিক্ষার অর্থ হচ্ছে ভালমন্দর বিচার, আর ভালর দিকে মানসিক বৃত্তিকে গভীরভাবে পৌঁছে দেওয়া। অজয় যবে থেকে আমার সংস্পর্শে এসেছে তবে থেকেই জীবনে যা কিছু আমি শিখেছি তা ওর গোচরে আনতে চেষ্টা করেছি। বিভিন্ন মনীষীর সংস্পর্শে আসার এবং ব্যক্তিগত জীবনে তাঁদের প্রত্যক্ষ করার সৌভাগ্য আমার হয়েছে। বিজ্ঞান, ইতিহাস, দর্শন, ধার্মিকতার নীতি সম্পর্কে আমার মন্তব্যগুলি আমি অজয়ের গোচরে আনার চেষ্টা করেছি পুঙ্খানুপুঙ্খ সার্থকতার সঙ্গে। এবার ছাত্র প্রসঙ্গে বলি। অজয়ের মতো পরিপূর্ণতাপ্রাপ্ত ছাত্র আমি দ্বিতীয় আর কাউকে পাইনি আমার জীবনে। সঙ্গীতে ভালত্বের মর্ম শুধুমাত্র গাওয়া বা বাজানোর উৎকর্ষের মধ্যেই সীমাবদ্ধ নয়। শেষকথা মনুষ্যত্ব, মানুষ হওয়া।"

আত্মপ্রচারের সজ্ঞান ও সচেতন প্রয়াসে গুরুজির উক্তিগুলি আমি উদ্ধৃত করিনি, আমার প্রসঙ্গটির অনুল্লেখে উদ্ধৃতিটি বিকৃত হবে এই আশঙ্কায় আমার প্রশংসাসূচক কথাগুলিও তাতে স্থান পেয়েছে। তাঁর প্রশ্রয়, প্রশংসা ও আমার প্রতি আস্থা তাঁর উত্তরাধিকারের গৌরব অক্ষুণ্ণ রাখার দায়িত্ব দিয়েছে আমাকে, যে দায়িত্ব আমি পালন করার চেষ্টা করছি তাঁর আশীর্বাদে আর আপনাদের সকলের শুভেচ্ছা ও সহযোগিতার উপর নির্ভর করে। শ্রুতিনন্দনে গুরু জ্ঞানপ্রকাশ স্যাংটমে (sanctum) আমি তাঁর উপস্থিতি সর্বদাই অনুভব করি।

সংগীতের একটি সামগ্রিক বোধ আমি তাঁর শিক্ষার মাধ্যমেই অর্জন করেছি। সংগীতের মধ্যে উচ্চনীচ, গুরুলঘু ইত্যাদির জাতিভেদ নেই, একথা উনি সবসময় বলতেন। উনি বলতেন: তথাকথিত লঘুসংগীতের নিজস্ব নিয়ম ও ব্যাকরণ আছে যা শ্রদ্ধা ও ধৈর্যের সঙ্গে

আয়ত্ত করতে হয়। যে গান আমি গাইতে পারি না সেই গান নিম্নশ্রেণীর এরকম মনোভাব অন্ধ কুসংস্কার জনিত।

গিরিজাশংকর চক্রবর্তী, মেহেদী হোসেন এবং তাঁর কৈশোর ও যৌবনের সমসাময়িক বহু ভারতবিখ্যাত প্রবীণ সংগীতগুণীর কাছে রাগসংগীত শিক্ষা করা সত্ত্বেও আমার গুরুজি কোনও গোঁড়ামিকে কখনও প্রশ্রয় দেননি। তিনি তাঁর গানের ছাত্রদের অন্তত দশটি রবীন্দ্রনাথের গান শিখতে বলতেন রাগসংগীত শেখার আগে, গানের ভাষা এবং তার ভাবসম্পদ যে কত উচ্চকোটির হতে পারে তা উপলব্ধি করানোর উদ্দেশ্যে। কণ্ঠসংগীতে বাণীর ভূমিকা যে উপেক্ষণীয় নয় এবং বাণী ও সুরের পারস্পরিক আত্মীয়তা স্থাপন যে গীতিকার ও সুরকার মাত্রেরই সাধনার বিষয় তা তিনি তাঁর রচিত খ্যাল-ঠুমরি এবং অন্যান্য গানের মাধ্যমে প্রতিষ্ঠা করে গেছেন। তাঁর প্রতিভার সোনার কাঠির ছোঁয়ায় খ্যাল গানের বাণী 'সাস-ননদীর' অত্যাচার থেকে অব্যাহতি পেয়ে নিত্যনতুন সাজে রাগগুলির অন্তর্লোকে অভিসারী।

তাঁর অনন্যসাধারণ সংগীতজ্ঞান ও কৃতি বহু বিচিত্র ধারায় বাহিত হয়ে তিনটি প্রজন্মব্যাপী সংগীতজগৎকে সরস ও সমৃদ্ধ করেছে। আকাশবাণী ও চলচ্চিত্রে তাঁর দান যেমন অক্ষয় খ্যাতির দাবি রাখে তেমনই বৃন্দবাদন (orchestra), prelude-interlude-এর চমৎকারিত্ব, অভিনবত্ব, চিন্তাশীল, জ্ঞানী ও সংবেদনশীল শিল্পী মাত্রেরই আদর্শ।

ওঁর আগে খ্যাল, ঠুমরি ছাড়া অন্যান্য গানের প্রথম লাইনটিকেই বাজানো হত বিভিন্ন যন্ত্রে, prelude (গান শুরুর আগে যে মিউজিক বাজানো হয়) হিসেবে। স্থায়ীর পর অর্থাৎ গানের প্রথম স্তবকের পর interlude-এও গানের লাইনের সুর হুবহু বাজানোর পর শিল্পীকে অন্তরা অর্থাৎ দ্বিতীয় স্তবকে আসতে হত। এই নিয়মেই সাধারণ prelude, interlude তৈরি হত। কিন্তু মূল melody-র আশ্রয়ে—গানের সুরের উপাদান দিয়ে গুরুজি গানের ভাব অনুযায়ী নতুন পথে prelude ও interlude রচনা শুরু করলেন—যা গানকে নতুন স্বাদে আকর্ষণীয় করে তুলল।

রেডিওতে 'সংগীতাঞ্জলী' 'রম্যগীতি' নামে যে অনুষ্ঠান দুটি আপনারা নিয়মিত শুনেছেন তাঁর স্রষ্টা আমার গুরুজি। রম্যগীতি শুরুর আগে সানাই সহযোগে যে সুরটি বাজে তা-ও ওঁরই রচনা। ওটি বাজিয়েছিলেন প্রখ্যাত সানাইবাদক ওস্তাদ আলি আহ্‌মেদ হুসেন। যখন টেলিভিশনের প্রচলন হয়নি তখন রেডিয়োর এ দুটি অনুষ্ঠান সর্বাপেক্ষা জনপ্রিয় ছিল একথা বললে অত্যুক্তি হবে না। নির্ধারিত গিটার শিল্পীর অনুপস্থিতিতে রবীন্দ্রনাথের গানের অনুষ্ঠানের সঙ্গে গুরুজি হাতুড়ির কাঠের হাতল দিয়ে তানপুরার তারে গিটার বাজিয়ে দিয়েছিলেন। সেসময় উনি ছিলেন রেডিয়োর চিফ প্রডিউসার। সেই গিটার বাদনের প্রশংসা বহু মানুষের কাছে শুনেছি। তা ছাড়া হারমোনিয়ামের কিংবদন্তি পুরুষ আমার গুরুজি রেডিয়োর জাতীয় কার্যক্রমে (National Programme) সর্বপ্রথম হারমোনিয়াম বাজিয়েছিলেন।

শিশুসংগীত প্রতিভার সফলবিকাশের প্রতি গুরুজির সদাসতর্ক ও জাগ্রত দৃষ্টি তাঁকে বৈদিক যুগের আচার্যগণের সমগোত্রীয় রূপে প্রতিষ্ঠিত করেছে এই কোলাহলময় ব্যাপক নৈতিক অধঃপতনের যুগে। যত্নের অভাবে, প্রতিকূল পরিবেশে প্রতিভার বিকাশ হয় না, আবার যত্ন, স্নেহ, প্রশ্রয় ও প্রশংসার আতিশয্যেও প্রতিভার স্ফুরণ ব্যাহত হয়। অনেকসময়

দেখা যায় যে প্রতিভাবান একটি শিশুর বাবা, মা কিংবা অন্যান্য আত্মীয় তার উপস্থিতিতেই অন্যদের কাছে তার প্রশংসা করেন এবং তার কৃতিত্বকে অলোকসামান্য প্রতিভার পরিচয়রূপে প্রতিপন্ন করতে চান। এর ফলে স্বাভাবিকভাবেই সেই শিশুর মনে গর্ব ও অহংকারের বোধ জন্মায় এবং সে ক্রমশ পরিশ্রম ও অনুশীলনবিমুখ হতে থাকে। কারণ, সে ভাবে—যেহেতু তার বুদ্ধি ও মেধা অসাধারণ—তাই রেয়াজ না করলেও তার সাফল্যলাভ অবশ্যম্ভাবী। কিন্তু এই সত্যটি ভুললে চলবে না যে বুদ্ধি বা মেধা যতই থাকুক পরিশ্রম বা অনুশীলনের বিকল্প কিছুই হতে পারে না। তাই গুরুজি ছাত্র-ছাত্রীর বাবা, মা বা অন্যান্য আত্মীয়দের সতর্ক করে দিতেন; প্রয়োজনে রূঢ় ও নির্মম হতে তাঁকে কখনও দ্বিধা করতে দেখিনি। আমাদের এক গুরুভাই-এর কাকা তাঁর ভ্রাতুষ্পুত্রের প্রতিভাসম্পর্কে একদিন উপস্থিত অন্যান্য ব্যক্তির কাছে অত্যন্ত সুখ্যাতি করছিলেন। পরে সেইকথাগুলি গুরুজির কানে গেলে উনি একদিন আমাদের সকলকে ডেকে বললেন: 'তোমরা প্রতিদিন সকালে ওই ভদ্রলোকের মৃত্যু কামনা করবে, তা না হলে ওঁর ভাইপোর উন্নতি হবে না'। প্রসঙ্গত বলি—সেই শিশুটি এখন বিশ্বজোড়া খ্যাতির অধিকারী একজন যশস্বী তবলাশিল্পী।

"সর্বত্র জয় অন্বেষণ করবে, কেবল পুত্র ও শিষ্যের কাছে পরাজয় তোমার কাম্য হবে"—প্রকৃত সমর্থ গুরুগণের অনুসৃত—এই নীতিটি সনাতন ভারতীয় সংস্কৃতির অজেয় প্রাণশক্তির উৎস। বাবা আলাউদ্দিন, আমার গুরুদেব এবং সংগীত ও সংস্কৃতির যে কোনও ক্ষেত্রের প্রকৃত গুরুবর্গের জীবন ও উত্তরাধিকার সম্বন্ধে চিন্তা করলে উপদেশটির সার্থকতা আমরা উপলব্ধি করতে পারব। যাঁরা প্রকৃত গুরু তাঁরা তাঁদের কোনও জ্ঞানই শিষ্যদের কাছে গোপন রাখেন না। শিষ্যদের যোগ্যতা ও ধারণক্ষমতা বিচার করে নিজের অর্জিত বিদ্যা নিঃশেষে দান করে যান। এমনকি তাঁরা নিজেদের ত্রুটিগুলিও উল্লেখ করতে দ্বিধা করেন না—শিষ্যের উন্নতির জন্য। তাঁরা নিজেদের ব্যক্তিগত জীবন ও খ্যাতি প্রতিপত্তির চেয়ে জ্ঞান ও বিদ্যাকে অধিকতর মূল্যবান বলে বিশ্বাস করেন এবং তাঁদের মরণোত্তর কালে সেই জ্ঞান ও বিদ্যার প্রসার ও উৎকর্ষের জন্য তাঁদের প্রাণাধিক প্রিয় সম্পদ শিষ্যদের দিয়ে যান। জ্ঞান ও বিদ্যা যদি কৃপণের ধনের মতো সঞ্চিত থাকে—বিতরিত বা সঞ্চারিত না হয় তবে একটি নিঃসঙ্গ প্রদীপের আলোর মতো সেই বিদ্যা ও জ্ঞান অন্ধকারের কাছে পরাজিত হবে, কিন্তু একটি প্রদীপের শিখা থেকে যদি সহস্র প্রদীপ জ্বলে তখন অন্ধকারই পরাজিত হয়।

এ সমস্ত কথা গুরুদেবের জীবন থেকে আমি মিলিয়ে নিয়েছি। আমার গুরুজি বলে ওঁর সম্বন্ধে এতকথা বলছি এমনটা ভাববেন না—গুরু জ্ঞানপ্রকাশ ঘোষ ছিলেন ভারতীয় সংগীতের ইতিহাসে এক অবতারকল্প অদ্বিতীয় ব্যক্তিত্ব। প্রাচীন ও নবীন বিভিন্ন ভাষা, সাহিত্য, পুরাতত্ত্ব, বিজ্ঞান, ইতিহাস, ক্রীড়া এবং কণ্ঠ ও যন্ত্রসংগীতের বিভিন্ন ধারায় নিষ্ণাত, সহস্র গান ও তবলার বোলবাণীর রচয়িতা, এক আধারে আর কোনও দৃষ্টান্ত নেই।

এমন উদার মনোভাবের অধিকারী যদি সকল গুরু হতেন তা হলে সংগীতসংক্রান্ত বহু জ্ঞান ও বহু গান লুপ্ত হয়ে যেত না। অনেকেই আক্ষেপ করেন যে বিগতযুগের গুণী ওস্তাদেরা যা জানতেন তার তুলনায় এখনকার সংগীতগুণী ও শিল্পীরা কিছুই প্রায় জানেন না। এর জন্য দায়ী অনেক গুরুর কৃপণতা এবং শিষ্য বা ছাত্রদের গুরুভক্তির অভাব এবং শ্রমবিমুখতা। একথা অস্বীকার করা যাবে না যে অনেক ওস্তাদ ও পণ্ডিত কেবল ধনী শিষ্যদের খাস তালিম বা তাদের পরম্পরাবাহিত 'কুলবধুরিবগোপ্যা' বিদ্যা দান করতেন।

যেসব শিষ্য কেবল গুরুর অনলস সেবা করত কিন্তু গুরুর আর্থিক চাহিদা মেটাতে পারত না তাদের কপালে গুরুর কাছ থেকে মূল্যবান কোনও শিক্ষা বা জ্ঞানলাভ প্রায় অসম্ভব ছিল। ওইসব গুরুগণ একটি শিষ্যের গাণ্ডা বাঁধার সময় শুনিয়ে দিতেন এর আগে কে কতগুলি আকবরী মোহর এবং মাসিক কত হাজার টাকার গুরুদক্ষিণার বিনিময়ে গাণ্ডা বেঁধে শাগির্দ হয়েছে। ওইসব গুরুর অধিকাংশ ধনী শিষ্যরাও তাঁদের ছাত্রদের বিশেষ কিছু শেখাতেন না অল্প বা বিনা অর্থমূল্যে সেই জ্ঞান হারাবার ভয়ে। ব্যতিক্রম যে ছিল না—তা নয়, আমাদের দেশের কিছু ধনী জমিদার, নবাব ও রাজা প্রকৃত জিজ্ঞাসু ছাত্রদের সেইসব বহুমূল্য বিদ্যা অকাতরে দান করে গেছেন—আর্থিক প্রতিদান বা দক্ষিণার বিন্দুমাত্র আশা করেননি। এরকম একজন ব্যতিক্রমী ব্যক্তিত্ব ছিলেন কুমার দেবপ্রসাদ গর্গ, মহিষাদলের রাজা। তাঁর জীবনে ভারতের সমস্ত সাংস্কৃতিক স্রোত মিলিত হয়েছিল। তিনি একাধারে সংগীতজ্ঞানী ও গুণী, বিদ্বান, রাজনীতিক, গ্রন্থকার এবং খ্যাতনামা শিকারি ছিলেন। দিল্লীর মুজফ্ফর খাঁ সাহেব এবং আগ্রার ফৈয়াজ খাঁ সাহেব ছিলেন তাঁর প্রধান শিক্ষাগুরু। বাদল খাঁ সাহেব, গওহরজান বাঈ, গুল্লুভাই জস্‌দন্‌ওয়ালা প্রমুখ সংগীতগুরুর কাছেও তিনি দীর্ঘদিন সংগীতশিক্ষা করেছিলেন। তিনি বহুসহস্রমুদ্রার বিনিময়ে যেসব জ্ঞান ও গান সংগ্রহ করেছিলেন তা সবই তাঁর ছাত্রদের দান করে গেছেন। তাঁর ভাণ্ডার থেকেই পেয়েছি সদারঙ্গের 'ইলম কি দোঁহা' তাঁর শিষ্য প্রফেসর স্নেহাংশুকুমার সরকারের কাছ থেকে। এই 'ইল্‌ম্ কি দোঁহা' ওস্তাদেরা সব শাগির্দকে দিতেন না, এটি তাঁদের খাস তালিমের বিষয় ছিল। অথচ এটি খ্যালগায়ক মাত্রেরই অবশ্যজ্ঞাতব্য বলে মনে করি। কেননা খ্যাল গায়নের সিলসিলা বা ক্রম সম্পর্কে এতে সদারঙ্গের উপদেশ রয়েছে। এখানে উল্লেখ্য—মোগল সম্রাট মহম্মদ শাহর দরবারের সংগীতগুণী শাহ্ সদারঙ্গ বা নিয়ামৎ খাঁ খ্যাল গীতরীতির অন্যতম প্রধান প্রবর্তক। তাঁর ইল্‌ম্ (বিদ্যা, জ্ঞান)-এর দোঁহাটি এইরকম:

সুরকে লগাবট ভঁবর গুঞ্জনবৎ লাগে থোড়ি ছন্।
আনথানকে শ্রোতাবোঁকে ধ্যান না লাগে জিতনি ছন্ ॥
পুরী আকার ধীরি সে মুহ্ খোলকর ৰতাবে।
রাগরূপকি থোড়ি পরিচয় আ-কার সে সুনাবে ॥
গুরুচরণনপর ধ্যান ধরকে শুরু হোনা আপনা চীজ।
ৰিলম্বৎ দিখাও উতনী, জিতনি গা সকো গুণী ৰিচ্ ॥
লয়কো ইতনি কস্‌না চাহিয়ে মাত্রে মাত্রে পর লজ্জো বৈঠাবে
সমলাগে হরগীজ্।
এক দণ্ডসে জ্যাদা না গানা চুনী এক এক চীজ
দম সাঁসকে কাম দিখাও মান্‌ঝা বিরহকে পুকার লগাও।
ফির লয় ৰাটপর গমক ৰতাও রাগ সালম সসলীজ্
বৈঠ্‌কে গুণী বীচ,
ফির চলে তান কি ফুয়ার জৈসে বাদল গরজে ৰিজরী জৈসে
সম্‌কে উপর লাগে গুলজারী গানা হোবে অত ৰলিহারী

এক সাস পর লাখো দানা জৈসে আগকে ফুর্‌র্‌রা চলে সন্‌সন্না
আখির সম্‌পর লগে নিশানা হল্‌কর ধূম মচায়ী
শাহ্ সদারঙ্গ নে য়ে ইল্‌ম্ ৰতায়া মহম্মদ শাহ কো সুনায়ী।

'ছাত্র' শব্দটির ব্যুৎপত্তিগত অর্থ গুরুর দোষ আবরণশীল। 'শিষ্য' শব্দটির ব্যুৎপত্তিগত অর্থ হচ্ছে যে শাসনের যোগ্য এবং যাকে উপদেশ দেওয়া উচিত। গুরুর উপদেশ শ্রবণ, মনন এবং নিদিধ্যাসন অর্থাৎ একমনে ধ্যান করা শিষ্যমাত্রেরই প্রধান কর্তব্য। শ্রবণ করা মানে শোনা। মনন মানে চিন্তা করা। মনন বলতে বোঝায় মনে মনে গুরুর উপদেশের পর্যালোচনা, অর্থাৎ উপদেশের বিরুদ্ধে কী বক্তব্য থাকতে পারে তা ভাবা এবং সেইসব বক্তব্য খণ্ডন করা। নিদিধ্যাসন-এর অর্থ সবরকম বিজাতীয় চিন্তা মন থেকে একেবারে দূর করে গুরুর উপদেশ এবং তার সজাতীয় বক্তব্যে মনোনিবেশ করা। মনন এবং নিদিধ্যাসন ছাড়া কেবল গুরুর উপদেশ শুনে কিছু হয় না। শুধু তাই নয় মননক্রিয়াহীন শিষ্য উপদেশ শুনে বিপদও ঘটাতে পারে। যেমন গুরু শিষ্যকে বললেন, 'বাড়িতে হাট বসাবি।' গুরুর উপদেশ শুনেই শিষ্য হাটে গিয়ে ব্যাপারীদের মালপত্রসমেত ডেকে নিয়ে এসে বলল, 'তোমরা কাল থেকে আমার বাড়িতেই হাট বসাবে।' বাড়িতে হাট বসালে বাড়ি আর বাড়ির লোকদের কী হবে ভাবল না। একটু মনন করলে বা ভাবলে শিষ্য বুঝতে পারত যে গুরুদেব বলতে চেয়েছেন—বাড়ির উঠোনে বা বাগানে আনাজ ইত্যাদির চাষ করলে তার লাভ হবে, অর্থক্ষয় কম হবে, হাটে-বাজারে আর যেতে হবে না।

মননশীল ছাত্র বা শিষ্যগণই গুরুদত্ত জ্ঞানের মর্ম উপলব্ধি করতে পারেন এবং গুরুকে অন্ধভাবে অনুকরণ না করে তার শিক্ষার সারবস্তু গ্রহণ করেন। এ প্রসঙ্গে দুটি উদাহরণ প্রাসঙ্গিক মনে করি:

শিক্ষা ও সাহিত্যবোধের অভাবে বিগতযুগের বহু ওস্তাদ ও পণ্ডিত গুরুর কাছে শেখা অনেক গানের ভাষার দশা হয়েছে রবীন্দ্রনাথের ছেলেবেলায় শোনা স্কুলের শিশুদের প্রার্থনাসংগীতের মতো: "কলোকি পুলোকি সিংলিং মেলালিং মেলালিং"—যার প্রকৃত বাণী হচ্ছে "Follow me full of glee singing merrily merrily"।

গুরুকে ভয় করা শিষ্যের পক্ষে স্বাভাবিক, এবং শ্রদ্ধামিশ্রিত ভয়ের কারণে শিষ্যদের বহু প্রশ্ন অজিজ্ঞাসিত থেকে যায়। মীড়, গমক ইত্যাদি অলংকারের বেঠিক প্রভাবে অনেক গানের বাণী ঠিকঠিক বোঝা যায় না, কিন্তু শিষ্যরাও, গুরু রুষ্ট হতে পারেন ভেবে গানের প্রকৃত বাণী কী তা জিজ্ঞেস করতে ভয় পান। গানের বাণীও যে একটি জেনে নেবার বিষয় সেটাও অনেকে জানেন না। গানের বাণী নিম্নরূপে কানে আসে:

উদাহরণ: এক

পুরিয়া/বিলম্বিত একতাল
অর্থহীন রূপ:
স্থায়ী : সুঘর বনা আয়ে সব মিল দেদার বক্স পিয়া প্যারা।
অন্তরা : চির যুগ জিও করোড় বরষ লোনে
ডোল পবন ধুয়ে ধা

বহু অনুসন্ধানের পর প্রকৃতবাণী:
সুঘর বনা গাও সবমিলকে বেদর বখ্‌ৎ পিয় প্যারা।
চার জুগ জিও করোড় বরষ লোঁ
জৌ লোঁ রহে ধ্রুব তারা

এই গানটি বেদর বখত্‌ নামে এক শাহ্‌জা্‌দার বিবাহ উপলক্ষে রচিত হয়েছিল পতনোন্মুখ মোগল রাজত্বের আমলে। উচ্চারণ বিকৃতির জন্য 'বেদর বখ্‌ত্‌' হয়েছেন 'দেদার বক্স', 'লোঁ' হয়েছ 'লোনে', 'জৌ লৌ' হয়েছে 'ডোল', আর 'ধ্রুবতারা' 'ধুয়ে ধা' হয়ে গ্যাছে। এই গানের সঠিক রূপ উদ্ধার করেছেন প্রফেসর স্নেহাংশুকুমার সরকার মহাশয়।

উদাহরণ: দুই

রাগ খাম্বাজ/তিনতাল
প্রচলিত অর্থহীনরূপ:
কূকসু নাঈকো এলিয়া
ঋতুফা গুনকী আঈজি আহর খাই
দুখদরদসকল মেরামে টদিয়া

চহুও রছা ঈহ রিয়ালী
নবলপা তলগে ডালি ডালি
ফূলনল গীবে লরিয়া

যতির যথার্থ প্রয়োগে বন্দিশটি প্রকৃতপক্ষে যেরকম:

কূক সুনাঈ কোয়েলিয়া
ঋতু ফাগুনকি আঈ
জিয়া হরখাঈ
দুখ দরদ সকল মেরা মেট দিয়া।

চহুঁ ওর ছাঈ হরিআলী
নবল পাত লগে ডালি ডালি
ফূলন লগী বেলরিয়া।

শ্বাসের প্রয়োগ সঠিক না হলেই গানের বা বন্দিশের সাহিত্যের সর্বনাশ অনিবার্য।

এ প্রসঙ্গে আমি আমার গুরুদেব জ্ঞানপ্রকাশ ঘোষের উপদেশ ও দৃষ্টান্তটি আবার উল্লেখ করছি: 'সংগীতের প্রকৃত শিক্ষা পেতে গেলে, তার মান উন্নত করতে হলে সাধারণ শিক্ষার মান উন্নত করতে হবে।' অর্থাৎ জ্ঞানের এবং বিজ্ঞানের নানা শাখার মৌলিক তত্ত্বগুলির সঙ্গে পরিচিত হবার চেষ্টা না থাকলে, দেশের ও ভাষার ইতিহাস সম্বন্ধে জ্ঞানলাভের ইচ্ছা না

থাকলে যথার্থ সংগীতশিল্পী ও সংগীতগুণী হওয়া অসম্ভব।'

কিন্তু সর্বদা মনে রাখা প্রয়োজন যে গুরুবর্গের দোষগুলি ঢেকে রাখাই ছাত্রদের কর্তব্য। সেগুলিকে নিজের জ্ঞান ও বিচারের দ্বারা সংশোধন করতে হবে তাঁদের প্রতি শ্রদ্ধা ও সম্ভ্রমের মনোভাব অক্ষুণ্ণ রেখে, কেননা গুরুর অনুগ্রহ ছাড়া সংগীতবিদ্যা আয়ত্ত করা সম্ভব নয়। বিদ্যাটি একান্তভাবে গুরুমুখী। গুরুগণের কৃপাতেই আমরা আমাদের মহান সাংগীতিক ঐতিহ্যকে জানতে পেরেছি। সুতরাং গুরুদের দান আমাদের চিরকাল সশ্রদ্ধ ও কৃতজ্ঞ চিত্তে স্মরণ করা উচিত।

আমার সংগীতশিক্ষা ও সংগীতজ্ঞান যে মহানগুরুদের কৃপায় অর্জন করা সম্ভব হয়েছে তাঁদের নাম শ্রদ্ধার সঙ্গে বিনম্রচিত্তে উল্লেখ করছি:

আমার প্রথম সংগীতগুরু আমার পিতা শ্রীঅজিতকুমার চক্রবর্তী যিনি সর্বদা আমার নিজের দোষগুলি সম্বন্ধেই আমাকে সচেতন থাকতে শিখিয়েছেন। তাঁরই সদা সতর্ক তত্ত্বাবধানে আমি অতি শৈশব থেকে যাঁদের কৃপা লাভ করে সংগীত শিক্ষা অনুশীলন করেছি তাঁরা হলেন ঁপান্নালাল সামন্ত, ঁকানাই দাস বৈরাগী, ঁজ্ঞানপ্রকাশ ঘোষ, ঁমুনওয়ার আলী খাঁ এবং শ্রীঅমিয়রঞ্জন বন্দ্যোপাধ্যায় প্রমুখ বিজ্ঞ ও প্রবীন সংগীতবিদ্গণ। রবীন্দ্রভারতী বিশ্ববিদ্যালয়ে থাকাকালীন আমি ঁউদয় ভট্টাচার্য মহাশয়ের কাছে কিছুদিন ধ্রুপদ শিক্ষা করেছিলাম। এ ছাড়াও বিভিন্ন বিভাগে যাঁদের কাছেই শিখেছি তাঁদের সকলকেই প্রণাম জানাচ্ছি। পরবর্তী কালে সংগীত রিসার্চ অ্যাকাডেমিতে যোগদান করার পর ঁলতাফৎ হুসেন খা সাহেব ও ঁনিবৃত্তিবুয়া সারনাইকজীর কাছ থেকেও বেশ কিছু রাগ ও গানের তালিম আমি পেয়েছি। অ্যাকাডেমির কর্ণধার পণ্ডিত বিজয় কিচ্‌লুজির কাছ থেকেও আগ্রা ঘরানার অনেক বন্দিশ আমি শিখেছি। এ ছাড়া অগ্রজপ্রতিম অরুণ ভাদুড়ি এবং অনুজকল্প মশকুর আলী খাঁর কাছ থেকেও বেশ কিছু বন্দিশ নিয়েছি। এঁদের সকলকেই আমার শ্রদ্ধা নিবেদন করছি। আমার সমবয়সী, আমার থেকে বয়সে ছোট—এমন অনেকের কাছেই আমি অনেক গান শিখেছি যা সর্বদাই এবং অনুষ্ঠানগুলিতেও আমি বিনম্র চিত্তে উল্লেখ করে থাকি। এ আমার গুরুর কাছ থেকে লব্ধ শিক্ষা। গুরুবর্গের আশীর্বাদ এবং আপনাদের শুভেচ্ছাতেই ভারতের ঐশ্বর্যময় সাংগীতিক ঐতিহ্যকে প্রজন্মপরম্পরায় সঞ্চারিত করার দায়িত্ব পালনের জন্য আমি চেষ্টা করছি।

সংগীতের সঙ্গে সমান্তরাল ভাবে একটি অতি গভীর আধ্যাত্মিকপ্রবাহ আমাদের পরিবারের সকলকে প্রভাবিত করে চলেছে—অতি শৈশব থেকেই আমি তা অনুভব করি। আমার বাবা শ্রীঅজিতকুমার চক্রবর্তীর আধ্যাত্মিক গুরু ছিলেন শ্রীমৎ স্বামী প্রেমানন্দ তীর্থ স্বামীজি মহারাজ। ওঁকে আমি খুব ছোটবেলায় দেখেছি। বাবা মায়ের কাছে শুনেছি উনিই আমার 'অজয়' নামটি রেখেছিলেন। আমার বাবা, মা এবং আমরা সকলেই বিশ্বাস করি যে ওঁর স্নেহ, ভালবাসা এবং আশীর্বাদের শক্তি ও প্রভাবে আমরা আমাদের পরিবারের ঐতিহ্য অক্ষুণ্ণ রাখতে ও উন্নত করতে পেরেছি। আমার বয়স যখন পাঁচ তখন উনি লোকান্তরিত হন। শুধু মানুষ নয় সমস্ত প্রাণীর প্রতি তাঁর ভালবাসা ও করুণা সমানভাবে বর্ষিত হত। দেহরক্ষার আগে উনি ওঁর ভক্তদের বলেছিলেন যে ওঁর মরদেহটি যেন সমুদ্রে বিসর্জন দেওয়া হয় যাতে সেটি মাছ ইত্যাদি জলচর প্রাণীর খাদ্য হতে পারে। তাঁর সেই ইচ্ছা ভক্তরা পূরণ করেছিলেন।

এই অপরিসীম করুণা ও ভালবাসা আমি ও আমরা সকলে পেয়েছি ওঁর শিষ্য শ্রীমৎ সদানন্দ ব্রহ্মচারী মহারাজজির কাছ থেকে। তিনিই শ্রুতিনন্দনের ভিত্তি প্রস্তরটি স্থাপন করে

গেছেন। ওঁকে আমি দাদু বলতাম। কিছুদিন আগে উনি দেহত্যাগ করেছেন।

দাদুর কাছে ইষ্টমন্ত্রে দীক্ষা নেবার আমার ইচ্ছা হয়েছিল। দাদুকে জানাতে সে কথা, উনি আমাকে বলেছিলেন 'গানই তোর ইষ্ট, আর কোনও মন্ত্রজপের প্রয়োজন নেই। স্বরগুলো অভ্যাস যত করবি ততই শ্রীভগবানের কৃপা আর আশীর্বাদ পাবি।'

শ্রীমৎ সদানন্দ ব্রহ্মচারীজির কাছেও আমি তাই জন্ম জন্মান্তরের জন্য ঋণী। তাঁর অপূর্ব সংগীতদীক্ষা এবং করুণায় শ্রুতিনন্দন প্রতিষ্ঠিত হয়েছে প্রজন্ম পরম্পরায় সংগীতের সঙ্গে তাঁর কৃপা ও আশীর্বাদ সঞ্চারিত হবে বলে।

সংগীত রিসার্চ অ্যাকাডেমি, টালিগঞ্জ, কলকাতা

আমি আগে বলেছি যে আমাদের দেশের রাগসংগীত স্কুল, কলেজ, ইউনিভার্সিটি প্রভৃতি শিক্ষাপ্রতিষ্ঠানের মাধ্যমে শিখলে শিল্পী হওয়ার আশা প্রায় থাকে না বললেই চলে। কেননা, একশো বছরে দেশে অসংখ্য সংগীতবিদ্যালয়, বিশ্ববিদ্যালয়গুলি থেকে সর্বজনস্বীকৃত প্রথম শ্রেণীর প্রায় কোনও রাগসংগীত শিল্পীকে আমরা পাইনি। গুরুশিষ্য পরম্পরা নির্ভর সংগীত শিক্ষা পদ্ধতির প্রয়োগেই প্রকৃত ও যথার্থ রাগসংগীতশিল্পী হবার প্রস্তুতি সম্ভব এবং এই পদ্ধতি কোনও সংগীত প্রতিষ্ঠানের দ্বারা অবলম্বন করা সম্ভব নয়। কিন্তু কলকাতায় টালিগঞ্জের সংগীতরিসার্চ অ্যাকাডেমি একটি অসম্ভব ব্যাপারকে সম্ভব করেছে। এই অ্যাকাডেমি যাকে সংক্ষেপে S.R.A. বলা হয় সেটি গুরুশিষ্য পরম্পরা বাহিত রাগসংগীত শিক্ষা প্রণালীটির একটি প্রাতিষ্ঠানিক রূপ দিয়েছে। কণ্ঠসংগীত শিক্ষার প্রতিষ্ঠান S.R.A ইতিহাসের কালবিপর্যয়ের দৃষ্টান্ত, ইংরাজিতে যাকে বলা হয় anachronism। ১৯৭৮ সালে S.R.A প্রতিষ্ঠিত হয়। বিশাল বাণিজ্য সংস্থা I.T.C.-এর প্রতিষ্ঠাতা। তামাক, কাগজ, ভোজ্য তেল এবং হোটেল ব্যবসায়ী I.T.C কর্তৃপক্ষ ভারতের সবচেয়ে গৌরবময় প্রাচীন সম্পদ রাগসংগীতের ধারাটিকে গুরুশিষ্য পরম্পরার মাধ্যমে অব্যাহত রাখার দায়িত্ব নিয়েছেন। সংগীত রিসার্চ অ্যাকাডেমির পরিকল্পনা করেছিলেন ওই সংস্থার চেয়ারম্যান শ্রীঅজিত নারায়ণ হাক্‌সার্‌ মহাশয়।

S.R.A. একটি অতি আধুনিক কণ্ঠসংগীত শিক্ষাপ্রতিষ্ঠান, কিন্তু ১ নং নেতাজি সুভাষচন্দ্র বোস রোড, টালিগঞ্জের বাড়ি এবং তৎসংলগ্ন বাগান অর্থাৎ campusটিতে প্রবেশ করলে প্রাচীন ভারতের তপোবনের আভাস পাওয়া যাবে। এখানে সংগীতগুরুগণ এবং তাঁদের শিষ্যরা একত্র বসবাস করেন। ধরাবাঁধা সময় এবং routine-এর শাসনে এখানকার শিক্ষাদান এবং অনুশীলন নিয়ন্ত্রিত হয় না। S.R.A.-তে ছাত্রদের থাকার জন্য নির্দিষ্ট বাড়িঘর আছে। থাকাখাওয়ার সমস্যা সমাধানের জন্য ছাত্র বা scholarদের কোনও চিন্তা বা কাজ করতে হয় না। রেয়াজ বা অনুশীলনই এদের একমাত্র কাজ বা কর্তব্য। সংগীতশিক্ষা বা অনুশীলন সংক্রান্ত যেকোনও সমস্যার সমাধানের জন্য তারা গুরুদের কাছে দিনরাত্রির যে কোনও সময়ে যেতে পারে। তাদের কাছে তাদের গুরুগৃহ সর্বদা অবারিতদ্বার। এই সংস্থার কর্ণধার শ্রীবিজয় কিচ্‌লু পিতার মতো গুরু ও শিষ্যদের রক্ষণাবেক্ষণের প্রতি সবসময় মনোযোগী। উনি নিজেও একজন প্রবীণ শিল্পী এবং গুরু।

১৯৭৮ সাল থেকে ভারতের বিখ্যাত রাগসংগীত শিল্পীদের প্রায় সকলেই S.R.A-র গুরু

ছিলেন এবং এখনও যাঁরা আছেন তাঁরাও ভারতে এবং সারা বিশ্বে প্রভূত খ্যাতির অধিকারী। লোকান্তরিত গুরুগণ হলেন হীরাবাঈ বরোদেকর, লতাফৎ হুসেন খান, ইস্তিয়াক হুসেন খান, নিসার হুসেন খান, নিবৃত্তিবুয়া সরনাইক, কে. জি. গিণ্ডে প্রমুখ লব্ধ প্রতিষ্ঠ ব্যক্তিত্ব। শ্রীমতী গিরিজাদেবীও বহু বছর এই সংস্থার গুরুর পদে ছিলেন।

সংগীতশিক্ষার স্কুল, কলেজ এবং ইউনিভার্সিটিগুলিতে নিযুক্ত সংগীতশিক্ষক, অধ্যাপকদের অবসর গ্রহণের একটি নির্দিষ্ট বয়স আছে। সেই বয়ঃসীমা অতিক্রম করলে চাকুরি থেকে অবসর গ্রহণ বাধ্যতামূলক। কোনও কোনও শিক্ষক, অধ্যাপককে অবশ্য পুনর্নিয়োগ করা হয় বা তাঁদের চাকুরির মেয়াদ বাড়িয়ে দেওয়া হয়। কিন্তু সেই বর্ধিত মেয়াদ এবং পুনর্নিয়োগের স্থায়িত্ব তাঁদের জরা এবং মৃত্যু পর্যন্ত থাকে না। S.R.A.-র গুরুদের কিন্তু অবসর গ্রহণ করানো হয় না। তাঁরা আমরণ তাঁদের শিষ্যদের শেখাতে পারেন। তাঁরা তাঁদের জন্য নির্দিষ্ট বাড়িতে সপরিবারে থাকতে পারেন জীবনের শেষ দিন পর্যন্ত।

ভারতীয় রাগসংগীতের সুযোগ্য কণ্ঠশিল্পীর প্রস্তুতিতে সাহায্য করার জন্যই S.R.A প্রতিষ্ঠিত হয়েছে। রাগসংগীত সমর্থ গুরুর কাছে নিষ্ঠার সঙ্গে বহুকাল শিক্ষা করলেই যোগ্য শিল্পী বা performer হওয়া যাবেই এমন নয়। যোগ্য শিল্পী তাঁকেই বলা হয় যিনি তাঁর গান শুনিয়ে শ্রোতাদের মন জয় করতে পারেন। শ্রোতাদের মন জয় করতে হলে শিল্পীকে সঠিক সুরে, তালে, লয়ে গান করতে হবে। শুধু তাই নয় মঞ্চভীতি (stage fright) থাকলে ভাল গান করার সামর্থ্য থাকলেও একজন সংগীতগুণী শ্রোতাদের সামনে গান করতে পারেন না। S.R.A-এর শিষ্যদের নিজেদের ঘরে তাই প্রতিদিন সুদক্ষ তবলিয়াদের সহযোগিতায় রেয়াজ করতে হয়। গুরুগৃহে শেখার সময়েও তবলিয়ারা সংগত করেন। S.R.A কর্তৃপক্ষ তবলিয়াদের নিয়োগ করেন। এই সংস্থায় শিষ্যদের শ্রোতাদের সামনে নিয়মিত গান করতে হয়। প্রতি বুধবারে গুরুদের এবং শ্রোতাদের উপস্থিতিতে শিষ্যরা গান করেন এবং তাঁদের অনুষ্ঠান সম্পর্কে গুরুগণ বিচার করে শিষ্যদের performer বা শিল্পীরূপে উন্নতি বা অবনতি সম্বন্ধে সিদ্ধান্ত গ্রহণ করেন। শুধু পশ্চিমবঙ্গ নয়, ভারতের নানা অঞ্চলে এবং বিদেশেও শিষ্যদের অনুষ্ঠানের জন্য প্রতি বছর তাঁদের সবরকম দায়িত্ব ও ব্যয়ভার বহন করে নিয়ে যান S.R.A কর্তৃপক্ষ। বিভিন্ন auditorium ও pandal-এ অনুষ্ঠানের মাধ্যমে শিষ্যরা নিজেদের যাচাই করার সুযোগ পান।

ভারতীয় রাগসংগীতের স্থায়িত্ব ও প্রসারের উদ্দেশ্যে সংগীত প্রতিভাশালী শিক্ষার্থীদের সার্থক শিল্পীরূপে প্রস্তুত করার প্রথম ও অদ্বিতীয় সংগীত শিক্ষাপ্রতিষ্ঠান সংগীত রিসার্চ অ্যাকাডেমি। আমি ১৯৭৮ সালে প্রথম scholar বা শিষ্যরূপে এখানে যোগদান করি। এখন আমি এই সংস্থার গুরু এবং Expert Committee-র একজন নির্বাচিত সদস্য। S.R.A.-র Expert Committee এখানকার শিষ্যদের অনুষ্ঠান এবং অনুষ্ঠানগুলির recording শুনে শিষ্যদের সংগীতশিক্ষার অগ্রগতি এবং শিল্পী বা performer রূপে তাঁদের অবস্থান সম্পর্কে সিদ্ধান্ত নেন। S.R.A-র শিষ্যদের বছরে দুবার Gradation Test বা মান নিরূপণের জন্য পরীক্ষা নেন এই Expert Committee। আমার পরমারাধ্য গুরুজি জ্ঞানপ্রকাশ ঘোষ এই Committee-র সদস্য ছিলেন। পরলোকগত ওস্তাদ ইউনুস হোসেন খাঁ, ওস্তাদ ফাহিমুদ্দিন ডাগর সাহেব, ওস্তাদ উমর খাঁ সাহেবও এই Committee-তে ছিলেন। S.R.A-তে যোগদান

করার পর আমি বিভিন্ন ঘরানার বহু শিল্পীর সঙ্গে পরিচিত হবার সৌভাগ্য লাভ করেছি এবং অনেক অমর শিল্পীর রেকর্ডিং শুনে অভিজ্ঞতা লাভের সুযোগ পেয়েছি। অনেক গান শিখেছি প্রয়াত লতাফৎ হুঁসেন খাঁ, নিবৃত্তিবুয়া সরনাইকজি এবং সংস্থার প্রধান, পণ্ডিত বিজয় কিচ্‌লু মহাশয়ের কাছে।

প্রতিষ্ঠিত হবার ২০ বছরের মধ্যে S.R.A তার যাথার্থ্য ও যৌক্তিকতার প্রমাণ দিয়েছে। এই সংস্থার একাধিক শিষ্য এখন ভারতের এবং বিশ্বের খ্যাতনামা সংগীতশিল্পী। যেমন, ওস্তাদ রসিদ খাঁ, পণ্ডিত অরুণ ভাদুড়ি, কুমারী বিজয়া যাদব, ওস্তাদ মশকুর আলি খান, কুমারী শুভ্রা গুহ। গুরুশিষ্য পরম্পরা পদ্ধতির উপযোগিতা আধুনিকযুগেও আছে এবং থাকবে S.R.A-এর সাফল্যে এই সিদ্ধান্ত গ্রহণযোগ্য মনে হয়।

সংগীত রিসার্চ অ্যাকাডেমির কোনও শিশুবিভাগ নেই। এই সংস্থায় একজন শিষ্য বা শিষ্যার যোগদানের বয়ঃসীমা পঁচিশ। শ্রুতিনন্দনে শিশুদের যোগদানের বয়স চার থেকে বারো। S.R.A-র গুরুরূপে আমি আমার শিষ্যদের শেখাবার সময় বুঝতে পারলাম যে তারা ছোটবেলা থেকে যে সংগীতশিক্ষা পেয়ে S.R.A-তে যোগ দিয়েছে তার মধ্যে অনেক দোষত্রুটি থেকে গিয়েছে, সেগুলিকে সংশোধন করা কঠিন। তাই একেবারে শৈশব অবস্থা থেকে বৈজ্ঞানিক পদ্ধতিতে সংগীতশিক্ষা দেবার জন্য আমি শ্রুতিনন্দন প্রতিষ্ঠার উপযোগিতা উপলব্ধি করি। সেইজন্যই বলেছি যে S.R.A আমার শ্রুতিনন্দন চিন্তার একটি শক্তিশালী প্রেরণা। শ্রুতিনন্দন থেকে উত্তীর্ণ হয়ে উচ্চতর পর্যায়ে শিক্ষালাভের জন্য S.R.A-তে যোগ দেওয়া স্বাভাবিক।

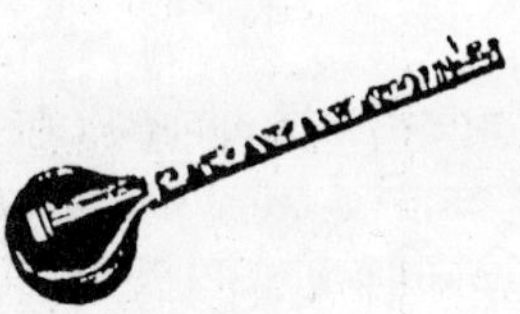

রাগসংগীত, শিল্পী ও শ্রোতা

ভারতীয় সংগীত মূলত রাগসংগীত এবং রাগসংগীত মূলত কণ্ঠসংগীত, কেননা কণ্ঠই ভারতীয় সংগীতের প্রধান উৎস। কণ্ঠে স্বর ও সুরের সমস্ত প্রকার, ক্রিয়া বিচিত্র অলংকারের মাধ্যমে প্রকাশ করা সম্ভব। সংগীতের স্বরের উৎপত্তি হয়েছে প্রথমে মানুষের মনে এবং তা প্রকাশ পেয়েছে কণ্ঠে। রাগসংগীতের বিভিন্ন উপাদানগুলি যেমন, আলাপ, বন্দিশ, জোড়, ঝালা, মীড়, গমক, তান—এসবই কণ্ঠসংগীতের মাধ্যমে প্রথম প্রকাশ পেয়েছে—এতে কোনও সন্দেহ নেই। যন্ত্রসংগীতের ক্ষেত্রে কোনও বিশেষ যন্ত্রের সুবিধা বা অসুবিধা কণ্ঠসংগীতের থেকে যন্ত্রসংগীতকে কিছুটা আলাদা করেছে মাত্র। এমনিতে—যন্ত্রসংগীত কণ্ঠসংগীতেরই অনুসারী। ভারতীয় রাগসংগীতের বিভিন্ন ধারা—যেমন ধ্রুপদ, ধামার, খ্যাল, ঠুম্‌রি, তারানা ইত্যাদি কণ্ঠসংগীতের বিষয়—যন্ত্রসংগীতের নয়।

রাগসংগীত বা যেকোনও শিল্পকর্ম মানুষ সৃষ্টি করেছে আমাদের রসানুভূতির স্ফুরণের জন্য। মানুষ যা কিছু সৃষ্টি করে তা অন্য মানুষকে জানাতে চায়। শিল্পসৃষ্টি কেবল নিজের জন্য নয়। যে গান গায় সে অন্তত একজন শ্রোতাকে শোনাতে চায়, সে কোনও মানুষ হতে পারে বা নাও পারে। এমন কথা মাঝে মাঝে শোনা যায়—আমার গান মানুষকে শোনানোর জন্য নয়, ঈশ্বরকে শোনানোর জন্য। যেমন, মীরাবাঈ তাঁর প্রভু গিরিধারীকে উদ্দেশ্য করে গান গাইতেন। যাইহোক, গান গাইতে হলে অন্তত একজন শ্রোতার প্রয়োজন। ছবি আঁকলে যেমন অন্তত একজন দর্শকের দরকার হয়। একটি শিশুও কোনও ছবি আঁকলে অন্যকে দেখাতে চায়। যে কবিতা লেখে সে অন্তত একজন পাঠক খোঁজে। গান, ছবি, কবিতা এসব সৃষ্টি করে আমরা যে শ্রোতা, দর্শক, পাঠক খুঁজি তাদের কাছে আমরা কী আশা করি? আশা করি—যে আবেগ, অনুভূতি ও চিন্তা, গান, ছবি, কবিতার মধ্যে প্রকাশ পেয়েছে সেগুলি যেন শ্রোতা, দর্শক ও পাঠকেরা বুঝতে পারেন। তার মানে একজন সংগীতশিল্পী যে গানটি গাইছেন তার ভাবটি যেন শ্রোতারা গ্রহণ করতে পারেন এবং সেই গানের সুরটি যেন শ্রোতাকে আনন্দ দেয়। শ্রোতা, দর্শক, পাঠক তখনই শিল্পী, কবির কীর্তির ভাবটি বুঝে আনন্দ পান যখন স্রষ্টার দ্বারা প্রকাশিত বা পরিবেশিত বিষয়টি শ্রোতা, দর্শক ও পাঠকের কাছে পরিচিত, অর্থাৎ একেবারে অজানা নয়। যে সব দৃশ্য বা ঘটনা আমরা প্রতিদিন দেখি, যেসব সুখ-দুঃখ, আনন্দ, বেদনার অনুভূতি আমাদের হয় সেগুলিরই পরিচয় যখন গান, ছবি, কবিতার মধ্য দিয়ে পাই তখন আমরা আনন্দিত হই। দুঃখ বা বিষাদেরও সংগীতময়, চিত্রময় এবং কাব্যময় রূপ আমাদের আনন্দ দেয়। জীবনের দুঃখ কষ্ট নিরানন্দের কারণ, কিন্তু সেই দুঃখের অনুভূতি যখন সংগীত ও কাব্যের মাধ্যমে আমাদের কাছে পৌঁছয় তখন সেটি

আমাদের আত্মার আনন্দের কারণ হয়। তাই একদিক থেকে বলা যায় যে সংগীত, চিত্র এবং কাব্য বাস্তবের প্রতিফলন, আর অন্যদিক থেকে বলা যায় যে, তারা বাস্তবেরই আনন্দময় ও অভিনব রূপান্তর। বাস্তবের প্রতিনিধিত্ব মানুষের সমস্ত সৃষ্টির মধ্যেই প্রমাণিত হয়।

সংগীতের স্বর ও সুর প্রকৃতিতে নেই। যেমন, ছবিতে যে সব সরলরেখা, বক্ররেখা দেখতে পাই সেগুলিও প্রকৃতিতে নেই। কিন্তু একটি ছবি দেখে আমরা বুঝতে পারি বা বুঝতে চেষ্টা করি ছবিটি কার ছবি বা কীসের ছবি। বহিঃপ্রকৃতি মানবপ্রকৃতি, মানুষের বিভিন্ন অনুভূতি ও চিন্তার প্রতিফলন মানুষের সমস্ত শিল্পসৃষ্টির মধ্যে হয়ে থাকে। রাগসংগীতও এই সত্যের দৃষ্টান্ত।

গান মাত্রই, তা রাগসংগীত হোক বা না হোক, প্রাথমিক ভাবে ভাল বা মন্দ লাগার বিষয়, বুদ্ধি বা বিচারের বিষয় নয়। যে গান বা যে শিল্পীর গান শ্রোতারা শুনতে চান না এবং না শুনে কোনও অভাব বোধ তাদের পীড়িত করে না সেই গানের প্রয়োজন কী? অনেকে রাগসংগীত শুনতে চান না বোঝেন না বলে, সে কারণে ভাল লাগে না বলে। না বোঝা এবং ভাল না লাগার কারণ রাগসংগীতের মধ্যে নেই; আমার মনে হয় সেই কারণ আছে ওই সংগীত পরিবেশনক্রিয়া ও পদ্ধতির মধ্যে।

ভারতীয় রাগসংগীত যেমন ধ্রুপদ, খ্যাল, টপ্পা, ঠুমরি ইত্যাদি গান সরাসরি বা প্রত্যক্ষভাবে বহিঃপ্রকৃতি এবং মানবমনের বিচিত্র পরিবর্তন পরম্পরার প্রতিফলন নয়। রাগসংগীত ছাড়া অন্যান্য গানের কথাগুলি প্রকৃতির এবং মানুষের মনের বিভিন্ন অবস্থাকে বর্ণনা করে সরাসরি বা প্রত্যক্ষভাবে। প্রচলিত বাংলা ও হিন্দি গান থেকে উদাহরণ দিচ্ছি—"দারুণ অগ্নি বাণে রে" (রবীন্দ্রনাথের গান) কিংবা "মেঘবিহীন খর বৈশাখে" (নজরুল গীতি)—এই দুটি গানেই প্রখর গ্রীষ্মের দহন প্রত্যক্ষভাবে বর্ণনা করা হয়েছে। তেমনি বর্ষা, শরৎ, হেমন্ত, বসন্তের সরাসরি বর্ণনা অনেক গানে আছে। হৃদয়ের বিভিন্ন অনুভূতির নানা স্তরের বর্ণনাও গানে পাওয়া যায়—"সঘন গহন রাত্রি ঝরিছে শ্রাবণ ধারা" (বিচ্ছেদ বেদনা),

"বিফলে রজনী পোহায়, অনাদরে কুসুম শুকায়" (বিরহ),

"দিল চিজ্ ক্যা হ্যায় আপ মেরী জান লিজিয়ে,
বস্ একবার মেরা কহা মান লিজিয়ে" (প্রিয়তমের কাছে নিজেকে নিঃশেষে সমর্পণ),

"আমার মাথা নত করে দাও হে তোমার চরণধূলার তলে" (ঈশ্বরের কাছে নিজেকে সমর্পণ),

"হে গোবিন্দ হে গোপাল শুনিয়ে প্রভু মেরী" (গোবিন্দ অর্থাৎ ঈশ্বরকে মিনতি)।

ভারতীয় এবং অভারতীয় সমস্ত ভাষার গানের বাণীর বা গীতিকবিতার (lyric) অর্থ বা আবেদন প্রত্যক্ষ, অর্থাৎ সেই ভাষাভাষী মানুষের পক্ষে তা বুঝতে এবং উপলব্ধি করতে কষ্ট হয় না। অবশ্য অনেক গীতিকবিতা থাকে যেগুলির গূঢ় তাৎপর্য সকলে উপলব্ধি করতে পারে না, কিন্তু সেগুলির আপাত অর্থ এবং আবেদন শ্রোতা সাধারণেরও বোধগম্য। লালনফকিরের দেহতত্ত্বের গানগুলি এ প্রসঙ্গে স্মরণ করা যেতে পারে।

ভারতীয় রাগসংগীতের আবেদন কিন্তু কেবল ভাষার ওপর নির্ভর করে না। রাগগুলি যখন সেতার, সরোদ, বাঁশি, বেহালা, সারেঙ্গি ইত্যাদি যন্ত্রে বাজান শিল্পীরা তখনও সেই যন্ত্রসংগীতের আবেদনে শ্রোতাবৃন্দের দেহ মন সাড়া দেয়। কথা বা বাণী ছাড়াই রাগসংগীত আবেদন ও আবেগ সৃষ্টিতে সক্ষম। তা না হলে শ্রোতারা বাজনা শুনে আহা! আহা! করতেন

না বা কখনও কখনও তাঁদের চোখ অশ্রুসজল হত না। অতএব শব্দ বা বাণীর মাধ্যম ছাড়াও রাগসংগীতে communication বা ভাবের সঞ্চার ও উদ্দীপন সম্ভব, কিন্তু রাগের ভাবের অনুকূল সুচিন্তিত ও সুপরিবেশিত বাণীই শ্রেষ্ঠ রাগসংগীত প্রকাশে সক্ষম। আগেই বলেছি মানুষ যা কিছু সৃষ্টি করে তা মানুষেরই জন্যে এবং সাহিত্য, চিত্রকলা, সংগীত, ভাস্কর্য ও স্থাপত্যের মূল উদ্দেশ্য শিল্পীর মনোভাব ও আবেগ পাঠক, দর্শক এবং শ্রোতার মনে সৃষ্টি করা, তাঁদের সাহিত্য, শিল্প, সংগীত সৃষ্টির অভিপ্রায় হল—"আমার পরাণ যেমতি করিছে তেমতি হউক সে।" এই কাজে সাফল্য নির্ভর করে শিল্পীর শিক্ষা, সাধনা ও অভিজ্ঞতার গভীরতা ও ব্যাপ্তির ওপরে।

শিল্পীর ও শ্রোতার পারস্পরিক আদান প্রদানকে অর্থবহ ও সম্পূর্ণ করার দায়িত্ব উভয়েরই। শিল্পীর কর্তব্য তাঁর সংগীতকে পরিকল্পিতভাবে শ্রোতাদের কাছে একটি দুর্বোধ্য শব্দপরম্পরায় পরিণত না করা। শ্রোতার কর্তব্য রাগসংগীতের কতকগুলি মৌলিক বিষয় যেমন, ১২টি স্বর, তাল, লয় ইত্যাদির জ্ঞান লাভ করা এবং তাঁদের নিজেদের সৌন্দর্য চেতনাকে উজ্জীবিত করা এবং সর্বোপরি একাগ্রচিত্তে এই সংগীত শোনার অভ্যাস করা। যা কিছু সুন্দর তাই মানুষকে আনন্দ দেয়—অসুন্দর বা কুৎসিত কেবল বিরক্তি ও কষ্টের কারণ হয়।

শ্রোতাদের রুচি ও জ্ঞানের উন্নতিসাধনও শিল্পীর কর্তব্যের মধ্যে পড়ে। আমার কিছু অনুষ্ঠানে এমন হতে দেখেছি যে সদ্য 'ভৈরবী' ঠুম্‌রি গেয়ে শেষ করলাম—একজন শ্রোতা উঠে দাঁড়িয়ে অনুরোধ করলেন—"এবার একটা ভৈরবী হোক।" অথবা দুপুর একটায় অনুষ্ঠান শেষ হচ্ছে—একজন শ্রোতার আমার গান এতটাই ভাল লেগেছে যে সেইসময় তাঁকে দরবারী কানাড়া শোনাতে হবে—না হলে তিনি ভীষণ দুঃখ পাবেন। এরকম মন্তব্যে এবং আবদারে অনেক বোদ্ধা শ্রোতা যখন হাসেন, তখন আমার কান্না পায়। নিজেকেই জিজ্ঞাসা করি—শিল্পীদের প্রযত্নে শ্রোতারা কবে রাগসংগীতের রসগ্রহণে সাবালকত্ব অর্জন করবেন। গভীর পরিতাপের বিষয়—ওস্তাদ বড়ে গোলাম আলী খাঁ সাহেবের মতন যুগন্ধর রাগসংগীতশিল্পীর পরিচয়ের সীমানা এখনও অধিকাংশ শ্রোতার কাছে—"আয়েনা বালম্ কা করুঁ সজনী" থেকে "আয়েনা বালম্ কা করুঁ সজনী" পর্যন্ত।

যে কোনও শিল্পের শ্রীবৃদ্ধি এবং উৎকর্ষ দর্শক ও শ্রোতার সক্রিয় সংবেদনশীলতার (active sensitivity) ওপর নির্ভর করে। গান—তা যে কোনও প্রকারেরই হোক না কেন, অনেকে মনে করেন একটি নিছক আমোদ প্রমোদের (entertainment) উপকরণ। কিন্তু মনে রাখতে হবে যে আমোদ প্রমোদের মানে কুৎসিত যথেচ্ছাচার নয়, মানসিক আমোদের মধ্যে একটি সুশোভন রীতি বা নিয়মের শাসনকে স্বীকার করতেই হবে। যাতে সুর, তাল, লয়, বাণী এবং মুদ্রার দোষ আছে তাকে গান বলা যায় না, কেননা সেটা সুন্দরের নয়, অসুন্দরের বাহন। মানুষের কল্পনায় তাই অসুরের আকৃতি ও প্রকৃতি বীভৎস ও ভয়ানক। সেইজন্য গান আমোদের উপকরণ হলেও তার গঠনের মধ্যে কয়েকটি অতি আবশ্যিক রীতি বা নিয়মের ভূমিকাকে স্বীকার করতে হবে, কেবল রাগসংগীতের ক্ষেত্রে নয়, সব রকম গানেই এসব রীতি বা নিয়ম অবশ্য পালনীয়। তা না হলে সেগুলিকে ব্যয় সাপেক্ষ গোলমাল বা চিৎকার (expensive noise) বলতে হবে। শ্রোতাদেরও ওইসব রীতিগুলি জানা প্রয়োজন, তা না হলে তাঁরা গানের নামে যেখানে রীতিবিরুদ্ধ চিৎকারের অনুষ্ঠান হয় তার প্রতিবাদ বা

সমালোচনা করতে পারবেন না, এবং সুস্থ সমালোচনার অভাবে সংগীতশিল্পের সমূহ সর্বনাশ হবে।

রাগসংগীত শুনে তার থেকে আনন্দ পাওয়ার পথে কিছু বাধার সম্মুখীন হন শ্রোতাদের অনেকেই। একটা সময় ছিল যখন রাগসংগীতের অনুষ্ঠান হত রাজদরবারে আমন্ত্রিত মুষ্টিমেয় শ্রোতাদের উপস্থিতিতে। ওইসব শ্রোতাদের অধিকাংশই রাগসংগীত বুঝতেন, কিন্তু রাজা, বাদশাহ, নবাব, জমিদারের বিরাগভাজন হওয়ার আশঙ্কায় তাঁরা শিল্পীদের কোনও দোষত্রুটি লক্ষ্য করলেও তাঁদের প্রকৃত মনোভাব প্রকাশ করতেন না, কেননা তখন শিল্পীরা ছিলেন রাজা বাদশাহদের অনুগ্রহ ও পৃষ্ঠপোষকতার আনুকূল্যে মহিমান্বিত ও গরীয়ান। ওস্তাদ কলাকারদের গায়নে এবং চরিত্রে দোষত্রুটি ধরা পড়লেও সেগুলিকে গুরুত্ব দেওয়া হত না, বরং সেগুলি তাঁদের শিল্পীসুলভ অসাধারণত্বের লক্ষণ বলে বিবেচিত হত। তাই অনেক দোষ এখনও রয়ে গেছে।

দিন বদলেছে। রাজা, বাদশাহের দরবারের গান এখন pandal এবং hall-এর পরিসীমায় সাধারণ্যে পরিবেশিত হয়ে থাকে বিভিন্ন music conference-এর পরিচালকদের উদ্যোগে। এখন রাগসংগীত এবং অন্যান্য প্রকারের সংগীত অনুষ্ঠানের আয়োজন করে থাকেন কিছু ব্যক্তি কিংবা ব্যবসায়ী সংস্থাগুলি। জনসাধারণ নির্দিষ্ট প্রবেশমূল্য দিয়ে এই সব অনুষ্ঠানগুলি শোনার অধিকার পান, সামাজিক প্রতিষ্ঠা, বংশমর্য্যাদা, সংগীতের জ্ঞানের ভিত্তিতে ওই অধিকার নির্ধারিত হয় না। জনসাধারণই এখন আমাদের সংগীতের পৃষ্ঠপোষক। এযুগের শিল্পীদের অস্তিত্ব এবং সংগীতানুশীলন নির্ভর করে শ্রোতৃসাধারণের দাক্ষিণ্যের ওপর। তাই এখনকার শিল্পীদের দায়িত্ব অনেক বেশি। মুষ্টিমেয় কয়েকজন ব্যক্তিকে গান গেয়ে খুশি করলেই এখন চলে না। রাজতন্ত্র এবং সামন্ততন্ত্রের যুগে শিল্পীরা দায়বদ্ধ থাকতেন কেবল রাজাবাদশাহ এবং তাঁদের আমির ওমরাহ, সভাসদগণের কাছে, সাধারণ মানুষকে গান শুনিয়ে আনন্দ দেবার কোনও তাগিদ অনুভব করার প্রয়োজন তাঁদের ছিল না। সুতরাং সেযুগের শিল্পীদের উৎকর্ষের মানদণ্ড এ যুগের শিল্পীদের বিচারে প্রয়োগ করা অর্থহীন।

এ যুগে শিল্পীর দায়িত্ব ও সমস্যা তুলনামূলকভাবে অনেক গভীর ও ব্যাপক। সাধারণ শ্রোতা ন্যায়সঙ্গতভাবেই দাবি করবেন সংগীত উপভোগের পরিপূর্ণ তৃপ্তি তাঁর কষ্টার্জিত অর্থের বিনিময়ে, কিন্তু সেই তৃপ্তি বা আনন্দ পেতে হলে সংগীতের যে বোধ ও জ্ঞান থাকা প্রয়োজন তা তিনি অর্জন করতে পারেননি বিভিন্ন কারণে। শিল্পীকে কিন্তু তাঁদের তৃপ্তি দেবার জন্য রাগের মর্য্যাদা, বৈশিষ্ট্য অক্ষুণ্ণ রেখেই গান শোনাতে হবে।

এদেশের শ্রোতারা যদি প্রস্তুত না হন ভারতীয় সংগীত বুঝতে তা হলে সংগীতের নামে কিছু ভ্রষ্টাচার প্রশ্রয় পাবে। দেশের প্রায় সর্বত্র এবং বিদেশেও প্রায় দুই দশক ব্যাপী আমার রাগসংগীত পরিবেশনের অভিজ্ঞতার ভিত্তিতে আমি বলতে পারি যে, আমাদের রাগসংগীতের আবেদন সর্বজনীন। ভৌগোলিক সীমা, ভাষা, ধর্ম, নৃতাত্ত্বিক প্রভেদকে অতিক্রম করে সেই আবেদন। কেননা মানবহৃদয়ের বহুবিচিত্র অনুভূতি ও আবেগের মর্মমূলে আমাদের রাগসংগীত প্রতিষ্ঠিত এবং আবেগ অনুভূতি যেহেতু সর্বজনীন, রাগসংগীতও সেই কারণে সর্বজনীন। এ প্রসঙ্গে বলি যে, Oxford-এর যুগন্ধর দুই অধ্যাপক P.F. Strawson এবং Michael Dummet আমার খ্যাল গান শুনে ১৯৮৩-তে আমাকে বলেছিলেন যে, ওঁদের মনে হয়েছে যেন ওঁরা একটি চার্চে বসে আছেন এবং স্বয়ং Jesus

Christ-এর উপস্থিতিতে। তা ছাড়া ওঁরা বলেছিলেন আমাকে, "You are dealing with a subject which we can not even imagine."

আগেই বলেছি যে অন্যান্য প্রকারের গানের কথার ও সুরের আবেদন সরাসরি শ্রোতাদের মনে পৌঁছয় যেহেতু সেগুলিতে গানের বাণীর অর্থটিই প্রধান। রাগসংগীতের কথার অর্থ সেভাবে উপলব্ধি করা যায় না। কিন্তু রাগসংগীতও বিমূর্ত শিল্প নয়, তবে এক্ষেত্রে কথা বা বাণী সবসময় রাগের ব্যঞ্জনার বাহক হয় না। তা সত্ত্বেও রাগগুলি ঋতুতে ঋতুতে প্রকৃতির পরিবর্তনের সঙ্গে সঙ্গে মানুষের মনোভাব ও অনুভূতির বিচিত্র পরিবর্তনকে প্রতিফলিত করে।

ভোরের প্রথম আলো দেখে যে আশা মানুষের মনে বাসা বাঁধে তার সঙ্গে মিশে থাকা আলস্য, বেলা বাড়ার সঙ্গে সঙ্গে কর্মের উদ্দীপনা, সূর্যের তাপের যে জ্বালা, রোদ পড়ে আসা বিকেলের দীর্ঘ ছায়া, আসন্ন সন্ধ্যার বিশ্রামের ইশারা, চাঁদ ঝলমল শুক্লারাতের মদিরতা কিংবা কৃষ্ণারজনীর গভীর রহস্য ইত্যাদির সঙ্গে মানুষের মনের বিচিত্র অনুভূতি রাগগুলির অন্তরের বাণী। বিভিন্ন ঋতুতে প্রকৃতির বহিরঙ্গের হাসিকান্না, গ্রীষ্মের দহন, কালবৈশাখীর ধুলোর ঝড়, প্রথম ধারাপাত, মেঘের ঘনঘটা, বিজলীর চমক, অবিরল বর্ষণে জলমগ্ন জীবনপথ, শরতের নীলাকাশে মেঘের আর রোদের লুকোচুরি, হলুদ হেমন্তের আর পাতাঝরা শীতের রিক্ততা, বাসন্তী মধুযামিনীর মিলনমত্ত উল্লাস—এর সবকিছুই আমাদের দুঃখ সুখ, বিরহমিলনের, আনন্দ বেদনার সঙ্গী হয়ে রাগগুলির রূপায়ণের মধ্য দিয়ে মুক্তি পেতে পারে বিভিন্ন শিল্পীর স্বকীয় পরিবেশন শৈলীর মাধ্যমে। একটি ফুলের ওপর ছোট পাখির এসে বসা ও উড়ে যাওয়া, অ্যাকোয়ারিয়ামে মাছের বিচিত্র গতিভঙ্গি, পাহাড়ি পথের ওঠানামার সঙ্গে চূড়াগুলির লুকোচুরি খেলা—এ সবই রাগের ভাষায় প্রকাশ করা সম্ভব।

আমাদের আনন্দ ও বেদনার অনুভূতি একরকমের নয়। বন্ধুর সঙ্গে মিলনের যে আনন্দ প্রিয়তম বা প্রিয়তমার সঙ্গে মিলনের আনন্দ তার থেকে আলাদা। আবার হারিয়ে যাওয়া কিছু ফিরে পেলে যে আনন্দ হয় তার স্বাদ একেবারেই অন্য রকম। তেমনি যন্ত্রণা বা বেদনার চরিত্রও বিচিত্র। পতি পত্নী, প্রিয়তম প্রিয়তমার বিয়োগ ব্যথার সঙ্গে সন্তান হারানোর বেদনার পার্থক্য থাকে; ভিন্ন স্বাদের বেদনা পাই বন্ধু বিচ্ছেদে বা তার মৃত্যুতে। অপ্রাপ্তির বেদনা আর পেয়ে হারানোর বেদনা এক নয়। ভারতীয় রাগগুলির সার্থক রূপায়ণের মধ্য দিয়ে আমাদের আনন্দ বেদনার এই সূক্ষ্ম প্রভেদগুলি মূর্তি লাভ করে, যদিও এইসব মূর্তি দৃষ্টিগ্রাহ্য নয়, কেবল অনুভূতি গ্রাহ্য। রাগগুলিকে গাওয়া মানে স্বরগুলি দিয়ে ছবি আঁকা, আর স্বরগুলিকে প্রয়োজন মতো পরিস্ফুট করা হয় শ্বাস বা হাওয়ার সাহায্যে। স্বর্গত ওস্তাদ বড়ে গোলাম আলি খান বলতেন, ‘গান গাওয়া বলতে বোঝায় হাওয়া দিয়ে ছবি আঁকা’। ছবি যেমন বাস্তবের প্রতিকৃতি তেমনি এই অদৃশ্য প্রাণবায়ু আমাদের অন্তরের আনন্দ বেদনার প্রতিকৃতি রচনা করে গানের মাধ্যমে।

এখানে একটি কথা বলা বিশেষ প্রয়োজন। রাগগুলি আমাদের আবেগ অনুভূতির প্রতিকৃতি বলতে এই বোঝায় না যে একটি রাগে কোনও গান গাওয়া বা একটি রাগ যন্ত্রে বাজানোর মানে একটি নির্দিষ্ট আবেগকে প্রকাশ করা। আমরা একটি আবেগ যখন অনুভব করি তখন আমাদের দেহে মনে নানা পরিবর্তন ঘটে। গভীর দুঃখ বা শোক অনুভব করলে আমরা কাঁদি এবং শরীরের অভ্যন্তরেও ওই দুঃখের কারণে সাম্যাবস্থার বিপর্যয় হয়ে থাকে।

একটি রাগ গাইবার বা বাজানোর সময় শিল্পী কিন্তু সেই গভীর দুঃখ বা শোকের অনুভূতি প্রকাশ করার জন্য তাড়াতাড়ি এসে আসরে বসেন না বা গাইতে বসেন না। যদি তা হত তা হলে—"আমি আজ রাত ১২টার সময় শিবরঞ্জনী রাগে খ্যাল গাইব"—এই বাক্যটির অর্থ হত—"আজ রাত ১২টা থেকে কিছু সময় ধরে গভীর দুঃখ অনুভব করতে থাকব।" এরকম ব্যাপার সম্ভব নয়। আগে থেকে কেউ বলতে পারে না কে কখন কতক্ষণ ধরে কী আবেগ অনুভব করবে। কিন্তু একজন শিল্পী আগে থেকে কোনও কোনও সময় স্থির করতে পারেন যে তিনি কবে, কোথায়, কখন কী রাগ গাইবেন।

অতএব রাগসংগীত গাওয়া বা বাজানোর অর্থ ব্যক্তিগত আবেগ প্রকাশের পথ খোঁজা নয়, বরং ব্যক্তিগত আবেগের সর্বজনীন এবং আনন্দময় রূপের অন্বেষণ। প্রতিটি রাগের স্বতন্ত্র ব্যক্তিত্ব আছে। এই ব্যক্তিত্বের কাছে বহুদিন নিজেকে সমর্পণ করলে তার অনেক অচেনা অজানা দিক ধরা পড়ে। ক্রমে ওই ব্যক্তিত্বই শিল্পীকে জানিয়ে দেয় কী রকম আচরণে অর্থাৎ কী ধরনের পরিবেশনে একটি রাগ স্বাচ্ছন্দ্য ও তৃপ্তি পায়। এই তৃপ্তিই শ্রোতাদের আত্মার আনন্দ জাগায়। আমাদের প্রত্যেকের জীবনে দুঃখশোকের অনেক কারণ ঘটে, প্রিয়জনের মৃত্যুজনিত শোকের অভিজ্ঞতা প্রায় সব মানুষেরই হয়, কিন্তু সেই শোককে ট্র্যাজেডি বলা যায় না। ট্র্যাজেডি (Tragedy) যদিও বিয়োগান্ত পরিস্থিতির জ্ঞাপক তবুও ট্র্যাজেডি আমাদের কাছে আনন্দদায়ক। রবীন্দ্রনাথের "দেবতার গ্রাস" কবিতাটি পড়ে বা শুনে আমরা আনন্দ পাই না একথা বলতে পারি না যদিও বিধবার একমাত্র ছেলে রাখালের জলে ডুবে মৃত্যু দুঃখজনক। একটি চরম শোকের কারণ বারবার ঘটুক আমরা চাই না, কিন্তু একটি বিয়োগান্ত নাটক (Tragedy) আমরা বারবার দেখতে চাই বা উপভোগ করতে চাই, সেইজন্যই Hamlet, Othello চিরকাল পাঠক ও দর্শকের আনন্দের কারণ, যদিও ওই নাটকগুলিতে অস্বাভাবিক মৃত্যু ও বিশ্বাসঘাতকতাজনিত দুঃখের উপাদান প্রচুর।

একজন প্রকৃত রাগসংগীত শিল্পীর কণ্ঠে বা যন্ত্রে দরবারি কানাড়া, ভৈরবী প্রভৃতি রাগ শুনে আমাদের চোখে যে জল আসে তা আনন্দের অশ্রু, সেই আনন্দ বাস্তবজীবনের দুঃখ বেদনার কালাতীত ও ব্যক্তিসত্তা-নিরপেক্ষ রূপান্তর। তেমনি বসন্ত, বাহার, কাফি (হোরি)র মধ্য দিয়ে শিল্পী যে মিলনের আনন্দকে পরিস্ফুট করেন তা বাস্তব জীবনের মিলন সুখকে অতিক্রম করে সমগ্র বিশ্বে ব্যাপ্ত হয়। মিলন ব্যাপারটি দুটি শরীরের এবং মনের গণ্ডীর মধ্যে আবদ্ধ থাকে বাস্তব জীবনে, কিন্তু কাব্যে ও সংগীতে তার ব্যাপ্তি ও বিস্তার ব্যক্তিগত মিলন সুখকে মুক্তি দেয় বিশ্বের মানব মানবীর মনের আকাশে এবং প্রকৃতির মুক্ত অঙ্গনে।

আরও কয়েকটি ধারণা শ্রোতাদের বিভ্রান্ত করতে পারে। ভারতীয় রাগসংগীত সম্পর্কে বহু গ্রন্থ আছে। সেগুলিতে দেখা যায় যে, সা, রে, গা, মা, পা, ধা, নি—এই সাতটি স্বর সাতটি বিভিন্ন প্রাণীর স্বর থেকে উৎপন্ন হয়েছে। যেমন, পা বা পঞ্চম স্বরটি কোকিলের স্বর থেকে উৎপন্ন হয়েছে লেখা আছে। এখন প্রশ্ন হল কোন স্কেলের পঞ্চম স্বর কোকিল থেকে পাওয়া অর্থাৎ সেই পঞ্চমের বা 'পা'-এর 'সা' কোনটি? এ সব প্রশ্নের সদুত্তর সংগীতবিদ্যায় পণ্ডিত ব্যক্তিরা দিতে চান না, বা দিতে পারেন না। রাগসংগীত সম্বন্ধীয় বইগুলিতে এবং রাগসংগীত বিষয়ক অনেক রম্য রচনায় কিংবা রাগসংগীত শিল্পীদের জীবন নিয়ে নির্মিত চলচ্চিত্রে দেখা যায় যে, তানসেন দীপক রাগ গাইলে আগুন জ্বলে উঠত আর মেঘমল্লার গাইলে বৃষ্টি নেমে সেই আগুন নিবিয়ে দিত। এসব গালগল্প আমাদের দেশের রাগসংগীত নিয়ে অনেক করা

হয়েছে এবং এখনও হচ্ছে। কিন্তু এগুলি জেনে শুনে শ্রোতাদের কোনও লাভ হয় না অর্থাৎ এগুলি জানলে তাঁদের রাগসংগীত বুঝে আনন্দ পাওয়া সম্ভব হয় না। তানসেনের পরবর্তীকালের শিল্পীরা যেহেতু দীপক রাগ গেয়ে আগুন জ্বালাতে পারেননি, মেঘমল্লার গেয়ে বৃষ্টি আনতে পারেননি তাই তাঁরা ঠিক ঠিক রাগসংগীত গাইতে পারেননি অর্থাৎ রাগসংগীতের একমাত্র সার্থক শিল্পী তানসেন—আর কেউ নন—এরকম ধারণা সাধারণ শ্রোতার মনে সৃষ্টি হয়েছে। আসলে তানসেনের ওই সমস্ত ক্রিয়াকলাপ কিংবদন্তি মাত্র। এগুলির মধ্যে সত্যের পরিমাণ কতটুকু আছে—তা ভেবে দেখার সময় এসেছে। বরং প্রয়োগ-রীতির নৈপুণ্যে অন্তরের দহন, বর্ষণ এবং হর্ষ চিরকাল সম্ভব হয়েছে, আজও হচ্ছে এবং ভবিষ্যতেও হবে, এ আমি জানি।

ধ্রুপদ, খ্যাল, টপ্পা, ঠুমরি প্রভৃতি শুনতে গিয়ে শ্রোতাদের প্রথম সমস্যা হল ওইসব গানগুলির ভাষা বোঝা। ওইসব গানগুলির বাণী ব্রিজ ভাষা এবং হিন্দি ভাষা। ব্রিজভাষা মানে ব্রজভাষা যা মথুরা, বৃন্দাবন অর্থাৎ ব্রজমণ্ডলের প্রচলিত ভাষা। হরিদাস স্বামী, তান সেন, সদারঙ্গ, অদারঙ্গ, মনরঙ্গ প্রমুখ ধ্রুপদ, খ্যালের রচয়িতাগণ ওই ভাষাতেই গান রচনা করতেন সাধারণত; যদিও কিছু কিছু আরবি ফারসি শব্দ সেই গানগুলিতে থাকত। এখনও সেই গানগুলি শিল্পীরা গেয়ে থাকেন। তাই শ্রোতাদের ওই গানগুলির বাণী এবং অর্থ বোঝার চেষ্টা করা প্রয়োজন। বাংলা ভাষায় শব্দগুলি লেখার জন্য ঠিক ঠিক উচ্চারণ দেওয়া সম্ভব হয়নি। কয়েকটি অতি ব্যবহৃত শব্দের অর্থ দেওয়া হল:

অন্মোল	অমূল্য
অনোখা বা আনোখী	অপূর্ব
অলখ জাগায়ে	উচ্চৈস্বরে ঈশ্বরের নাম করে
অটরিয়া	ঘরের ছাদ
আশিক	প্রেমিক
আঁচরা	আঁচল
আলী	সখী
আলবেলী	সুন্দরী
আলবেলা	সুন্দর
ইশ্ক	প্রেম
করীম	দয়াময়
কান্হা	কৃষ্ণ
কলাই	কব্জি
করম	দয়া
কারী	কালো
কৌঁধ	চমক

কাজর	কাজল
করতার	প্রভু
কল	পলক
কেবট	মাঝি
কায়ম	স্থায়ী
কংগনা	কঙ্কন
কন্থ (কন্‌থ)	প্রিয়জন
কলিয়ন	ফুলের কলিগুলি
খেওয়াইয়া, খেবট	মাঝি
খারি	লবণাক্ত
খড়ি	দাঁড়িয়ে আছি
গারি	গালি
গরবা	গলা
গঁবায়ী	কাটিয়েছি
গুন্থ, গুন্দ	গাঁথা
গেন্দ	গোলক
গহরাঈ	গভীরতা
গুঁইয়া	সখী
গুমান	গর্ব, অহংকার, মান
গবনবা	দ্বিরাগমন
গহেবাঈ	ঢেকে দিয়েছে
গফুর	যিনি ক্ষমা করেন, ঈশ্বর
গণীমত	আশীর্বাদ
গফ্‌ফর	দয়ালু
গজরা	মালা
ঘড়ি	প্রহর, মুহূর্ত
চৈন	বিশ্রাম
চহুঁ	চার
চৌঁক	চমক
চতর	চতুর
ছোরা	ছেলে
ছিপায়ে	লুকায়

ছুপায়ে	লুকিয়ে
ছেড়	বিরক্ত করা
ছৈলা	ছেলে
ছবিলা	সুন্দর
ছবিলী	সুন্দরী
জিয়া	হৃদয়
জোরাজোরি	জোরজবরদস্তি
ঝিংগর	ঝিঁঝিঁপোকা
টের	ডাক, আহ্বান
ঠগবা	ঠগ
ঠুমক	দুল্‌কি চাল্‌
ডগর	পথ
ডরে	ভয় পায়
ডারত	ঢালছে
ডার	গাছের ডাল
ঢীঠ	অবাধ্য
ঢিঙ্গবা	কাছে বা ঘরে
তোপে	তোমার প্রতি
থিরকত	কম্পমান
দইয়া	দেবতা শব্দের অপভ্রংশ
দালিদ্র	দারিদ্র
দাদর, দাদুর	ব্যাঙ
দুল্‌হা	বর
দুল্‌হীন, দুল্‌হন	বউ
দৌড়	অভিযান
দৌরান	নির্দিষ্টকাল
নিকী	সুন্দরী

নৌছাবর,	
নিছাবর,	উৎসর্গ
নটখট	দুষ্টু
নেবর	পায়ের গহনা
নিগহ্	দৃষ্টি
নবাজ	ধারক, পালক
নবেলী	সুন্দরী যুবতী
নিরখত	দেখছে
নাদান	সরল
পছতাবে	অনুতাপ করবে
পরবরদিগার	পালকদিগের শ্রেষ্ঠ বা ঈশ্বর
পরওয়ার	প্রতিপালক
পরখত	স্পর্শ করছে
পিহরবা	প্রিয়
পতিয়া	পত্র, চিঠি
পল	পলক, মুহূর্ত
ফকর্	গৌরব
ফন্দে, ফান্দা	জাল
ৱাট	পথ
ৱিরহা	বিরহ
ৱিথা	ব্যথা
ৱৈন	বর্ণনা, বলা
ৱিপতা	বিপদ
ৱালম, ৱালমা	প্রিয়তম
ৱীতি	কেটেছে, কাটিয়েছি,
ৱিতাই	যাপন করেছি
ৱাতিয়া	কথা
ৱৈরী, ৱৈরনিয়া	শত্রু
ৱিসরী, ৱিসরায়ী	বিস্মৃত হয়েছি
ৱীচ	মাঝে, মাঝখানে
ৱরজোরি	জোরজবরদস্তি
ৱেসর	নাকছবি
ৱের	দেরী
ৱসইয়া	অধিবাসী

ৰবুলকে ঘর	বাপের বাড়ি
ৰভূত	বিভূতি, ভস্মাবলেপ
ভয়ী	হয়েছে
ভিগি	ভিজে গেছে
মুসকাত	মুচ্‌কি হাসছে
মালনিয়া	মালা
মনভাওয়ে	মনকে আনন্দ দেয়
মগ	পথ
মন্দর	মন্দির
মন্দলরা	মন্দিরা
মৌর, মৌরবা	ময়ূর
মঝধার	মাঝনদীতে
মোপে	আমাকে
মুদরী	আংটি
মুরাদ	ইচ্ছা
মুদরিয়া	মুদ্রিত
রহীম	দয়াময়
রহমন, রব্ব	ঈশ্বর বা আল্লাহ
রহম	করুণা
রাহ্	পথ
রসিয়া	রসিক প্রেমিক
রতিয়া, রৈন	রাত্রি
রমায়ে	সজ্জিত করে
রহস, রহস	ক্রমশ, আস্তে আস্তে
লঙ্গর	পাজি ছেলে
লাড	আদর, আহ্লাদ
লাড়্‌লা	আদুরে
লাড়্‌লী	আদুরী
লট	খোঁপা
লড়ি	পঙ্‌ক্তি, সারি
বারিবারি	বার বার যাব
জাউঙ্গী	

বলিহারী	নিবেদিত
শুকর, শুকরিয়া	ধন্যবাদ
সুমরণ	স্মরণ
সাঁবরিয়া	শ্যামবর্ণ (কৃষ্ণ)
সতাবে	যন্ত্রণা দিচ্ছে বা দেবে
সারি, সগরী	সমস্ত
সেজ	শয্যা
সুধবুধ	কাণ্ডজ্ঞান
সুধহুঁনলিনি	কোনও খবর নেয়নি
সুঘর	সুন্দর
সুজান	বুদ্ধিমান
সুহাবে	শোভা পাবে
সুলঝান	সুবিন্যস্ত করা
সহেলরিয়াঁ	সখীগণ
সাহিব	মালিক
সত্তার	যিনি দোষ ঢেকে দেন (ঈশ্বর বা আল্লাহর একটি গুণ)
সৌতন	সতীন
সিংগার	শৃঙ্গার
হরলিনী	হরণ করেছে

শ্রোতারা যাতে খ্যাল ঠুমরি ইত্যাদি গানের বাণী বুঝতে পারেন তার জন্য শ্রোতাদের চেয়ে গায়কদের অধিক যত্নবান হওয়া উচিত বলে মনে করি। বহু শিল্পী আছেন যাঁরা কথাগুলোকে এমন বিকৃত করে উচ্চারণ করেন যে কিছুই বোঝা যায় না, মাইকের মাধ্যমে হয়তো কানে আসে কিন্তু অর্থবোধ হয় না। এবিষয়ে আমরা সংগীত সমালোচনার অধ্যায়ে আলোচনা করেছি। বাণী ছাড়া গান হতে পারে না, তাই বাণীর শুদ্ধতা রক্ষার প্রতি প্রত্যেক কণ্ঠশিল্পীর মনোযোগ দেওয়া প্রয়োজন। সে যুগ আর নেই যখন শিল্পী ওস্তাদদের খামখেয়ালিপনা, যথেচ্ছাচার শ্রোতারা অবাধে সহ্য করতেন। এই গণতান্ত্রিক দেশে প্রতিটি শ্রোতার অধিকার আছে গান শোনার এবং বোঝার, সেই অধিকার থেকে তাঁদের বঞ্চিত করা কি ঠিক? তাই গান আরম্ভ করার আগে আমার মনে হয় রাগটি সম্পর্কে কিছু তথ্য জানানো উচিত, অন্তত রাগটির চলন, বৈশিষ্ট্য ও প্রকৃতি সম্পর্কে এবং শিল্পী এই রাগটিকে সেই অনুষ্ঠানে কীভাবে পরিবেশন করবেন সে সম্পর্কেও শ্রোতাদের জানিয়ে দিলে শ্রোতারা আরও ভালভাবে সেই পরিবেশনটিকে উপভোগ করতে পারেন । কোন কোন তালে গান হবে তা বলা, তার সংক্ষিপ্ত বর্ণনা দেওয়া, শিল্পী যেসব গান করবেন সেগুলির অর্থাৎ খ্যাল ঠুমরির বন্দিশগুলি প্রথমে পরিষ্কারভাবে আবৃত্তি করা, তাদের মানে বুঝিয়ে দেওয়া অত্যন্ত প্রয়োজন। অনেক সময় খ্যাল গানে কেবল 'সমে' আসার আগের দু-একটি শব্দ বোঝা যায়,

বাদ বাকি কথা বোঝা যায় না। বিস্তারের সময় অন্যান্য কথাগুলি নিরুদ্দেশ হয়ে যায়। তালের মাত্রার সঙ্গে কথার সম্পর্ক বোঝা তো আরও দুঃসাধ্য।

সুর, তাল, লয় ছাড়া গান হয় না। মীড়, গমক, স্যুঁৎ, আশ প্রভৃতি সুরের অলংকার প্রয়োগের সময় বেসুরো হয়ে যাবার আশঙ্কা থাকে। এমন অনেক পণ্ডিত ও ওস্তাদ ছিলেন এবং আছেন যাঁদের গমক বিশেষ করে উদারা গ্রামের (lower octave) গমক একেবারে সুর ছাড়া। তাঁদের যতই নাম ডাক থাক শ্রোতারা তাঁদের বিনীতভাবে ওই গমকের অন্তর্ভুক্ত স্বরগুলিকে রাগাঙ্গিক সরগম করে শোনাবার অনুরোধ করতে পারেন। তাঁরা শিল্পীদের গানের কথাগুলি স্পষ্ট করে উচ্চারণের জন্যও সনির্বন্ধ অনুরোধ জানাতে পারেন। এতে শিল্পীর মনঃক্ষুণ্ণ হবার কোনও সঙ্গত কারণ দেখি না। অন্যদিকে আশেপাশের শ্রোতাদের অকারণ প্রশংসা ও মাথা নাড়ানো দেখে নিজের বিচারবুদ্ধিকে বিসর্জন দিয়ে তাঁদের সাথে তাল মেলানোরও কোনও অর্থ নেই।

শ্রোতারা যদি সতত সজাগ থাকেন তা হলে এই কর্মব্যস্ততার যুগে বহুমূল্য সময় ও অর্থব্যয় করে রাত জাগার পর pleasure of not understanding অর্থাৎ না বোঝার আনন্দের বোঝা নিয়ে বাড়ি ফিরতে হবে না, আর তাঁদের সৎ প্রশ্ন ও জিজ্ঞাসার পরিণামে আমাদের রাগসংগীতেরও উন্নতি হবে আশা করি।

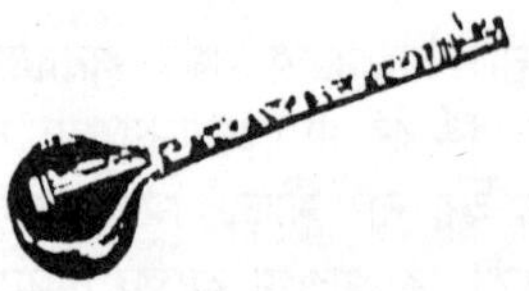

রাগসংগীতের সহযোগী শিল্পী ও শ্রোতা

মঞ্চে শিল্পী বসে আছেন, তবে একা নন। তাঁর দু দিকে কিছুটা পেছনে দু জন রয়েছেন তানপুরা নিয়ে বসে। ডান দিকে তবলাবাদক, আর বাঁ দিকে হারমোনিয়ামবাদক, কখনও সারেঙ্গিবাদক, কখনও বা দু জনই। ঠিক এই রকমই একটা দৃশ্য রাগসংগীতের আসরে বা কনফারেন্সে আমরা দেখতে পাই। গায়কের সঙ্গে এঁরা বসে নিজ নিজ হাতের যন্ত্র বাজাচ্ছেন—এটা সবাই জানেন ও দেখেন কিন্তু গায়কের সঙ্গে এঁদের সঠিক সম্পর্ক কী এবং এরা ঠিক কী করেন বা এঁদের কী করা উচিত সে সম্পর্কে শ্রোতাদের সুস্পষ্ট ধারণা নেই। গায়কের নাম যেরকম সবিস্তারে সগৌরবে ঘোষণা করা হয় সে রকম ঘোষণা ঠিক এঁদের সম্বন্ধে শোনা যায় না। আর তানপুরাবাদক প্রায় বাদের খাতায় থাকেন। তাতে শ্রোতাদের এবং ঐ বাদকদেরও কোনও মাথাব্যথা দেখা যায় না। রেকর্ড ক্যাসেটেও বেশির ভাগ সময় বিশেষত 78 R.P.M.-এর যুগে রেকর্ডের লেবেলে সহযোগী শিল্পীদের প্রায় কারও নাম কখনও দেখিনি। রাগসংগীত ছাড়া অন্যান্য কণ্ঠসংগীতের রেকর্ড বা ক্যাসেটেও বিভিন্ন সহযোগী শিল্পীর নাম থাকত না। আমি অনুরোধ করে আমার খ্যাল ও অন্যান্য গানের বিভিন্ন L. P., Cassette ও C.D.-তে এঁদের নাম এবং কখনও ছবিও রাখবার চেষ্টা করে সফল হয়েছি। হয়তো আরও দু-এক জনও এরকম চেষ্টা করেছেন তবে তাঁদের সংখ্যা খুব একটা বেশি নয়। কিন্তু আসরগুলিতে এখনও সহযোগী শিল্পীদের বিশেষত তানপুরাবাদকের নাম ঘোষণা না করা, এবং তাকে ফুলের মালা না দেওয়ার ঘটনাতে কেউই অবাক হন না, এমনকি মূল শিল্পীও না। অনেক সময় মূল শিল্পীদের একটি অদ্ভুত মানসিকতার পরিচয় আমি পেয়েছি। যে সব সহযোগী শিল্পীদের সঙ্গে তাঁরা রেয়াজ করেন বা বিভিন্ন অনুষ্ঠানেও যাঁদের সহযোগীরূপে নিয়ে থাকেন, বড় বা বিশেষ অনুষ্ঠানে তাঁদের আর নেন না। এমনকি, বিদেশে সেই সহযোগী শিল্পীর উপস্থিতি সত্ত্বেও অন্য বেশি নামী সহযোগী শিল্পীকে নিয়ে অনুষ্ঠান করেন। এর ফলে নিয়মিত সহযোগী শিল্পীর মনের অবস্থা যে কী হয় তা লেখার প্রয়োজন নেই। এই সহযোগী শিল্পীদের সাধারণত অনুষ্ঠান কর্তৃপক্ষ যেমন-তেমনভাবে রাখবার ব্যবস্থা করতে কুণ্ঠিত হন না এবং সহযোগী শিল্পীরাও কেন জানি না, সে ব্যবস্থা মেনে নেন। অবশ্য এর ব্যতিক্রমও আছে, তবে খুব কম। কিন্তু মূল শিল্পী থাকেন স্টার হোটেলে বা বিশেষভাবে আয়োজিত মর্যাদাসম্পন্ন একটি আশ্রয়ে। একটা সময় ছিল যখন সহযোগী শিল্পীদের মূল শিল্পীর থেকে নীচে বসতে হত এবং প্রয়োজনে দাঁড়িয়ে কোমরে বেঁধে তবলা বাজাতে হত। এখন অবশ্য দিনকাল খানিক পাল্টেছে কিন্তু তাঁদের প্রতি প্রচ্ছন্ন অশ্রদ্ধা এখনও বিলুপ্ত হয়নি। আমি কিন্তু কখনওই দেশে এবং বিদেশে এই অশ্রদ্ধার মনোভাবকে প্রশ্রয় দিইনি এবং

তাঁদের সঙ্গবর্জিত হয়ে একা Star Hotel বা প্রাসাদে থাকিনি। আমার মনে হয় একসঙ্গে থাকলে ভাবের আদানপ্রদান বেশি হয় এবং গান-বাজনাটা আরও ভাল হয়। সম্মান-দক্ষিণার পার্থক্য আরও বিস্ময়কর। সহযোগী শিল্পীদের প্রতি মূল শিল্পী ও অনুষ্ঠান কর্তৃপক্ষের যদি এই রকম মনোভাব হয় তা হলে তাঁদের ডাকা হয় কেন? এরকম মনোভাব বজায় রাখলে সহযোগিতার মান কি উন্নত হবে? অন্য দিকে সহযোগী শিল্পীরা কি সহযোগিতার অর্থাৎ সাহায্য করার মনোভাব বিসর্জন দিয়ে, মূল শিল্পীর গানের প্রতি গুরুত্ব না দিয়ে নিজেদের একক বাদকরূপে প্রতিষ্ঠা করার চেষ্টা করবেন না? আমরা জানি স্বর্গত উস্তাদ সাগিরুদ্দীন খাঁ সাহেব সারেঙ্গি ছেড়ে শেষ জীবনে গান গাওয়া শুরু করেছিলেন দীর্ঘদিন অশ্রদ্ধা এবং অবহেলা সহ্য করতে না পেরে। তাতে আমাদেরই একজন শ্রেষ্ঠ সহযোগী শিল্পীকে হারাতে হয়েছিল, শুধু তাই নয়, সারেঙ্গির প্রতি বীতশ্রদ্ধ হয়ে তিনিও কোনও যোগ্য অধিকারী রেখে যাননি আমাদের জন্য। ভাল সারেঙ্গিবাদক বা হারমোনিয়ামবাদকের অভাব বলে আক্ষেপ করলেই সারেঙ্গিবাদক বা হারমোনিয়ামবাদক সৃষ্টি হবে না। প্রথমে আমাদের সহযোগী শিল্পীদের প্রতি মনোভাব পাল্টাতে হবে, তাঁদের প্রাপ্য সম্মান ও সম্মানদক্ষিণা দিতে হবে, তারপরই তাঁরা সৎ পরামর্শ শুনবেন এবং সংগীতের সামগ্রিক উন্নতির জন্য চেষ্টা করবেন। এ ব্যাপারে আমাদের সকলেরই দায়িত্ব আছে।

আমরা ফিরে আসছি মূল প্রশ্নে অর্থাৎ সহযোগী শিল্পীরা গায়কের কীভাবে কাজে লাগেন বা তাঁদের লাগা উচিত এবং কীভাবে সহযোগিতা করলে সামগ্রিক সংগীত পরিবেশন আরও সফল হয় এবং শ্রোতাদের আরও তৃপ্তি হতে পারে তা বিস্তারিত আলোচনা করার চেষ্টা করছি আমার অভিজ্ঞতার ভিত্তিতে।

তানপুরা সহযোগিতা

কণ্ঠে রাগসংগীতের সহযোগিতার জন্য সব চেয়ে উপযোগী যন্ত্র তানপুরা। রাগসংগীত শিক্ষা করতে গেলে এই যন্ত্রটির সঙ্গে রেয়াজ বা অভ্যাস ও অনুশীলন করা উচিত—এই উপদেশ আমাদের দেশের সমস্ত সংগীতগুণী শিষ্যদের দেন, কেননা এর ফলে স্বরগুলির জোয়ারি বা resonance কণ্ঠস্বরের প্রসাদগুণ বৃদ্ধি করে। আমিও আমার সংগীত শিক্ষার অভিজ্ঞতা থেকে ওই উপদেশের কার্যকারিতা উপলব্ধি করেছি।

তানপুরার সঙ্গে রেয়াজ এবং তানপুরা বাজিয়ে গায়কের সঙ্গে সহযোগিতা করার মধ্যে পার্থক্য আছে। রেয়াজ করার সময় শিল্পী একা একটি ঘরে বসে তানপুরার সঙ্গে গান করেন, সময়সীমা এবং অন্য কারও গানের সম্পর্কে তাঁর কোনও ভাবনাচিন্তা থাকে না। কিন্তু অন্যের সঙ্গে সহযোগিতা করতে গেলে একজন তানপুরাবাদককে অল্প সময়ের মধ্যে তানপুরাটি সুরে মিলিয়ে নিতে হবে। অনেক সময় দেখা যায় যে তানপুরা সুরে মেলাতেই এক ঘণ্টা সময় লাগছে। এতে শ্রোতাদের বিরক্তি ও ধৈর্যচ্যুতি ঘটা স্বাভাবিক। অত্যন্ত দুঃখের সঙ্গে জানাচ্ছি যে আমাদের দেশে রাগসংগীতের আসরগুলিতে যাঁরা তানপুরা বাজান তাঁদের প্রায় কারও যন্ত্রটিকে সুরে মেলানোর ক্ষমতা নেই। আঙুলের ডগার কোন অংশ দিয়ে তারগুলিতে আঘাত করলে এবং তারের কোন অঞ্চলে আঘাত করলে সব চেয়ে বেশি সুর পাওয়া যাবে, তারের দৈর্ঘ্য কত হওয়া উচিত, সেগুলি কতটা মোটা বা সরু হবে তার কিছুই

তাঁরা জানেন না। তানপুরার ব্রিজের ওপর সুতো দিয়ে জোয়ারি করা হয়। কিন্তু তানপুরাবাদকগণ এই জোয়ারি কীভাবে করা উচিত তা অনেক সময় জানেন না। একটি নির্দিষ্ট তানপুরায় একটি সুতো না একাধিক সুতো দিয়ে জোয়ারি করতে হবে তাও তাঁদের জানা নেই। গানের মাঝখানে তানপুরা বেসুরো হয়ে গেলে, কিংবা জোয়ারি নষ্ট হয়ে গেলে তানপুরাবাদক সুর ও জোয়ারি ঠিক করতে পারেন না, গায়ককেই বারবার গান থামিয়ে এগুলিকে মিলিয়ে নিতে হয় যদি গায়কের সেই ক্ষমতা সঠিকভাবে থাকে। এ সব প্রাথমিক বিষয়ের জ্ঞান আছে কিনা জেনে তানপুরাবাদকদের নির্বাচন করা হয় না। আমাকে যখন কলকাতার বাইরে অনুষ্ঠান করতে যেতে হয় দেশের নানা রাজ্যে এবং বিদেশেও—তখন যাতায়াতের জন্য ট্রেন বা প্লেন ভাড়া দিয়ে সর্বদা তানপুরাবাদক নিয়ে যাওয়া সম্ভব হয় না, তাই স্থানীয় দুজন তানপুরাবাদককে নিয়ে গান করতে হয়, গান থামিয়ে তানপুরার সুর আর জোয়ারি ঠিক করে নিতে হয় নিজেকেই। রূঢ়ভাবে এই সত্য কথাটি বলতে পারি না—"আপনারা তানপুরা বাজাতে জানেন না, তানপুরা মেলানো ও তানপুরা বাজানো শিখে তারপর শিল্পীদের সঙ্গে তানপুরা বাজাবেন।" অথচ এরকম তানপুরাবাদকরা যদি ভালভাবে তানপুরা মেলাতে ও বাজাতে পারেন তবে তাঁদের উপযুক্ত দক্ষিণা ও সম্মান তাঁরা পেতে পারেন। তানপুরাবাদকেরা তানপুরার তারগুলিতে মাঝে মাঝে এত জোরে আঘাত করেন যে প্রায়ই সুর নেমে যায়, আর মহিলা তানপুরা সহযোগীরা Gents' তানপুরা ঠিকমতো বাজাতে পারেন না, কারণ তাঁদের আঙুলগুলি সরু এবং Gents' তানপুরার তারগুলির পারস্পরিক দূরত্ব বেশি। তাই তাঁরা তারগুলিকে ঠিকমতো আয়ত্তে আনতে পারেন না। ফলে গায়ক তানপুরাগুলি থেকে ঠিকমতো সুরের সাহায্য পান না। সুতরাং উপযুক্ত তানপুরাবাদক হতে গেলে দীর্ঘদিন সৎগুরুর কাছে রাগসংগীত এবং তানপুরা বাদনের রীতিনীতিগুলি নিষ্ঠার সঙ্গে শিক্ষা করার প্রয়োজন।

তানপুরার সহযোগিতা সম্পর্কে দু-একটি কথা তানপুরাবাদকদের মনে করিয়ে দিচ্ছি। গানের শুরুতে খোলা আওয়াজে তানপুরা বাজিয়ে গায়কের সুর প্রতিষ্ঠায় সাহায্য করলে সুবিধে হয়। গায়ক যখন মন্দ্র সপ্তকে বিস্তার, তান, সরগম ইত্যাদি করবেন তখন তানপুরার তারে মৃদু আঘাত করা উচিত, তখন জোরে আঘাত করলে ওই স্বরগুলি শোনা যাবে না এবং শিল্পী ও শ্রোতার বিরক্তি আসবে। আবার গানের প্রয়োজনে গায়কের কণ্ঠস্বরের তীব্রতা যখন বাড়বে তখন তানপুরাও খুলে বাজানো দরকার। কিন্তু যন্ত্রসংগীতের অনুষ্ঠানে জোরে তানপুরা বাজালে মূল যন্ত্রের শব্দ সঠিক প্রকাশে বাধা পায়।

তানপুরাটিকে শুইয়ে বাজালে, মাইক থেকে দূরত্বের জন্য তানপুরার আওয়াজ মাইকে আসবে না, তার ফলে শ্রোতারা গানের সঙ্গে তানপুরার গুঞ্জন মিশে যে অপূর্ব সুরজালের সৃষ্টি হয় তা শুনতে পারবেন না। আমাদের গানের আসরগুলিতে যে সব মাইক ব্যবহৃত হয় সেগুলি বিদেশে প্রস্তুত, মাইকের খুব কাছ থেকে শব্দ না করলে শব্দ ভালভাবে amplified হয় না। Microphone, ইত্যাদি যদি ভারতে প্রস্তুত হত ভারতীয় সংগীতের উপযোগী করে, তা হলে আমরা আদর্শ শব্দ সম্প্রসারণ ব্যবস্থা করতে পারতাম।

তানপুরার গুঞ্জন থেকে সৃষ্ট সুরের আবহের সম্পূর্ণ সাহায্য পেতে গেলে তানপুরাগুলি মঞ্চে বা কোলের ওপর দাঁড় করিয়ে গায়কের কানের কাছে যতদূর সম্ভব রেখে বাজালে ভাল হয়। তানপুরার দণ্ডের ওপর তারগুলি থাকে, তারগুলির দৈর্ঘ্যের মধ্যে ওপর দিক থেকে ১/৩ ভাগ ছেড়ে যে অঞ্চলটি, সেখানে তারগুলিকে আঘাত করলে সব চেয়ে বেশি

সঠিক resonance পাওয়া যায়। নীচের দিকে ব্রিজের কাছাকাছি জায়গায় তানপুরার তার বাজালে প্রয়োজনমতো সুর পাওয়া যায় না। প্রত্যেক সহযোগী তানপুরাবাদকের তানপুরার সামনে মাইক থাকলে তানপুরার গুঞ্জন ভালভাবে শোনা যায়। গায়ক নিজে হাতে তানপুরা রেখে বাজালে যদি ঈষৎ ডান দিকে হেলিয়ে রাখেন তবে মাইক্রোফোনে কণ্ঠস্বর পরিষ্কার থাকবে, আবার তানপুরাও ভাল শোনা যাবে। তা ছাড়া শুইয়ে বাজালে তানপুরার তারে centre of gravity তারের মাঝখানে এবং দাঁড় করিয়ে বাজালে তারের নীচের দিকে অর্থাৎ ব্রিজের কাছে centre of gravity পরিবর্তিত হয় বলে সুরেরও তারতম্য হয় এই দু ভাবে বাজানোয়।

চার তারের তানপুরাই সব চেয়ে বেশি প্রচলিত। অনেকে অবশ্য পাঁচ বা ছয় তারের তানপুরা ব্যবহার করার পক্ষপাতী। আমার অভিজ্ঞতা থেকে বলছি যে তানপুরায় পাঁচ/ছয় তারের তেমন প্রয়োজন নেই। তানপুরার 'সা' আর 'পা'-এর শব্দ মিলে সুরের যে পরিমণ্ডলের সৃষ্টি হয় তার থেকে যে কোনও রাগের অনুরণন বা sympathetic vibration পাওয়া সম্ভব। এমনকি পঞ্চম বর্জিত রাগগুলি, যেমন, পুরিয়া, মারবা, সোহিনী, মালকোষ ইত্যাদি গাইবার সময় তানপুরার 'সা' আর 'পা' মিলে ওইসব রাগেরও অনুকূল সুরাবহের বিঘ্ন ঘটায় না, এমনভাবেই তানপুরা যন্ত্রটি প্রস্তুত। আমার মনে হয়, আমরা ভারতীয় সংগীতের গায়ক বাদক সকলেই তানপুরা যন্ত্রটির ভৃত্য, কারণ কোনও শিল্পীর সঙ্গেই একটি সুরে-মেলানো তানপুরা কখনও আপোষ করে না।

তানপুরা বাজানো উচিত একটি নির্দিষ্ট লয়ে। আমি দীর্ঘকালের অভিজ্ঞতা থেকে এই লয়টি যা বুঝেছি তা হল এইরকম : —পা সা সা সা অর্থাৎ 'পা'-তে দুই মাত্রা, দুটি জুড়ির 'সা'-তে দুই মাত্রা, খরজের 'সা'-তে দুই মাত্রা। শিশু ছাত্রছাত্রীদের বলি তানপুরা বাজানোর সময় মনে মনে "জ য় সী য়া রা ম" গাইবে। দুজন তানপুরাবাদক থাকলে একই লয়ে তাঁরা একসাথে তানপুরা বাজালে ভাল হয়। এর ফলে 'সা' ও 'পা'-এর amplitude বৃদ্ধি পাবে, এবং গায়ক তাঁর ঈপ্সিত সুরপরিমণ্ডলের সব থেকে বেশি সহায়তা লাভ করবেন।

তানপুরার তারগুলিকে সব চেয়ে বেশি টানটান অবস্থায় (maximum tension) রাখতে হয়। উদাহরণ :— মধ্যসপ্তকের 'C' যদি 'সা' হয় তবে জুড়ির তারগুলির জন্য স্টিলের ৯ নম্বর তার, পঞ্চমের জন্য ২২ নং (ব্রোঞ্জ বা পেতলের) তার, আর খরজের 'সা'-এর জন্য ২০ নং (ব্রোঞ্জ বা পেতলের) তার লাগালে তানপুরা ভাল বাজে। গায়কের স্কেল অনুসারে তারগুলি লাগানো প্রয়োজন। 'C' স্কেলের মধ্যসপ্তকের 'নি'-তে বা 'নিখাদে' একটি তার মেলাতে গেলে স্টিলের ৯ নং তার দরকার, পঞ্চমের ব্রোঞ্জের তার 'নি'-তে চড়াতে গেলে ছিঁড়ে যাবে।

ভারতীয় রাগসংগীত Keynote বা Tonic ছাড়া সম্ভব নয়। এই Keynote বা 'সা'-কে তানপুরা যন্ত্রটি সুরপরিমণ্ডলের আবর্তনের মধ্য দিয়ে পেতে গায়ককে অনবরত সাহায্য করে, শ্রোতাকে তৃপ্তি দেয়। সংগীত শিক্ষার্থী ও বিশেষত পেশাদার তানপুরাবাদকেরা যদি বহু বহু বার বিভিন্ন তানপুরা মেলাবার ও নিয়মিত বাজাবার অভ্যেস করেন তবেই ভাল তানপুরাবাদকের অভাব মিটবে।

হারমোনিয়াম সহযোগিতা

শুধু রাগসংগীত কেন, সব রকম কণ্ঠসংগীতের এখন একান্ত সহযোগী যন্ত্র হারমোনিয়াম। রাগসংগীত শিল্পীর বাঁদিকে যে দুজন বসেন তাঁদের মধ্যে হারমোনিয়াম সহযোগী একজন।

এই বাদ্যযন্ত্রটিকে ভারতীয় কণ্ঠসংগীতের উপযোগী করে সৃষ্টি করেছিলেন আমার পরমারাধ্য গুরুদেব ঁজ্ঞানপ্রকাশ ঘোষের পিতামহ ঁদ্বারকানাথ ঘোষ। প্রসিদ্ধ Dwarkin হারমোনিয়াম তাঁরই নামাঙ্কিত।

প্রথম সংগীত শিক্ষার্থীর পক্ষে হারমোনিয়াম অবশ্য প্রয়োজনীয়, কেননা এতে সমস্ত স্বরের একটি দৃষ্টিগ্রাহ্য রূপ আমরা পাই। এই যন্ত্রের সাদা-কালো চাবিগুলি শুদ্ধ, কড়ি ও কোমল স্বরগুলির প্রতিনিধিত্ব করে। হারমোনিয়ামের সাদা-কালো চাবিগুলি এইভাবে সাজানো থাকে :

$C^{\#}/D^{b}$ $D^{\#}/E^{b}$ $F^{\#}/G^{b}$ $G^{\#}/A^{b}$ $A^{\#}/B^{b}$

C D E F G A B $\dot{C}$...

Flat-এর চিহ্ন *b*—এই রকম আর Sharp-এর চিহ্ন '*#*' এই রকম। উপরিউক্ত বিন্যাসটি 'C' স্কেলের middle octave-এর। ওপরে বিন্দু থাকলে চড়ার 'সা' বা চড়ার অন্য স্বর বুঝতে হবে। উল্লেখ করা প্রয়োজন যে, হারমোনিয়ামের রীডগুলি equally tempered scale-এ মেলানো অর্থাৎ সাদা-কালো প্রতিটি চাবির স্বর সমান দূরত্বে থাকে।

যারা গান শেখা সবেমাত্র আরম্ভ করেছে তাদের স্বরগুলি চেনাতে হলে হারমোনিয়ামের প্রয়োজন হয় স্বরগুলির পারস্পরিক দূরত্ব ও সম্পর্ক বোঝানোর জন্য। যেমন, 'C' যদি 'সা' হয়, 'D' হবে 'শুদ্ধ-রে', $C^{\#}$ হবে 'কোমল-রে', ইত্যাদি। বেশ কয়েক বছর হারমোনিয়ামের সঙ্গে স্বরগুলি অভ্যাস করলে pitchগুলির নাম ও তাদের মধ্যে সম্পর্কটি ভালভাবে আয়ত্তে আসে। হারমোনিয়ামের সঙ্গে পরিচিত নন যে শিল্পীরা তাঁরা হারমোনিয়াম বাজানোকে অগৌরবের মনে করেন এবং এখনও তানপুরা, তবলা মেলানোর সময় 'C'-কে $C^{\#}$-কে বলে থাকেন "পহেলা সফেদ" ও "পহেলা কালা" ইত্যাদি।

শিশু বা প্রথম শিক্ষার্থীর সুরবোধ সাধারণত অপরিণত অবস্থায় থাকার জন্য এবং তানপুরার কানে মোচড় দেবার শক্তি ও জ্ঞান না থাকায় তানপুরা মিলিয়ে নিয়ে স্বরগুলি অভ্যাস করা সম্ভব হয় না, তাদের পক্ষে। তাই হারমোনিয়ামের সাহায্যে তাদের স্বরগুলি চেনানো সহজ। তা ছাড়া বিভিন্ন যন্ত্রের সুর মেলানোর জন্য হারমোনিয়ামের সাহায্য প্রয়োজন হয়।

হারমোনিয়ামের সঙ্গে আমাদের শরীরের সাদৃশ্য উল্লেখযোগ্য। স্বর উচ্চারণ করতে গেলে হাওয়ার দরকার হয় যা মূলত আমাদের ফুসফুস (Lung) থেকে আমরা পাই। বাইরের হাওয়া মূলত নাক ও মুখ দিয়ে আমাদের শরীরে ঢোকে। ফুসফুসের হাওয়া আমাদের গলার, তালুর, দাঁতের, ঠোঁটের ও নাকের মধ্য দিয়ে স্বরযন্ত্র (vocal cord) থেকে বেরোয়। হারমোনিয়ামের ভেতরেও একটি বেলো (bellow) থাকে। সেই বেলো থেকে হাওয়া রীডবোর্ডের ছিদ্রগুলি দিয়ে এসে বাঁশিগুলিকে বাজায়, তার ফলে বিভিন্ন স্বর আমরা শুনতে পাই। হারমোনিয়ামের বাইরের বেলো করে হাওয়া ভেতরের বেলোতে প্রবেশ করিয়ে এবং ওপরের সাদা-কালো চাবিগুলো (Key) টিপে ভেতরের ছিদ্রগুলি খুলে দিলে তবে আওয়াজ বেরোয়।

হারমোনিয়াম ঠিকমতন বাজালে গায়ক স্বচ্ছন্দে গান করতে পারেন। ধরুন আমি ইমন

গাইছি। ইমন গাইবার সময় আমি 'নি' স্বরটি গাইবার সঙ্গে সঙ্গে হারমোনিয়ামবাদক যদি 'নি' স্বরটি বাজান তা হলে স্বরটি বিশেষ গভীরতা ও ব্যাপ্তি পায়, আর শ্রোতারাও তৃপ্তি পান। কিন্তু অনেক সময় দেখা যায় যে হারমোনিয়ামবাদক অনুগমন (follow) করতে অর্থাৎ সাহায্য করতে গিয়ে গানের বিঘ্ন সৃষ্টি করে ফেলেছেন। যেমন, আমি যখন গা রে নি রে সা—গাইতে গিয়ে 'নি'-তে আসছি হারমোনিয়ামবাদক তখন 'গা' থেকে 'রে'-তে পৌঁছেছেন। প্রাকৃতিক কারণেই দুজন মানুষের কল্পনা ও ক্রিয়ার একই সঙ্গে উৎপত্তি ঘটা সম্ভব নয়। তাই অনুগমন করতে গিয়ে হারমোনিয়ামবাদক বিসংবাদ ও বিঘ্ন সৃষ্টি করে ফেলেছেন নিজের অজান্তে।

হারমোনিয়ামবাদককে রাগসংগীতের প্রয়োজনীয় সমস্ত বিষয়ে শিক্ষা লাভ করতে হয়। তা না হলে তিনি অনুগমনের দুরন্ত নেশায় মূল গায়কের গানের ক্ষতি ও শ্রোতাদের বিরক্তি উৎপাদন করবেন। হারমোনিয়াম থেকে পাওয়া 'সা' আর 'পা' স্বরটি তানপুরা থেকে নিঃসৃত ওই সুরগুলিকে দৃঢ়ভাবে প্রতিষ্ঠিত করে। শুধু তাই নয়, বিচক্ষণ ও শিক্ষিত হারমোনিয়ামবাদক প্রয়োজনমতো major ও minor chord বাজিয়েও মাঝে মাঝে মূল গায়ককে এবং শ্রোতাদের তৃপ্তি দিতে পারেন। 'সা'-এর সঙ্গে শুদ্ধ গান্ধার ও পঞ্চম বাজালে major chord হয় আর 'সা'-এর সঙ্গে কোমল গান্ধার ও পঞ্চম বাজালে সেটি minor chord হয়। রাগসংগীতে সাধারণত chord-এর প্রয়োজন হয় না, কিন্তু কখনও কখনও রাগে ব্যবহৃত phraseগুলি হুবহু না বাজিয়ে অন্য কোনও স্বর বা স্বরসমষ্টি (phrase) বাজিয়েও একঘেয়েমি দূর করতে পারেন সুদক্ষ হারমোনিয়াম শিল্পী। এ ব্যাপারে বিস্তারিত শিক্ষার প্রয়োজন আছে।

রাগ, তাল ও লয়ের ক্রিয়ায় নিপুণ, অভিজ্ঞ হারমোনিয়াম সহযোগী, অনভিজ্ঞ গায়কের অস্পষ্টভাবে উচ্চারিত রাগের phraseগুলিকে সুস্পষ্টভাবে প্রকাশ করে গায়ককে সাহায্য ও শ্রোতাদের আনন্দ বর্ধন করতে পারেন। তিনি গায়কের গানের উন্নততর ও সুন্দরতর বিকাশের পথও দেখাতে পারেন। সঠিক স্বরজ্ঞান এবং বিভিন্ন অলংকারের বিশদ জ্ঞান ও বোধ না থাকলে উত্তম সহযোগিতা সম্ভব নয়।

এবারে হারমোনিয়ামবাদকের বাঁ হাতের ভূমিকার কথা বলি। চাবিগুলির ওপর দ্রুত আঙুল চালনাই সুদক্ষ হারমোনিয়াম শিল্পীর বৈশিষ্ট্য নয়। বাঁ হাত দিয়ে বেলোর সাহায্যে হাওয়া নিয়ন্ত্রণ করা হয়। আগেই বলেছি যে হারমোনিয়ামের সঙ্গে আমাদের স্বর উৎপাদনের প্রক্রিয়ার সাদৃশ্য আছে। আমরা কথা বলার সময় স্বর উঁচু নিচু করে থাকি প্রয়োজনমতন। আমাদের কথাগুলি বলার সময় যদি স্বরের modulation না থাকে তবে সেই কথার অর্থ পরিষ্কার করে বোঝানো যায় না, এবং একঘেয়েমির সৃষ্টি হয়। রাগ গায়নের সময়ও একই নিয়ম খাটে। গায়ক গানের বাণী বা রাগটির অন্তর্নিহিত ভাবগুলিকে পরিস্ফুট করার সময় কখনও তীব্র, কখনও বা অতি মৃদু স্বরে গান করেন। হারমোনিয়াম সহযোগীরও উচিত অনুরূপভাবে হাওয়া চালনা করে গায়ককে সাহায্য করা ও গায়কের ভাব প্রদর্শনের চেষ্টাকে শ্রোতাদের আরও ভালভাবে বুঝতে সাহায্য করা।

আমি প্রায় তিরিশ বছর আমার গুরুদেব, হারমোনিয়াম বাদনের প্রবাদপুরুষ জ্ঞানপ্রকাশ ঘোষের কাছে গানের সঙ্গে হারমোনিয়ামেরও শিক্ষা গ্রহণ করেছি, এবং ভারতের প্রায় সমস্ত অঞ্চলে জীবিত ও প্রয়াত বহু প্রথিতযশা শিল্পীর সঙ্গে হারমোনিয়ামে সহযোগিতা করেছি

বহুবার। তাঁদের মধ্যে কয়েক জনের নাম করছি—ঁহীরাবাঈ বরোদেকর, ঁমল্লিকার্জুন মনসুর, ঁনিবৃত্তিবুয়া সরনায়েক, ঁখাদিম হুসেন খান, ঁলতাফৎ হুসেন খান, ঁনিসার হুসেন খান, ঁনাসির আহমেদ খান, পণ্ডিত ভীমসেন যোশী এবং সর্বোপরি আমার ওস্তাদ মরহুম মুনাবর আলি খাঁ সাহেব। এঁদের সঙ্গে সহযোগিতা করার ফলে আমি বিশ্বাস করি যে রাগ, তাল, লয়ের জ্ঞানের সঙ্গে যদি হারমোনিয়ামের হাওয়ার নিয়ন্ত্রণের দক্ষতাও সমানভাবে অর্জন করা যায় তবে মূল শিল্পীর গান সমৃদ্ধতর ও সুন্দরতর করে তুলে গায়ক ও শ্রোতাদের আনন্দ বর্ধনের মাধ্যমে সহযোগী শিল্পী রূপেও তাঁদের হৃদয়ে স্থায়ী আসন করে নেওয়া যায়। দুঃখের সঙ্গে বলছি অধিকাংশ হারমোনিয়ামবাদক নিষ্ঠার সঙ্গে রাগ, তাল ও লয়ের শিক্ষা এবং অনুশীলন করেন না, এবং সম্মান দক্ষিণা অপেক্ষাকৃত কম পাওয়া যায় বলে রাগসংগীত শিক্ষার্থীরা হারমোনিয়াম বাজানো শিখতে চায় না। এ অবস্থা চলতে থাকলে অদূর ভবিষ্যতে রাগসংগীত শিল্পীর সহযোগী খুঁজে পাওয়া যাবে না—যা অত্যন্ত দুশ্চিন্তা ও উদ্বেগের কারণ।

অনেকে বলেন হারমোনিয়ামে মীড়, গমক, ইত্যাদি অলংকার বাজানো যায় না তাই রাগসংগীতের পক্ষে এই যন্ত্রটি অনুপযুক্ত। আমি একথা মানলেও পূর্ণ সমর্থন করি না। কেননা আমার দীর্ঘদিনের অভিজ্ঞতার ভিত্তিতে আমি জানি যে মীড় প্রভৃতি হারমোনিয়ামে অনেকখানি বাজানো সম্ভব। কেবল স্বরের আন্দোলন যে সব রাগে হয়, যেমন ভৈরবে ‘কোমল-রে’, দরবারি কানাড়ায় কোমল গান্ধার, সেই আন্দোলনগুলি হারমোনিয়ামে সঠিকভাবে প্রায় বাজানো যায় না।

হারমোনিয়ামের সহযোগিতা সম্পর্কে আর একটি জ্ঞাতব্য বিষয় হল—যা অনেকেই হয়তো জানেন যে, সব pitch থেকে সব রাগ বাজানো সুবিধাজনক হয় না। 'C' স্কেলে ‘বিলাবল’ বাজালে, 'B' স্কেল থেকে মালকোষ বাজালে আঙুলগুলিকে চালনা করা কঠিন হয়। তাই রাগের স্বর অনুসারে হারমোনিয়ামের স্কেল নির্বাচন করতে হবে, যাতে চাবিগুলির ওপর আঙুলের গতি সহজ ও সাবলীল হয়—এককথায় পরপর সাদা চাবি বা পরপর কালো চাবিতে হাত ভাল চলে না। স্কেলচেঞ্জিং হারমোনিয়াম আসার পর এই অসুবিধা দূর হয়েছে।

রাগসংগীত শিল্পীর গানে উচ্চারিত স্বর ও phrase গুলিকে সুপ্রতিষ্ঠিত করে, অস্পষ্ট স্বরকে স্পষ্ট ও নির্দিষ্ট ভাবে প্রকাশ করে গায়ক ও শ্রোতার তৃপ্তিবিধানে সক্ষম এই বাদ্যযন্ত্রটির সম্যক ও সশ্রদ্ধ অনুশীলন রাগসংগীতের কণ্ঠশিল্পী ও সহযোগী শিল্পীদের সম্যক উন্নতিতে সহায়ক হবে বলে মনে করি। অন্যদিকে ঠিক কী কী বাজালে বা কীভাবে বাজালে সহযোগী শিল্পীর কণ্ঠশিল্পীকে সব থেকে বেশি সাহায্য করা হবে তা হারমোনিয়াম না শিখলে জানাও যাবে না, বলাও যাবে না।

শেষে হলেও হারমোনিয়ামের সবচেয়ে গুরুত্বপূর্ণ একটি বৈশিষ্ট্যের প্রতি আপনাদের দৃষ্টি আকর্ষণ করছি। আজকের দিনে এমন ক’জন কণ্ঠশিল্পী আছেন যিনি হারমোনিয়াম জাতীয় কোনও যন্ত্র বা pitchpipe ছাড়া খালিগলায় বলামাত্র নিজের ‘সা’ সঠিকভাবে গেয়ে দেখাতে পারেন এবং হারমোনিয়াম, pitchpipe বা Key-board জাতীয় পাশ্চাত্য যন্ত্রের সাহায্য ছাড়া নিজের pitch-এ তানপুরা মিলিয়ে অনুষ্ঠানে রাগসংগীত পরিবেশনে সম্মত হবেন? আমার মতে ‘সা’ নির্দিষ্টরূপে ভারতীয় রাগসংগীতের মুখ্য স্বর অর্থাৎ ‘সা’ ছাড়া রাগসংগীতের কোনও অস্তিত্বই নেই কিন্তু ‘সা’-এর কম্পাংকের (frequency) নির্দিষ্টতার ধারণা সৃষ্টি করার জন্য

হারমোনিয়াম একটি নির্ভরযোগ্য যন্ত্র। এ সম্বন্ধে কোনও সন্দেহ নেই।

সারেঙ্গি সহযোগিতা

হারমোনিয়ামবাদকের কী কাজ হওয়া উচিত তা আমরা আলোচনা করেছি। এবার সারেঙ্গি বাদন সম্বন্ধে আলোচনা করব। হারমোনিয়াম আসার আগে বহু শিল্পী নিজে সারেঙ্গি বাজিয়ে গান করতেন।

সারেঙ্গি বাজানো হয় আঙুলের নখের কিছু ওপরের চামড়া দিয়ে তারগুলিকে ঘষে এবং তাঁত দেওয়া ছড়ের সাহায্যে। আগে সারেঙ্গিতে শুধু তাঁত ব্যবহৃত হত। তার থাকতই না। হারমোনিয়ামে যে সব স্বরস্থান বা শ্রুতি পাওয়া যায় না সারেঙ্গিতে তার সবগুলিই পাওয়া যায়। হারমোনিয়ামে ভৈরবের কোমল-রে আর মারবার কোমল-রে-কে আলাদা করা শক্ত। সারেঙ্গিতে সে সমস্যা নেই। যন্ত্রটি আমাদের স্বরযন্ত্র নিঃসৃত সুরের প্রায় অবিকল অনুকরণে সক্ষম। সারেঙ্গিবাদন এককথায় কথা ছাড়া গান গাওয়া।

কিন্তু সহযোগিতার ব্যাপারে বেশ কিছু সমস্যা এমনকি সারেঙ্গির ক্ষেত্রেও দেখা যায়। অধিকাংশ সারেঙ্গিবাদক গায়কের গানের সঙ্গে সঙ্গে একটুও না থেমে সাথে সাথে বাজাতে থাকেন। এর ফলে ঘন ঘন বিসংবাদের সৃষ্টি হয়। গায়ক যখন রে গা মা পা স্বরসমষ্টি গাইছেন তখন সারেঙ্গিবাদকও রে গা মা পা বাজাচ্ছেন একটু সময়ের দূরত্বে। গায়ক যখন 'রেগামাপা'-র 'মা' স্বরটি উচ্চারণ করছেন তখন সারেঙ্গি থেকে 'রেগামাপা'-র 'রে' স্বরটি শোনা যাচ্ছে। মাইক মারফৎ ব্যাপারটি বিসংবাদ সৃষ্টি করছে এবং noise হয়ে শ্রোতাদের কানে আসছে। যখন আমরা কোনও গানের আসরে বসে গান শুনি বা টিভি দেখি তখন সমস্ত ব্যাপারটির দোষত্রুটি লক্ষ করতে পারি না কেননা তখন আমাদের কানের ত্রুটি ধরার শক্তিটি দৃষ্টির দ্বারা আচ্ছন্ন থাকে, কিন্তু রেডিও এবং ক্যাসেটে গানের সঙ্গে সারেঙ্গি শুনলে সহযোগিতার ওই দোষ সহজেই ধরা পড়ে। গায়ক, সহযোগী হারমোনিয়ামবাদক এবং সারেঙ্গিবাদক তিনজনই যদি উচ্চমানের শিল্পী হন এবং হারমোনিয়াম ও সারেঙ্গিবাদক যদি নিজেদের নৈপুণ্য শ্রোতাদের কাছে সমানভাবে প্রতিপন্ন করার চেষ্টা করতে থাকেন তা হলে সেটা হয় প্রতিযোগিতা, সহযোগিতা নয়, আর শ্রোতারাও বিরক্ত হন। রবীন্দ্রনাথ, রামকৃষ্ণ এবং রাসেল যদি একসঙ্গে তিনটি মাইক নিয়ে একই মঞ্চে কথা বলতে থাকেন তা হলে গণ্ডগোলের সৃষ্টি হবে এবং কারও কথাই বোঝা যাবে না, সেসব কথা জ্ঞানগর্ভ হলেও।

হারমোনিয়ামবাদকের মতো সারেঙ্গিবাদকেরও উচিত ধৈর্য ধরে গায়কের গান মন দিয়ে শুনতে শুনতে অবকাশের জন্য অপেক্ষা করা, এবং অবকাশ ও সুযোগ এলে রাগের যে সব phrase গায়ক গেয়েছেন সেগুলি ও সেগুলির complementary phraseগুলি তাঁদের যন্ত্রে বাজানো। রাগের মূল phraseগুলি প্রয়োজনমতো বাজানো, কোনও ক্রিয়া যদি গায়ক অসম্পূর্ণ বা অস্পষ্ট ভাবে করেন সেগুলিকে সম্পূর্ণ ও স্পষ্ট করে তোলা এবং কোন পথে রাগটির রূপায়ণ আরও হৃদয়গ্রাহী হতে পারে তার ইঙ্গিত দেওয়া—এইগুলিই শ্রেষ্ঠ সারেঙ্গিবাদকের কাজ। অর্থাৎ গানকে বা গায়ককে ভালভাবে project বা উপস্থাপন করাই সহযোগী শিল্পীদের একমাত্র কাজ হওয়া উচিত। দুর্ভাগ্যের কথা যে, অবিরাম সারেঙ্গি বাজে বলে এবং গানের সঙ্গে মিশে মাইকের মাধ্যমে একটি অপ্রীতিকর শব্দসংঘাতের সৃষ্টি হয়

বলে সারেঙ্গি এখন গায়কদের কাছে অপ্রিয় হয়ে উঠেছে। অথচ সারেঙ্গি-শিল্পীর পরিমিতি বোধ থাকলে তিনিই খ্যাল, ঠুমরি গানের শ্রেষ্ঠ সহযোগী শিল্পী হতে পারেন; অন্যথায় সঙ্গে সঙ্গে হুবহু বাজানোর চেষ্টা করলে মূল শিল্পীকে তাড়া করা হয়। আমার মতে গায়কদেরও উচিত সহযোগী শিল্পীদের নৈপুণ্য প্রকাশের সুযোগ দেওয়া, এবং মনের মতন সহযোগিতা পেলে শ্রদ্ধার সঙ্গে মঞ্চেই তার স্বীকৃতি দিয়ে উৎসাহ দেওয়া। তাতে মূল শিল্পীর সম্মানহানির আশঙ্কা থাকে না এবং সহযোগী শিল্পীরাও তাঁদের প্রাপ্য সম্মান থেকে বঞ্চিত হন না।

মূল শিল্পী বা গায়ক তাঁর সহযোগী শিল্পীদের তাঁদের দোষ-ত্রুটি সম্পর্কে সাধারণত সচেতন করতে পারেন না চক্ষুলজ্জার খাতিরে। ওইসব সহযোগী শিল্পীগণ নিজ নিজ ক্ষেত্রে যদি প্রতিষ্ঠিত হয়ে থাকেন কিংবা বয়োজ্যেষ্ঠ হন তাহলে মূলশিল্পীর উপদেশ বা পরামর্শ গ্রহণ করাটা তাঁরা অপমানজনক মনে করতে পারেন—একথা ভেবে গায়ক তাঁদের আরও সুন্দর সহযোগিতার পরামর্শ দিতে কুণ্ঠিত হন। একদিকে মূল শিল্পীর সহযোগিতার অনভিজ্ঞতা, অন্যদিকে সহযোগী শিল্পীর অহমিকার মিলিত কারণে সুষ্ঠু ও মরমী সহযোগিতাসমৃদ্ধ সংগীত থেকে গায়ক ও শ্রোতারা বঞ্চিত হন। তার ফলে সংগীতের সর্বাঙ্গীণ সৌন্দর্য ও নান্দনিক আবেদনের অভিব্যক্তি ব্যাহত হয়। আমার মনে হয়, রাগসংগীতের সর্বাঙ্গীণ উন্নতির জন্য আজকের দিনে গায়ক, সহযোগী শিল্পী, উদ্যোক্তা এবং শ্রোতাদের উল্লিখিত বিষয়গুলি সম্পর্কে জ্ঞান আহরণ করা উচিত এবং খোলা মন নিয়ে পরস্পরের সঙ্গে আলোচনা করা উচিত।

তবলা সহযোগিতা

প্রধান শিল্পী বা গায়কের ডানদিকে যিনি বসে আছেন তিনি কে? তাঁর কী কাজ? গায়কের সঙ্গে ওঁর সম্পর্ক কী?

যদি ধ্রুপদ গানের আসর হয় তবে গায়কের ডান দিকে বসেন পাখোয়াজবাদক বা পাখোয়াজি। আর খ্যাল, ঠুমরি গানের আসরে প্রধান শিল্পীর ডানদিকে যিনি বসেন, তিনি তবলাবাদক বা তবলিয়া। একটা সময় ছিল যখন এঁকে তবল্‌চি বলা হত। কিন্তু তবল্‌চি শব্দটির যেহেতু বাবুর্চি, মশালচির সঙ্গে মিল আছে তাই ওই শব্দটি এখন বর্জিত হয়েছে। আমাদের সমাজে তবলা বাদকের পেশাটিকে আগে নিচু নজরে দেখা হত, তাই 'তবল্‌চি' শব্দটি তখন বহুল প্রচলিত ছিল। তখন তাঁদের নাম ও পরিচয় অঘোষিতও থাকত শ্রোতাদের কাছে কখনও কখনও। 'ইয়া' প্রত্যয়টি সাধারণত শ্রদ্ধাবাচক। তাই কীর্তনীয়া 'সরোদিয়া'র মতো তবলাবাদককেও তবলাশিল্পী বা তবলিয়া বলা উচিত।

পাখোয়াজি বা তবলিয়ার কী কাজ? বিশ্বসংসারে, প্রকৃতিতে যে সব পরিবর্তন ও ঘটনা নিয়ত ঘটছে তার প্রত্যেকটির লয় ও ছন্দ আছে। মানুষের মতো মানুষের গানও লয় এবং ছন্দের নিয়মের অধীন। পাখোয়াজি ও তবলিয়া গানের তাল, লয় ও ছন্দের দিকটিকে পরিস্ফুট করেন, এবং ওই বিষয়ে গায়কের বোধকে শ্রোতাদের কাছে প্রকাশ করতে সাহায্য করেন। মানুষের গাওয়া গানে তাল অবশ্যই থাকবে। তালছাড়া গান রেললাইন ছাড়া রেলগাড়ির মতোই অসম্ভব।

ধ্রুপদ গানের সঙ্গে পাখোয়াজ বাজানো হয়। পাখোয়াজের যে দিকটি বাম হাত দিয়ে বাজাতে হয় সেখানে আটা বা ময়দার তাল প্রয়োজন মতো লাগিয়ে নেওয়া হয়, তাই তবলার বাঁয়ার মতো ধ্বনিবৈচিত্র্য এতে পাওয়া যায় না। তা ছাড়া এদিকটির গঠন এবং প্রকৃতিও তবলার বাঁয়ার মতো নয়। তাই তবলার বাঁয়ায় যত ধ্বনি বৈচিত্র্য সৃষ্টি করা যায় চামড়াটিকে হাতের কব্জি দিয়ে চেপে এবং না চেপে বাঁ হাতের আঙুলের ডগার আঘাতে এবং প্রয়োজন মতো বাঁহাতের তালুর ব্যবহার করে তা পাখোয়াজের বাম দিক থেকে সৃষ্টি করা যায় না। তবলার বাঁয়াতে গাব দেওয়া থাকে বলে ওই বৈচিত্র্য সৃষ্টি সম্ভব হয়। প্রসঙ্গত বলি যে, লোহাচুর আর ভাত দিয়ে গাব তৈরি করা হয়। পাখোয়াজে বাঁ হাতের আঘাতে কেবল ২/৩ রকম ধ্বনি সৃষ্টি করা যায়। ধ্রুপদে সাধারণত চৌতাল, তেওড়া, সুরফাঁক, ঝাঁপতাল ব্যবহৃত হয়, ধামার গান ধামার তালে নিবদ্ধ থাকে।

আজকাল রাগসংগীতের আসরে ধ্রুপদ ও ধামার গান একটি বিরল ঘটনায় পরিণত হয়েছে। তার কারণ অবশ্য ধ্রুপদের উৎকর্ষের অভাব নয়। আমি প্রখ্যাত ধ্রুপদীয়া উঁদয় ভট্টাচার্যের কাছে অনেকদিন ধ্রুপদ শিক্ষা করেছিলাম। গাম্ভীর্য, গভীরতা, প্রশান্তি ও পরিচ্ছন্ন ভক্তিশ্রদ্ধাজ্ঞাপক বাণী (রচনা বা কথা) ধ্রুপদের প্রকৃতিগত বৈশিষ্ট্য। কিন্তু অধিকাংশ ধ্রুপদীয়া এবং তাঁদের সঙ্গতকারী পাখোয়াজ বাদকেরা ধ্রুপদগানকে শুধু তাল, লয়ের কসরৎ ও মারপ্যাঁচ-এর প্রতিযোগিতামূলক প্রদর্শনের মাধ্যমে পরিণত করেছিলেন। ধ্রুপদ শিল্পী গান আরম্ভ করা মাত্রই পাখোয়াজি তালের কাঠামোটিকে যথাসাধ্য গোপন করার চেষ্টা শুরু করতেন এবং বিচিত্র জটিল ছন্দের জাল বুনতে থাকতেন যাতে গায়ক সাবলীলভাবে সমে আসতে না পারেন। সে এক প্রাণান্তকর পরিস্থিতি! গায়ক ও বাদকের লড়াই-এর মাঝখানে গানের বাণী ও সুরের অপঘাত মৃত্যু হত। যুদ্ধে জয়লাভ করার জন্য কিংবা তাললয়ের বোধে পাখোয়াজির সমকক্ষ প্রমাণ করার জন্য ধ্রুপদ, ধামারগায়ক গানের বাণীর শব্দগুলি থেকে একটি শব্দ নিয়ে নানারকম লয়কারী করে সমে আসতেন, পাখোয়াজিও বিচিত্র ও কঠিন তেহাই-এর পর তেহাই বাজিয়ে সম দেখাতেন। সহযোগিতার বদলে শ্রেষ্ঠত্ব প্রমাণের প্রতিযোগিতার পরিণামে ধ্রুপদগান এবং পাখোয়াজ বাদন স্বাভাবিক নিয়মেই শ্রোতাদের বিরাগ ও বিরক্তির কারণ হয়েছে। পাখোয়াজ সঙ্গতকারী যদি গানের বাণী এবং তার অর্থের প্রতি মনোযোগী হতেন তাহলে গায়ক এবং শ্রোতা আনন্দিত হতেন, তাঁর সুচিন্তিত এবং সুবিবেচনাপ্রসূত সহযোগিতায়। এতে ধ্রুপদ গান জীবন্মৃত অবস্থায় থাকত না। রাগের ভিত্তি প্রদর্শনের প্রাচীন ও সরল মাধ্যম এই ধ্রুপদ গান বেশ কিছুদিন হল বিশ্লেষণাত্মক, সুচিন্তিত, পরিচ্ছন্ন ও নান্দনিক আবেদন সম্পন্ন পরিবেশনের অভাবে প্রায় বিলুপ্তির পথে। রাগসংগীতের মূলগত অথচ আপাতদৃষ্টিতে অপেক্ষাকৃত সহজ স্বরসমন্বয়ের বৈশিষ্ট্যগুলিকে অক্ষুণ্ণ রাখার জন্য ধ্রুপদ-ধামারের পুনরুজ্জীবন অবশ্য প্রয়োজনীয়।

ভারতীয় তালবাদ্যের মধ্যে এমনকি পৃথিবীর সমস্ত percussion instrument-গুলির মধ্যে, আমার মতে, তবলা সর্বশ্রেষ্ঠ। এই যন্ত্রটির মাধ্যমে, অর্থাৎ তবলা ও বাঁয়ার সহযোগে বহু বিচিত্র ও চমৎকার ধ্বনির একত্র উৎপাদন ও প্রকাশ সম্ভব। সাধারণত ডান হাতে বাজানো হয় তবলা, বাম হাতে বাঁয়া। তবলাতে থাকে সুর বা ময়দান, দ্বিতীয় একটি চামড়াদ্বারা ঢাকা কানি বা কিনার এবং গাব বা শিয়াহী। সুরের স্থান কানি ও গাবের মধ্যবর্তী। বাঁয়াতেও কানি থাকে, বেশ খানিকটা খালি চামড়া টানটান থাকে এবং একটু ওপরদিকে

থাকে গাব। লোহাচুর ও ভাত দিয়ে গাব তৈরি করা হয় আগেই বলেছি। ভাতের আঠা লোহাচুরগুলিকে ধরে রাখে। তবলায় পরতে পরতে গাব যোগ করেন তবলা নির্মাতারা। এর নির্মাণকৌশল অতি সূক্ষ্ম এবং যন্ত্রদ্বারা নিয়ন্ত্রণ করা যায় না। তবলার সুর অংশের স্বর নরম প্রকৃতির, কানির স্বর তীক্ষ্ণ। তবলার গঠনের বিস্তারিত আলোচনার স্থান এটি নয়।

যাঁরা তবলা সঙ্গত করতে চান তাঁদের তবলার সুর ও কানির স্বর সমান আছে কি না বোঝার ক্ষমতা থাকা চাই। তাঁদের তবলা সুরে মেলানো বা বাঁধার শিক্ষা ও দক্ষতা থাকা আবশ্যিক। তা না হলে গান চলার সময় যদি গায়ককেই বারবার তবলিয়াকে 'সুর' মিলিয়ে নিতে বলতে হয় তাহলে গান পণ্ড হয়, শ্রোতারা বিরক্ত হন এবং তবলিয়াও নিজের সম্মান বজায় রাখতে পারেন না। বারবার যদি তবলা সহযোগীকে বলা হয় "তবলার সুরটা মিলিয়ে নিন" তাহলে ব্যাপারটি মোটেই সুন্দর দেখায় না এবং তবলাবাদকও অপমানিত বোধ করতে পারেন। তাই যাঁরা তবলা সঙ্গত করবেন তাঁদের সুর বোধ অবশ্যই থাকা চাই, এবং জানা থাকা চাই যে কাঠের গুলিগুলোকে আঘাত করে প্রয়োজন মতো নীচের দিকে নামিয়ে বা ওপর দিকে তুলে এবং পাগড়িতে বেশি আঘাত না করে তবলা মেলানোর অভ্যেস করলে তবলার সুরটি সহজে নড়ে না এবং একটি তবলাকে একটি নির্দিষ্ট সুরে সর্বদা মিলিয়ে রাখতে পারলে ওই তবলাটির পরমায়ুও বাড়ে।

কণ্ঠসংগীত ও যন্ত্রসংগীতের সঙ্গে একই রকম সঙ্গত হয় না। যন্ত্রসংগীতে তবলা-সঙ্গত বিষয়ে পরে আলোচনা করব। গানের সঙ্গে যাঁরা তবলা ঠিকমত সঙ্গত করতে চান তাঁদের উচিত গানের মাপ বোঝা, গানের বাণীর অর্থাৎ বন্দিশের অর্থটি জেনে নেওয়া। গান না বুঝে গানের সঙ্গে তবলা সঙ্গত করলে যে রাগে খ্যাল বা ঠুমরি গানটি প্রধান শিল্পী গাইছেন সেই রাগ ও গানের ভাব ও অঙ্গহানির আশঙ্কা থাকে।

তবলিয়ারা সাধারণত বিভিন্ন বোল বাণী দিয়ে রচিত কায়দা, গৎ, চক্রদার, টুকরা, তেহাই ইত্যাদি বাজাতে শিখে আসেন গানের সঙ্গে তবলা সংগত করতে। কিন্তু এগুলি শেখা ও অভ্যাস করা গানের সহযোগিতা করার পক্ষে মোটেই যথেষ্ট নয়। এগুলি কীভাবে, কোথায় প্রয়োগ করতে হবে তা জানা দরকার। যদি solo বাজান তবে খুব ভাল, কিন্তু গানের সঙ্গে বাজাতে গেলে তাঁদের বিচার করতে হবে বোলগুলিকে গানের বন্দিশের সঙ্গে কীভাবে এবং কখন বাজানো উচিত। যেমন, কোনও বন্দিশ এবং তার অর্থ এমন যে বোলবাণী কম বাজালে গানের সৌন্দর্যহানি হয়, আবার কোনও গানের বন্দিশের শব্দগুলি এবং তাদের অর্থ এমন যে বোলবাণী কম না বাজালে তার সৌন্দর্যহানি হবে। এ তো গেল বোলবাণী প্রসঙ্গ, কিন্তু আমার মতে তবলা সহযোগীর প্রথম ও প্রধান তালিম হল মূল ঠেকার সঠিক শব্দপ্রকাশের ক্ষমতা অর্জন করা এবং গানের বন্দিশের ভাব ও সৌন্দর্য প্রকাশের উপযুক্ত করে বাজানোর জন্য অনবরত গানটি মন দিয়ে শোনা ও তার সঙ্গে প্রয়োজন মতো জোরে বা আস্তে বাজানোর চেষ্টা করা। এই বাজানোর সময় সর্বদা সজাগ থাকতে হবে যেন পরপর দুটি মাত্রার দূরত্ব সমান থাকে অর্থাৎ দুটি মাত্রার অন্তবর্তী সময় যেন সর্বদা এক থাকে। ঠেকার বোল কোনওমতে জেনে বাজিয়ে দিলেই ভাল সঙ্গত করা হয় না। সুদক্ষ কণ্ঠশিল্পীর হৃদয়স্পর্শী গানের সঙ্গে যাঁরা বহুদিন বাজিয়ে গায়ক ও শ্রোতার মন জয় করছেন তাঁদের তবলা সঙ্গত শুনে ঠেকার বাণীর সঠিক নিকাশের ধারণা লাভ করলে এবং বহুবার বাজিয়ে অভিজ্ঞতা লাভ করলে তবেই ভাল তবলা সঙ্গত সম্ভব।

আমার কাছে এই প্রজন্মের অনেক তবলিয়া আসেন। আমি তাঁদের সঙ্গত সম্পর্কে আমার ধারণাগুলি জানাবার চেষ্টা করি। আমাদের দেশে যাঁরা তবলা শেখান তাঁদের অধিকাংশই গানের সম্বন্ধে সম্যক জ্ঞান লাভের সুযোগ পান না বলে তাঁরা গানের বিভিন্ন অঙ্গের সঙ্গে তবলা সঙ্গত সম্পর্কে ছাত্রদের সঠিকভাবে তালিম দিতে পারেন না। ছাত্ররা তাই কোন বোলের নিকাশ কীরকম হবে শেখেন, হাতও তৈরি হয় তাঁদের অভ্যাসের দ্বারা, কিন্তু তাঁদের শিক্ষাটি হয় কেবল একক তবলা বাদন অভিমুখী। অর্থাৎ যে সব বোলবাণীর নিকাশ তাঁদের হাতে দারুণ ভালো হয়, সেগুলি গানের সঙ্গে সঙ্গত করার সময় কোথায় কীভাবে প্রয়োগ করবেন তা তাঁরা বুঝতে পারেন না।

তবলা সঙ্গত করতে গেলে রাগের ভাব ও গানের বাণী সম্বন্ধে সচেতন হওয়া উচিত। রাগটি যদি কোমল আশাবরী হয়, অথবা গানের বাণী যদি হয় "ভজোরে হরি নাম সব সংকট কাটে তেরো", তাহলে ঠিক কীরকম সঙ্গত হবে, কী কী বাণী কীভাবে বাজাতে হবে তা চিন্তা করতে হয়। আবার "ঝুলন ঝুলাই আই রুত সাবন কী, গগনে গরজে বিজরী চমকে কারী বদরী ছাঈ", "রাগ সঙ্গ রাগিনী মিলমঙ্গল গাবে দৈ দৈ করতারি নচ নচ রঙ্গ রচাবে"—এই সব গানে কী কী বোল কীভাবে বাজালে গানের ভাবটি প্রকাশে সাহায্য করা হবে তা চিন্তা করে স্থির করতে হয় তবলাসঙ্গতকারীকে। সাহিত্য সম্বন্ধে তাঁর জ্ঞান থাকার কতখানি প্রয়োজন তা যদি তিনি না জেনে থাকেন তাহলে তাঁর পক্ষে গানের সঙ্গে উৎকৃষ্ট সঙ্গত কীভাবে সম্ভব? গানের সঙ্গে বাজানো যন্ত্রের সঙ্গে বাজানোর চেয়ে জটিল, কেননা গানে রাগের সঙ্গে কবিতা বা সাহিত্য থাকে, যা যন্ত্রসংগীতে নেই।

দেখা যায় যে, গানটি এবং তার ভাবটি এমন যে তিনতালে নিবদ্ধ হলেও কখনও ১২টি শব্দের বেশি বাজালে গানটি আহত হবে। আবার অনেক গান এমন যে ১৬ মাত্রার জায়গায় ২৪ বা ৩২টি শব্দ না বাজালে তার ভাবটিকে ব্যক্ত করা যাচ্ছে না। তা ছাড়া কোন গানে ঠেকা বাজানোর সময় বাঁয়াতে কতটা চাপ দিয়ে কোন ধা বা ধিন বাজালে গানটির সৌন্দর্য বৃদ্ধি পাবে তার চিন্তাও প্রয়োজন। বড়ই আক্ষেপের বিষয় যে তবলা শেখার অনুমোদিত বইগুলিতে ঠেকাগুলির যে বাণী দেওয়া আছে তা মোটেই ভিন্ন লয়ে বিভিন্ন গানের সঙ্গে বাজাবার উপযোগী নয়। ভবিষ্যতে শ্রুতিনন্দনের পাঠক্রম বা syllabus-এর বইতে ঠেকা সম্বন্ধে বিশদ আলোচনা থাকবে, এখানে তাই করছি না। আবার বলি রাগভাবের সঙ্গে যখন সাহিত্য এবং কবিতার ভাব মিশে যায় তখন গানের যে আবেদন সৃষ্টি হয় তার সঙ্গে সংগতি বজায় রেখে তবলা সঙ্গত করতে যে জ্ঞান ও সংযমের প্রয়োজন হয় তা অতি সহজলভ্য নয়। তা ছাড়া লয় বা তালভেদে ঠেকার সৌন্দর্যের দিকে সঙ্গতিয়াকে সর্বদা লক্ষ্য রাখতে হয়।

তবলা শুধু খ্যাল নয়, ঠুমরি ও অন্যান্য গানের সঙ্গেও বাজে। ঠুমরির সঙ্গে বাজাতে গেলে, বিশেষত ঠুমরির শেষভাগে লগ্গি বাজাতে গেলে বিশেষ তালিমের প্রয়োজন হয়। আজকাল লগ্গি অংশে অনেক তবলিয়াই রেলা অঙ্গের বোল বাজান। লগ্গি অঙ্গের বাণী সম্বন্ধে সচেতন হয়ে ধীরে ধীরে লগ্গি অঙ্গের বাজনাকে প্রস্ফুটিত করে তার চূড়ান্ত রূপে পৌঁছলে ঠুমরি গান ও গায়কী তার অভীষ্ট গৌরবে পুনঃপ্রতিষ্ঠিত হবে এবং রাগসংগীতের সৌন্দর্য সম্পর্কেও শ্রোতাদের ধারণা পূর্ণতর হবে।

কয়েকজন স্মরণীয় তবলা সঙ্গতিয়ার নাম উল্লেখ এক্ষেত্রে প্রাসঙ্গিক মনে করি। সামনে থেকে খ্যাল-ঠুমরির সঙ্গে যাঁদের তবলা সঙ্গত শুনে মুগ্ধ হয়েছি তাঁরা হলেন কেরামতুল্লা খাঁ

সাহেব, আফাক হুসেন খাঁ সাহেব, পণ্ডিত শ্যামল বোস এবং পণ্ডিত চন্দ্রভান জী। রেকর্ডে যাঁদের শুনেছি তাঁরা হলেন শামসুদ্দীন খাঁ সাহেব, ওস্তাদ নিজামুদ্দীন খাঁ সাহেব, ইনায়ত খাঁ সাহেব। এঁদের বাজনা সঙ্গতের আদর্শ দৃষ্টান্ত রূপে সর্বদা শোনা যেতে পারে। খ্যাল গানের সঙ্গে সঙ্গতের ক্ষেত্রে সাম্প্রতিক কালের যে দুজনের সঙ্গে গেয়ে আমি তৃপ্তি পাই তাঁদের নাম শ্রী সমর সাহা এবং শ্রী যোগেশ সামসী। তাছাড়া শ্রী সুরেশ তলওয়ালকর জী, শ্রী নয়ন ঘোষ ও শ্রী তন্ময় বোস এর সঙ্গে গান গেয়ে আমি আনন্দ পাই। কণ্ঠসংগীতের সঙ্গতিয়া হিসেবে শ্রী শুভাশিস ভট্টাচার্যের সম্ভাবনা উজ্জ্বল। আমি দেখেছি ঠুমরি গানে মহঃ আসলাম এবং শ্রী তিমির রায়চৌধুরীর সঙ্গতের আন্দাজ অত্যন্ত ভাল। খ্যাল, ঠুমরি, ছাড়া কণ্ঠসংগীতের অন্যান্য প্রকারের তবলা সহযোগীরূপে যাঁর নাম প্রথমেই মনে আসে তিনি রাধাকান্ত নন্দী। প্রতিটি গানের ছন্দ অনুযায়ী নতুন নতুন ঠেকা তৈরি করে অত সুন্দরভাবে বাজাতে আর কাউকে দেখিনি আমি। আমার প্রথম এইচ এম ভি-র ক্যাসেটে (নানা রঙের গান) উনি একান্ত নিজস্ব বাদনরীতির যে অমর স্বাক্ষর রেখে গেছেন তা আজও আমি শ্রদ্ধার সঙ্গে স্মরণ করি। বিশেষত, স্বল্প পরিসরের গানের সঙ্গতে উনি ছিলেন তুলনাহীন।

এ ছাড়া আমার বয়োজ্যেষ্ঠ শ্রী ব্রজেন বিশ্বাস তাঁর বয়সকালে অপূর্ব্ব সঙ্গতের বহু দৃষ্টান্ত রেখেছেন অনেক রেকর্ডে। সাম্প্রতিক অতীতে এবং বর্তমানে আমার আরেক গুরুভাই শ্রী সঞ্জয় মুখোপাধ্যায়ের তবলা সঙ্গত আদর্শ দৃষ্টান্তরূপে গণ্য হতে পারে।

এবারে সওয়াল-জবাব-এর প্রসঙ্গে আসি। অনেক শ্রোতা যন্ত্রসংগীতের মতো কণ্ঠসংগীতেও সওয়াল-জবাবের জন্য সাগ্রহে অপেক্ষা করেন, এটি না হলে তাঁরা তৃপ্ত হন না। কিন্তু যদি শ্রোতারা একটু সচেতন হয়ে ওই অংশটি শোনেন তাহলে বুঝবেন—যাকে সওয়াল-জবাব বলা হয়, সেটি আসলে সওয়াল-সওয়াল অর্থাৎ প্রশ্ন-উত্তর নয় প্রশ্ন-প্রশ্ন। আমি গাইলাম 'নি রে গা মা পা মা পা', তবলায় বাজালো 'ধা না না না না না না'। অর্থাৎ 'তুমি কোথায় যাচ্ছ?' এর উত্তরে 'তুমি কোথায় যাচ্ছ?' 'তুমি যেও না'র উত্তরে 'তুমি যেও না' ইত্যাদি। প্রশ্ন ও তার উত্তর এরকম হয়—আপনি বাজারে যাচ্ছেন?—'হ্যাঁ।' আমি যদি গাই বা বাজাই—পাধা পামা গারে সারে পামা গারে সারে গা, উত্তর হতে পারে ধিন্ ধিন্ নানা না। তা না বাজিয়ে বাজানো হয় ধিন তেটে, ধিনা তেটে, তাগতেটে, ধিনাকৎ, অর্থাৎ কণ্ঠে যা গাওয়া হল তারই অনুকরণে ওই সময় ধরে তবলায় হুবহু কিছু বাজানোর চেষ্টা করা হল। কোনও যন্ত্রে যদি তথাকথিত জবাব দেওয়ার চেষ্টা হয় তাহলে সেটি অনুকরণের ব্যর্থ চেষ্টাই হবে কারণ তবলা অর্থপূর্ণ বাক্য প্রকাশে অক্ষম। তথাকথিত জবাবে শব্দের মাপ, ছন্দ ও সময়সীমাটি ঠিক থাকে মাত্র। ঠিক কে বা কারা এই ব্যাপারটিকে সওয়াল-জবাব বলে প্রচার করেছেন জানি না, তবে ব্যাপারটা মাঝে মাঝে হাস্যকর হয়ে ওঠে। তথাকথিত সওয়াল-জবাব একটা খেলার মতন ভাবলে আনন্দ পাওয়া যায় যা সর্বদা রাগসংগীতের গুরুত্বের অনুসারী নাও হতে পারে। কিন্তু সাথসঙ্গতে সঙ্গতিয়ার অন্তর্যামিত্ব ও রিফ্লেক্সের ক্রিয়া অনেক বেশি আনন্দ দিতে পারে।

যন্ত্রসংগীতের সঙ্গে তবলা সহযোগিতার বিষয়ে বলি, সেতার, সরোদ ইত্যাদি যন্ত্রে আলাপ, জোড়, ঝালা যখন বাজে তখন তবলিয়াকে কিছুই বাজাতে হয় না। ঝালা শেষ হলে তিনি দীর্ঘ নীরবতা ভঙ্গ করেন। এর মধ্যে তবলার সুর নেমে যাওয়া বা চড়ে যাওয়া স্বাভাবিক। তাই তবলিয়া পুনরায় সুর মিলিয়ে নিলে যন্ত্রসংগীতশিল্পী আবার বিলম্বিত লয়ে

গৎ শুরু করেন এবং আবার আলাপ, জোড় ও ঝালা শ্রোতাদের তবলার সঙ্গে শুনতে হয়। যন্ত্রসংগীতের পরিবেশন পদ্ধতিতে এরকম নিয়মের প্রবর্তন কে বা কারা করেছেন জানি না। তবে এ নিয়মে অনুষ্ঠান অনাবশ্যকভাবে দীর্ঘায়িত হয় এবং দ্বিতীয়ত পুনরাবৃত্তি জনিত দোষের অবকাশ থাকে। শ্রোতাসাধারণ কখন তবলাবাদক বাজাতে শুরু করবেন সেইজন্য ব্যস্ত হয়ে পড়েন। আমার মনে হয় জোড় ও ঝালার অংশটি আলাপের সঙ্গে যুক্ত না করলে পুনরাবৃত্তি কমতে পারে।

রাগ ও তার ভাব থাকলেও যন্ত্রসংগীতে সাহিত্য না থাকায় পরিচ্ছন্ন ও দ্রুত লয়ের ছন্দনির্ভর বোল বাজানোর দক্ষতা ও সঠিক লয়ে বাজাবার ক্ষমতা থাকলেই যন্ত্রসংগীতের সঙ্গে ভালভাবে সঙ্গত করা যায়। যন্ত্রের বোলবাণীর ও যন্ত্রসংগীতের পর্যায়গুলির বৈশিষ্ট্য জানা থাকলে উত্তম সঙ্গত ও সাথসঙ্গত সম্ভব হয়। আমি দেখেছি যে ঝালা বাজানোর সময় তিনতালে যদি 'না ধি ধি না' বোল সুর ও কানিতে যথাসম্ভব দীর্ঘসময় ধরে বজায় রাখা যায় এবং অন্য বোলবাণী না বাজানো হয় তবে যন্ত্রসংগীত পরিবেশন এক অন্য মাত্রায় উন্নীত হয়। সেকালের এবং এ কালের বহু তবলা শিল্পীর নাম যন্ত্রসংগীতের সহযোগী শিল্পীদের শ্রদ্ধার সঙ্গে উল্লেখযোগ্য। তালিকাটি অতি দীর্ঘ হবে তাই কারও নাম উল্লেখ করলাম না। অপরাধ মার্জনা করবেন।

পরিশেষে বলি একটি রাগসংগীতানুষ্ঠান মূল ও সহযোগী সকল শিল্পীর সৎ প্রচেষ্টাতেই সার্থকতা ও সাফল্য লাভ করে। উগ্র অহং বোধ ও প্রতিযোগিতার মনোভাব সৌন্দর্য ও শান্তিপূর্ণ সংগীত অনুষ্ঠানের প্রতিকূল।

আধুনিক শিক্ষা ও রাগসংগীত

মানুষের কৃতি বা achievement-এর দুটি অঙ্গ—বহিরঙ্গ এবং অন্তরঙ্গ। বহিরঙ্গটি হচ্ছে অর্জিত সম্পদের বাইরের দিক যা জীবন ধারণের জন্য প্রয়োজনীয়। আর অন্তরঙ্গটি হল মানসিক বা অন্তরের অর্জিত সম্পদ। বহিরঙ্গ civilization বা সভ্যতা, অন্তরঙ্গ culture বা সংস্কৃতি। সভ্যতার অন্তর্ভুক্ত খাদ্য, বস্ত্র, বাসগৃহ, পথ, যানবাহন, চিকিৎসা ইত্যাদির সংস্থানের ক্ষমতা বা উপায়। সংস্কৃতির অন্তর্ভুক্ত বিষয়গুলি হচ্ছে ধর্ম, দর্শন, সাহিত্য, নৈতিকতা, বিভিন্ন শিল্পবিদ্যা, নৃত্যকলা, সংগীত ইত্যাদি। প্রাচীন ভারতের সভ্যতা লুপ্ত হয়েছে; অর্থাৎ সে যুগের খাদ্য, পানীয় এখন গ্রহণ করি না, আমাদের বাসগৃহগুলি এখন বৈদিক যুগের মতো নয়। পথ, যানবাহন, পরিচ্ছদ, চিকিৎসা সবকিছুই অন্যরকম, কিন্তু আমাদের সংস্কৃতির দুটি উপাদান—বেদ উপনিষদের দর্শন এবং সংগীত এখনও জীবিত।

একালের শিক্ষিত ভারতীয় বলতে বোঝায় যাঁরা ব্রিটিশ আমলে এবং স্বাধীনতা লাভের পর বিদেশি আদর্শে প্রতিষ্ঠিত স্কুল, কলেজ এবং ইউনিভার্সিটিগুলিতে শিক্ষা লাভ করেছেন সেই সব ভারতীয়দের। যদিও ব্রিটিশ আমলে এবং তারপরে অনেকদিন সংস্কৃত ভাষা ও সাহিত্য অধিকাংশ স্কুলের ছাত্রছাত্রীদের অবশ্যপাঠ্য ছিল প্রবেশিকা পরীক্ষায় উত্তীর্ণ হওয়া পর্যন্ত, কিন্তু বর্তমানে অধিকাংশেরই সংস্কৃত ভাষা ও সাহিত্যের অমূল্য রত্নভাণ্ডার এবং ভারতবর্ষের অতীতকে জানার প্রায় কোনও আগ্রহই নেই। সংস্কৃত ভাষার প্রতি ঔদাসীন্যের পরিণাম আমাদের অতীতের গৌরবময় সংস্কৃতির সঙ্গে বিচ্ছেদ, আর এই বিচ্ছেদের ফলে একালের শিক্ষিত ভারতীয়দের অধিকাংশই ছিন্নমূল।

ভারতের গৌরবময় অতীতের সঙ্গে একটি যোগসূত্র যেমন সংস্কৃত ভাষা শিক্ষার মাধ্যমে রক্ষা করা সম্ভব তেমনি তার আর একটি শক্তিশালী মাধ্যম হচ্ছে ভারতের রাগসংগীত! আমরা ভারবর্ষের বিভিন্ন প্রদেশের মানুষ হলেও বহির্বিশ্বে আমাদের একমাত্র পরিচয়—আমরা ভারতবাসী। বিভিন্ন প্রদেশের বা অঞ্চলের লোকগীতি আছে, কিন্তু সেগুলিকে সর্বভারতীয় সংগীত বলা যায় না। একমাত্র রাগসংগীত সম্পর্কেই সে কথা বলা যায়। যেমন সংস্কৃত ভাষা একসময় সমস্ত ভারতবর্ষের বিদ্বজ্জনের ভাষা ছিল, তেমনি একমাত্র রাগসংগীতও বহু যুগ ধরে ভারতবর্ষের একপ্রান্ত থেকে অন্যপ্রান্তে প্রচলিত ছিল এবং এখনও আছে।

স্বাধীনতা পাওয়ার পর ৫০ বছর কেটে গেল। আজও আমরা কার্যত একটি অখণ্ড জাতিতে পরিণত হতে পারলাম না। না পারার প্রধান কারণ হল একই ভারতীয় সংস্কৃতি ও ঐতিহ্যের উত্তরাধিকার সম্বন্ধে আমাদের চেতনার অভাব।

আমরা বহু বিদেশি মত ও ভাবকে অনেক সময় বিভিন্নভাবে গ্রহণ করেছি কিন্তু শাস্ত্রবিহিত ক্রিয়াকর্মকে আমরা আমাদের জীবন থেকে একেবারে বর্জন করতে পারিনি; তার কারণ হল শাস্ত্রের জীবনীশক্তি ওইসব বিদেশি মত ও ভাবের দ্বারা কখনওই পরাজিত হয় না—তা বার বার প্রমাণিত হয়েছে। তাই, দীর্ঘদিন প্রবাসী ভারতীয়রাও এখনও পূজা, বিবাহ, শ্রাদ্ধ সবই শাস্ত্রসম্মত ভাবেই করে থাকেন বা করতে চান।

আমাদের দেশে শাস্ত্রবিহিত ক্রিয়াকর্মের প্রাথমিক কৃত্যগুলির অন্যতম 'জলশুদ্ধি'র জন্য একটি মন্ত্রের বাণী নিম্নরূপ—

গঙ্গে চ যমুনে চৈব গোদাবরী সরস্বতী।
নর্মদে সিন্ধু কাবেরী জলেহস্মিন সন্নিধিংকুরু ॥

ক্রিয়াকর্মের অনুষ্ঠানে ব্যবহার্য জলে গঙ্গা, যমুনা, গোদাবরী, সরস্বতী, নর্মদা, সিন্ধু এবং কাবেরী নদীকে আহ্বান করা হচ্ছে ওই জলের সঙ্গে যোগ দিতে। অর্থাৎ ভারতের সকল অংশের জীবনধারা মিলিত হোক—এই আকাঙ্ক্ষা আছে মন্ত্রটির মধ্যে—জলই তো জীবন। National Integration অর্থাৎ জাতির অখণ্ডতা অক্ষুণ্ণ রাখার মন্ত্র এটি। আমরা মন্ত্রটি এবং তার তাৎপর্য ভুলেছি, তাই বিভিন্ন রাজ্যের মানুষের আত্মিক মিলন এখন কষ্টকল্পনার বস্তু, যদিও বিজ্ঞান ও প্রযুক্তি পরস্পরের কায়িক দূরত্বকে দূর করেছে। ভারতবর্ষের প্রকৃত পরিচয় কী তা জানতে হলে সংস্কৃত ভাষাই একমাত্র সহায়। সেইজন্যই দেখি, বর্তমানে যখন ওই ভাষা এবং সাহিত্য প্রায় প্রত্নতাত্ত্বিক জিজ্ঞাসা ও কৌতূহলের বিষয়ে পরিণত হয়েছে, তখনও সরকারি প্রতিষ্ঠানগুলিতে লেখা হচ্ছে "সত্যমেব জয়তে", জীবনবীমা নিগমের নীতি "যোগক্ষেমং বহাম্যহম্", ভারতীয় নৌসেনার অভিজ্ঞান "শংনোবরুণঃ"। এগুলোকে কিন্তু এখনও বাদ দেওয়া সম্ভব হয়ে ওঠেনি।

ভারতের রাগসংগীতও একটি অতি গৌরবময় উত্তরাধিকারের সূত্রে ভারতবাসীকে বর্ণ, ধর্ম নির্বিশেষে একটি অখণ্ড জাতির আত্মিক বন্ধনের মধ্যে মুক্তি দিতে পারে। রাগগুলির ভাষা কেবল সর্বভারতীয় নয়, বিশ্বজনীন। সারা বিশ্বকে একটি নীড়ে পরিণত করতে হলে রাগসংগীত অনুশীলন তার অন্যতম প্রধান উপায় বলে মনে করি।

প্রতিটি মানুষের জীবনে সহজাত সুসামঞ্জস্যকে অক্ষুণ্ণ রাখতে পারে একমাত্র ভারতীয় রাগসংগীত যা 'সম্বাদ' বা 'harmony' নির্ভর। Harmony-র অর্থ অন্তত দুই স্বরের সুসামঞ্জস্য। একটি স্বরের কম্পাঙ্ক যখন অন্য একটি স্বরের কম্পাঙ্কের সরল গুণিতকে থাকে, তখন সম্বাদ সৃষ্টি হয়। অর্থাৎ মধ্যসপ্তকের 'সা'-এর কম্পাঙ্ক (এক সেকেন্ডে কম্পন সংখ্যা যদি ৪৪০ হয় তবে তারসপ্তকের 'সা'-এর কম্পাঙ্ক হয় ৮৮০ এবং মধ্যসপ্তকের 'পা'-এর কম্পাঙ্ক হবে ৬৬০। তাই দুটি 'সা'-এর মধ্যে সম্বাদ বজায় থাকল কারণ এই দুই স্বরের কম্পাঙ্ক ১/২ এই সরল গুণিতকে প্রতিষ্ঠিত যেমন 'সা' ও 'পা'-এর সম্বাদ ২/৩—এই সরল গুণিতকে প্রতিষ্ঠিত। কিন্তু দুটি স্বরের কম্পাঙ্কের পারস্পরিক সম্পর্ক যদি ৩/৭ বা ১৩/২৭ বা ২৩৯/৩২১ হয় তবে তা হবে বিবাদ বা discord। সম্বাদ সৃষ্টিকারী দুই বা ততোধিক স্বরই পরস্পর সরল গুণিতকে অধিষ্ঠিত থেকে আত্মার শান্তিলাভের কারণ হয়। সম্বাদে প্রতিষ্ঠিত স্বরই আমাদের কানে শ্রুতিসুখকর হয়ে ওঠে এবং আমরা তাতে মনোনিবেশ করলে তা ক্রমাগত আমাদের তৃপ্তি দেয়। এই সম্বাদনির্ভর সংগীত থেকে দূরে থাকলে বিসংবাদ, বিবাদ ও বিচ্ছিন্নতাবাদে আমাদের জীবন অশান্ত ও ক্লান্ত হয়। কিন্তু আমাদের দুর্ভাগ্য যে

রাগসংগীতকে দেশের শিক্ষা ব্যবস্থার কোনও স্তরেই একটি আবশ্যিক বিষয়রূপে স্বীকৃতি দেওয়া হয়নি। কোনও কোনও স্কুলে ঐচ্ছিক বিষয়রূপে গৃহীত হলেও কার্যত সংগীত শিক্ষার ব্যবস্থা সেগুলির মধ্যে অধিকাংশ স্কুলেই নেই। ভারতবর্ষের সংস্কৃতির ধারণা ভারতীয় রাগসংগীতের সঙ্গে পরিচিতি ছাড়া অসম্পূর্ণ থেকে যায়।

একালের শিক্ষিত ভারতবাসীদের অধিকাংশই তাই ভারতীয় সংস্কৃতির সঙ্গে পরিচিত নন। বিদেশের স্কুলগুলিতে পাশ্চাত্য সংগীত শিক্ষা ছাত্রছাত্রীদের অন্যতম আবশ্যিক বিষয়, কেননা পাশ্চাত্য শিক্ষার সঙ্গে পাশ্চাত্য সংগীত সংস্কৃতির যোগ সম্বন্ধে ওইসব স্কুলের পরিচালকমণ্ডলী সচেতন। পরিচালক মণ্ডলীর সচেতনতা পাশ্চাত্য দেশগুলির শিক্ষাচিন্তার পরিণাম। যারা দেশের ভাগ্য নিয়ন্তা ভবিষ্যতে হবে তাদের অতি অল্প বয়স থেকেই দেশের সংস্কৃতি সম্বন্ধে যদি শিক্ষা না দেওয়া হয় তা হলে সেই সংস্কৃতির সর্বনাশ অবশ্যম্ভাবী। সংস্কৃতি এবং তার সঙ্গে জড়িত মূল্যবোধের গুরুত্ব যাঁরা উপলব্ধি করেন সেই সব মনীষী চিন্তানায়কেরাই শিক্ষাকে সংস্কৃতির ভিত্তিভূমিতে প্রতিষ্ঠা করেন। সেই কারণে পাশ্চাত্য সংগীতের মৌলিক বিষয় ও তত্ত্বগুলি পাশ্চাত্য দেশগুলির শিক্ষিত মানুষ মাত্রই অল্পবিস্তর জানেন। Chord, Harmony, Sonata, Symphony, Point-Counterpoint, Waltz, Foxtrot ইত্যাদির অর্থগুলি তাঁরা অনেকেই জানেন, কিন্তু আমাদের দেশের মন্ত্রী, উচ্চশিক্ষিত অধ্যাপক, ইঞ্জিনিয়ার, ডাক্তার, সিভিলিয়ানদের অধিকাংশই শুদ্ধস্বর, কড়ি ও কোমল স্বরের পার্থক্য, আরোহী, অবরোহী, সঞ্চারী, বর্ণ, লয়, তাল, রাগ ইত্যাদি প্রাথমিক বিষয়গুলিও জানেন না, এবং অজ্ঞতার জন্য কোনও আক্ষেপও তাঁদের নেই। এর জন্য দায়ী ওঁরা নন, দায়ী আমাদের শিক্ষাব্যবস্থা। মানুষকে যদি স্বদেশের সংগীত ও সংস্কৃতির জ্ঞান থেকে বঞ্চিত করা হয় অজ্ঞতার বশে বা পরিকল্পিত উপায়ে, তবে স্বাভাবিক ভাবেই বিদেশি সংগীত ও সংস্কৃতির অপেক্ষাকৃত লঘু ও চটুল উপাদানগুলির জঘন্য অনুকরণ প্রচেষ্টার মধ্যেই তারা আনন্দ পাওয়ার চেষ্টা করবে। যে অপসংস্কৃতিকে রাষ্ট্রের অভিভাবকগণ ধিক্কার দেন তার পরোক্ষ স্রষ্টা তাঁরা নিজেরাই কি নন?

একসময় দূরদর্শনের একটি শিশু বিভাগে আমি আমার চিন্তাপ্রসূত পদ্ধতি অনুযায়ী গান শেখানোর একটা ক্লাস নিতাম। ক্রমে এই ক্লাস দেখে দূরদূরান্তের সংগীত শিক্ষার্থী ও শিক্ষকগণতো বটেই এমনকী শ্রদ্ধেয় সত্যজিৎ রায় এবং ওস্তাদ মুস্তাক আলি খাঁ প্রমুখ দিক্‌পালগণও আমার প্রচেষ্টাকে অত্যন্ত সৎ এবং বিজ্ঞানভিত্তিক বলে অভিনন্দিত ও আশীর্বাদ করেন। কিন্তু বছর দুই চলবার পর ওই সিরিয়ালটি দূরদর্শন কর্তৃপক্ষ বন্ধ করে দেন। কারণ জানতে চাইলে ওঁরা জানান যে বাজেটের অভাবই এই অনুষ্ঠান বন্ধের কারণ। দেখা গেল ওই time slot-এ সাঁতার, magic ইত্যাদির ক্লাস চলছে। শহরের এবং শহরতলির ও মফস্বলের বহু সংগীতশিক্ষক ছাত্র-ছাত্রী ও বিশিষ্ট ব্যক্তির বারবার লিখিত অনুরোধ সত্ত্বেও যখন ক্লাসটি চালু হল না তখন কর্তৃপক্ষ ওই পুরনো recordingগুলো তিনবার retelecast করতে বাধ্য হয়েছিলেন। অবশ্য এই ক্লাসটি বন্ধ হয়ে যাওয়া পরবর্তীকালে "শ্রুতিনন্দন" প্রতিষ্ঠার অন্যতম পরোক্ষ প্রেরণা।

ভারতের রাগসংগীত বা শাস্ত্রীয় সংগীত কেবল মনোরঞ্জন বা অবসর বিনোদনের অর্থাৎ নিছক entertainment-এর একটি উপকরণ বলে ভাবলে ভুল হবে। অথচ একালের অধিকাংশ শিক্ষিত ভারতীয়ই হয়তো এই মনোভাব পোষণ করে থাকেন। রাগসংগীতের

সঙ্গে ভারতীয়-অভারতীয় সমস্ত মানুষের সুখদুঃখ, আনন্দবেদনার অন্তরঙ্গ যোগ আছে। সেইজন্যই পরাধীনতা এবং বহু প্রাকৃতিক ও রাজনৈতিক দশাবিপর্যয় সত্ত্বেও রাগসংগীতের ধারাটি লুপ্ত হয়ে যায়নি। যে কোনও সৎ শিল্পে মানুষের গভীরতম অনুভূতির স্বাক্ষর থাকে, তাই সৎ শিল্প কেবল দীর্ঘায়ু নয়, অমর। একই কারণে প্রাচীন গ্রিসের ইলিয়াড বা প্রাচীন ভারতের রামায়ণ-মহাভারত, বা শেকসপিয়রের নাটকগুলির প্রাসঙ্গিকতা সবদেশে চিরকালই আছে ও থাকবে। ভারতের রাগসংগীতও এই শ্রেণীভুক্ত কেননা রাগসংগীতের সঙ্গে গভীর জীবনবোধের সম্পর্ক আছে। জীবনের ও প্রকৃতির সমস্ত গতি-বৈচিত্র্য ও প্রাণের সৌন্দর্য্যকে ভারতীয় রাগসংগীতের মাধ্যমে অনেকখানি প্রকাশ করা যায় বলে আমি বিশ্বাস করি।

যে মহান উত্তরাধিকার আমরা জন্মসূত্রে লাভ করেছি এদেশে জন্মগ্রহণ করে, তার উপযুক্ত মর্যাদা দান স্বাধীন ভারতের প্রতিটি নাগরিকের নির্বিকল্প কর্তব্য বলে মনে করি। তাই ব্যক্তিগত স্বার্থ, প্রতিষ্ঠা এবং আর্থিক শক্তির যুগোপযোগী প্রতিযোগিতায় নিজের কর্তব্যবোধকে বিসর্জন না দিয়ে আমি "শ্রুতিনন্দন"কে সাফল্যমণ্ডিত করতে চাই সকলের আশীর্বাদ, শুভকামনা ও সহযোগিতার আশ্রয়ে।

সংস্কৃত ভাষা এবং তার সঠিক উচ্চারণের সঙ্গে শিশুদের পরিচয় করানোর জন্য শ্রুতিনন্দনের প্রার্থনা সংগীতটি সংস্কৃত ভাষায় রচিত গণেশ বন্দনা, যা প্রতিটি শিশুকেই এখানে শিখতে হয়, গাইতে হয়। অল্প বয়স থেকে সংস্কৃত উচ্চারণের এবং দেবনাগরী অক্ষরে লেখা পড়ার অভ্যাস হলে 'স', 'শ' ও 'ষ'-এর 'ব' ও 'ৰ'-এর 'জ' ও 'য'-এর ভেদ সম্বন্ধে সচেতন হওয়া যায়। এই জ্ঞানের সবিশেষ প্রয়োজন আছে, কেননা রাগসংগীতের বাণী হিন্দি ও ব্রিজভাষায় রচিত। ওইসব বাণীর নির্ভুল উচ্চারণ সংস্কৃত ভাষা শিক্ষার ওপর অনেকটাই নির্ভর করে। ভারতের দুটি গৌরবময় সম্পদ—সংস্কৃত ভাষা ও রাগসংগীত—এই দুটির মাধ্যমেই সনাতন ভারতীয় আদর্শ ও মূল্যবোধের চেতনা সঞ্চারিত করা যায়।

যেসব শিশু শিল্প-প্রতিভা নিয়ে পৃথিবীতে এসেছে তারা সকলেই সার্থক সংগীতশিল্পী হোক বা না হোক পৃথিবীর এই শ্রেষ্ঠ সংগীত শিক্ষা লাভ করে প্রকৃত মনুষ্যত্ব অর্জন করুক অর্থাৎ ভাল মানুষ হোক এবং ভারতের মহান উত্তরাধিকার সম্পর্কে গর্বিত হয়ে সসম্মানে ও শান্তিতে জীবন যাপন করুক—এই আমার অন্তরের প্রার্থনা। বহুদিনলালিত এই স্বপ্নের বাস্তবমুখী প্রথম পদক্ষেপ—"শ্রুতিনন্দন"।

সংগীতশিল্পী, পৃষ্ঠপোষক ও সমালোচক

১৯৯০ সালের ২৫শে মার্চ, রবিবার, কলকাতার একটি দৈনিকে এক বিখ্যাত সংগীত সমালোচক মন্তব্য করেছিলেন—"আমাদের দেশেও ধ্রুপদ থেকে খেয়াল এবং খেয়াল থেকে ঠুম্‌রির আবির্ভাবে গুরু থেকে লঘুর দিকে যাওয়ার প্রবণতা দেখা গিয়েছে। ঠুম্‌রি থেকে গজল এবং রাগাশ্রয়ী বা রাগাশ্রয়ী বাংলা গজল থেকে সিনেমা সংগীত ঘেঁষা গজল বা বাংলা গান আর একটি ছোট ধাপ মাত্র। বর্তমানে আমরা নেমে গিয়েছি সেই ধাপে। আর যেহেতু পাশ্চাত্যে দেশগুলির মতো এখানে একটি সীমিত উচ্চাঙ্গ সংগীত সংস্কৃতি তৈরি হয়নি, সুতরাং এবং সেই কারণেই উচ্চাঙ্গ সংগীত শিল্পীর অবলুপ্তি খুবই স্বাভাবিক"। তিনি এই স্বাভাবিক পরিণতির কারণ সন্ধান করে বলেছেন—"উচ্চাঙ্গ সংগীতশিল্পী হওয়ার জন্য—এমনকি উচ্চাঙ্গ সংগীত প্রেমিক হওয়ার জন্যও যে অর্থনৈতিক ও সামাজিক পরিস্থিতির প্রয়োজন তা বর্তমানে নেই। এখন ব্যস্ত প্রমোদপ্রবণ মানুষের কাছে টেলিভিশন, হিন্দি সিনেমার গান, চটুল বিদেশি গান ইত্যাদি অনেক বেশি আকর্ষণীয়। এ সবের জন্য কষ্ট করে রস আহরণ করতে হয় না।"

'ধ্রুপদ থেকে খ্যাল' এবং 'খ্যাল থেকে ঠুমরি'র আবির্ভাব সম্বন্ধে সমালোচকের মন্তব্যের সমর্থনে যুক্তিগ্রাহ্য বিবরণ পেলে আমরা সত্যিই কিছু শিখতে পারতাম। প্রকৃত সাংগীতিক অভিজ্ঞতা ও উপলব্ধি থাকলে কোনও শিল্পী এবং সমালোচক ভুলেও মনে করবেন না যে ধ্রুপদ থেকে খ্যাল, খ্যাল থেকে ঠুমরি, ঠুমরি থেকে গজল, গজল থেকে বাংলা গানে যাওয়া মানেই ক্রমশ অধঃপতনের দিকে ধাপে ধাপে এগিয়ে যাওয়া। 'রাগাশ্রয়ী বাংলা গজল,' সিনেমা সংগীত ঘেঁষা গজল বা বাংলা গান'—এগুলির অর্থ পরিষ্কার না করে এবং এগুলিকে নিম্নতর 'ধাপ' হিসেবে চিহ্নিত করে উনি বিভিন্ন শিল্পীদের অবমাননা করেছেন এবং পাঠক ও শ্রোতাকে বিভ্রান্ত করেছেন। বাংলা ভাষায় রচিত গানের বহুমুখিনতার প্রতি শ্রদ্ধেয় সমালোচকের নিজের কোনও শ্রদ্ধা নেই।

উচ্চাঙ্গসংগীত বলতে আমি বুঝি,—এক: যে গানে রাগের শুদ্ধতা বজায় থাকে (মিশ্ররাগের ক্ষেত্রে ব্যবহৃত রাগগুলির শুদ্ধতাও প্রয়োজন) এবং যে রাগ পরিবেশিত হচ্ছে সেই রাগের চরিত্রের বিভিন্ন দিক সম্বন্ধে শিল্পীর তালিম, শোনার অভিজ্ঞতা এবং রেয়াজ যে গানে পরিচ্ছন্নরূপে প্রকাশ পায়। দুই: যে গানে থাকে রাগের চরিত্রানুগ, রুচিসম্পন্ন এবং উপযুক্ত কাব্যিকগুণসমন্বিত গীতিকবিতা যেখানে স্থায়ী, অন্তরা, সঞ্চারী ও আভোগ—অন্তত‌পক্ষে স্থায়ী ও অন্তরা অবশ্যই থাকবে; তিন: যে গানের বাণীগুলি পরিষ্কারভাবে শ্রোতারা বুঝতে পারেন। কাব্য না থাকলে যন্ত্রসংগীত ও কণ্ঠসংগীতের কোনও পার্থক্যই

থাকে না; চার: যে গানে তাল, লয় ও তাদের বিচিত্র ও নিপুণ গাণিতিক হিসেবই শুধু থাকে তা নয়—নান্দনিক বোধসমৃদ্ধ প্রকাশও থাকে; পাঁচ: সর্বোপরি সৃজনধর্মীতা উচ্চাঙ্গসংগীতের কেন্দ্রগত বৈশিষ্ট্য। সৃজনশীলতা অবশ্যই আগের বৈশিষ্ট্যগুলিতে অক্ষুণ্ণ রাখতে ও বিকশিত করতে সাহায্য করবে; অর্থাৎ সৃজনশীলতার প্রতিটি স্তরে নান্দনিক আবেদন অবশ্যই থাকবে; তবেই উচ্চাঙ্গের সংগীত প্রকৃত অর্থে উচ্চাঙ্গের হবে। উচ্চাঙ্গসংগীত লেবেল-এর সমস্ত গান এবং তার পরিবেশন সবসময় উচ্চাঙ্গের হয় না—এটা মনে রাখতে হবে। অন্যদিকে যে কোনও ভাষায় যে কোনও রীতির সুরুচিসম্পন্ন ভারতীয় ঐতিহ্যবাহিত এবং কৃষ্টিসম্পন্ন গান উচ্চাঙ্গের বলে বিবেচিত হতে কোনও বাধা নেই। সেই গানের রচনা রবীন্দ্রনাথের, মির্জা গালিবের, চণ্ডীদাসের বা লালন ফকিরের হোক কিংবা মজরুহ্ সুলতানপুরীর বা গুরু জ্ঞানপ্রকাশ ঘোষেরই হোক—অন্যদিকে আব্দুল করিম খান, বড়ে গুলাম আলী খান, মেহেদী হাসান, লতা মুঙ্গেশকর, আশা ভোঁসলে, কিশোরকুমার কিংবা প্রতিমা বন্দ্যোপাধ্যায় প্রমুখ শিল্পীদের দ্বারা পরিবেশিতই হোক।

সুতরাং সংগীতের উচ্চনীচ—এই জাতিভেদ সমর্থনযোগ্য নয়, এবং এইরকম বর্ণবৈষম্যের জন্যই ভারতীয় সমাজের মতোই ভারতীয় সংগীতের প্রভূত ক্ষতি হয়েছে। আমাদের দেশে ব্রাহ্মণ, ক্ষত্রিয়রা কেবলমাত্র জন্মসূত্রেই শূদ্রের চেয়ে নিজেদের শ্রেষ্ঠ বলে দাবি করেছেন, যেমন ধ্রুপদ খ্যাল শিল্পীরা অনেকেই অসঙ্গত কারণে অথবা অজ্ঞতার বশে অন্যান্য গানের শিল্পীদের থেকে নিজেদের শ্রেষ্ঠত্ব প্রচার করবার চেষ্টা করেন। আমার মনে হয়, তথাকথিত উচ্চাঙ্গ সংগীতকে 'রাগসংগীত' নাম দিলে রাগের ঐশ্বর্য, ব্যাপ্তি ও মহিমা বজায় রাখার সাথে সাথে অন্যান্য সংগীতকে অহেতুক হেয় প্রতিপন্ন করার চেষ্টা থেকে বিরত থাকা যায়। এবার সমালোচকের অন্যান্য বক্তব্যের প্রসঙ্গে আসি।

দেখা যাচ্ছে যে, সমালোচক রাগসংগীতের অবশ্যম্ভাবী বিলোপের জন্য দায়ী করছেন একদিকে অর্থনৈতিক ও সামাজিক পরিবর্তনকে, অন্যদিকে টিভি, সিনেমা ইত্যাদিকে এবং যেহেতু বর্তমানের আর্থ-সামাজিক অবস্থাকে রাজাবাদশাহ এবং ব্রিটিশ শাসকদের আমলের মতন করে সৃষ্টি করা যাবে না, আর টিভি, সিনেমা ইত্যাদিকেও দূর করা যাবে না তাই 'উচ্চাঙ্গ সংগীত' এবং 'উচ্চাঙ্গ সংগীত' শিল্পীর বিলুপ্তি অনিবার্য। আর এখনকার মানুষ অতিব্যস্ত ও প্রমোদপ্রবণ বলে কষ্ট করে উচ্চাঙ্গ সংগীতের রস আহরণ করতে চাইবেন না, তাই শ্রোতা ও বোদ্ধার অভাবেও উচ্চাঙ্গ সংগীতে অবনতি অনিবার্য।

সমালোচক বলেছেন যে এখনকার মানুষ ব্যস্ত ও প্রমোদপ্রবণ বলেই সহজবোধ্য গান শোনেন। মানুষ বলতে উনি নিশ্চয় জনসাধারণকেই বুঝিয়েছেন ধরে নিচ্ছি। শুধু ভারতের কেন সব দেশের সাধারণ মানুষেরই প্রাণ রাখতে প্রাণান্ত হয়। আর প্রমোদপ্রবণতাও সাধারণ মানুষের তখনও ছিল এখনও আছে। তখন অবশ্য সাধারণ দরিদ্র ভারতবাসীর প্রমোদের উপকরণ বেশি ছিল না, এখনকার মতো, তাই তাঁরা যাত্রাগান, পালাগান, কীর্তন, লোকসংগীত জাতীয় বৃন্দগানে অংশ নিতেন, মুর্গির লড়াই, ভানুমতীরখেল দেখে আনন্দ পেতেন। সাধারণ মানুষের রাজদরবারে প্রবেশাধিকার ছিল না, তাই তাঁরা ধ্রুপদ-খ্যাল শুনতেই পেতেন না। এ কথা ভাবলে ভুল হবে যে, হিন্দুস্থানি সংগীতের শিল্পী এবং শ্রোতাগণ সকলেই উচ্চস্তরের বোদ্ধা ছিলেন বা বর্তমানেও আছেন। রাগসংগীত শ্রবণের সঙ্গে বিশেষ পানীয় সেবনের প্রচলন তখনও ছিল এবং এখনও বন্ধ হয়ে যায়নি। অবশ্য

ব্যতিক্রম সর্বত্র এবং সর্বকালেই থাকে। অতএব রাগসংগীতের ভবিষ্যৎ সম্পর্কে নিরাশ হওয়ার কোনও সঙ্গত কারণ নেই। তা ছাড়া সমালোচক রাগসংগীত প্রচারের ক্ষেত্রে টেলিভিশনের ভূমিকাটিকে একেবারেই স্বীকৃতি দিতে চাননি—কেন জানি না। তাই যাঁরা ওই সমালোচকের মতন রাগসংগীতকে বাঁচিয়ে রাখার কোনও পথ দেখতে পান না তাঁদের কথা আলোচনাই করছি না। কিন্তু যাঁরা প্রকৃত কারণ জানতে আগ্রহী তাঁদের আমার ক্ষুদ্র জ্ঞানের ভিত্তিতে দু-একটি কথা বিবেচনা করতে অনুরোধ করছি।

বর্তমানে রাগসংগীতশিল্পীর অভাব এবং রাগসংগীতের অবনতির কারণ আর্থ-সামাজিক নয়। এগুলির মূল কারণ রাগসংগীত শিল্পীদের এবং দেশের শাসক গোষ্ঠী ও অর্থপ্রতিপত্তিশালী গোষ্ঠীর ঔদাসীন্য। তানসেন, বৈজুবাওরার সময় থেকে আরম্ভ করে এই শতকের সাতের দশক পর্যন্ত যে সব খ্যাতিমান শিল্পী এদেশের মানুষকে তাঁদের জীবদ্দশায় আনন্দ দিয়ে গেছেন তাঁদের মধ্যে একজনও সাধারণ শ্রোতার সংগীতবোধকে শিক্ষিত ও উন্নত করার ব্যাপারে তেমন আগ্রহ দেখাননি, এমনকি কোন পদ্ধতিতে সংগীতশিক্ষা গ্রহণ ও অনুশীলন করলে সাধনায় সাফল্যলাভ করা যায় সে সম্পর্কেও সঠিকভাবে কিছু লিখে যাননি। অনেক গান এবং গুপ্ত তালিম পদ্ধতি তাই সেইসব শিল্পীদের সঙ্গেই চিতার আগুনে ছাই হয়েছে কিংবা কবরেই মাটির সঙ্গে মিশে গেছে। তাঁদের খাস তালিম প্রাপ্ত শিষ্য শাগির্দরাও কেবলমাত্র প্রয়োগনৈপুণ্যের উৎকর্ষ বজায় রেখে একই পথ ধরে প্রস্থান করেছেন শ্রোতাদের থেকে সযত্ন দূরত্ব রক্ষা করে, মূলত সাধারণ শিক্ষার অভাবে । শিল্পীরা যদি সুন্দর সংগীত পরিবেশনের সাথে সাথে শ্রোতাদের বুদ্ধি ও বোধকে উন্নত করার চেষ্টা না করেন তবে প্রতিক্রিয়ার পারস্পরিকতার অভাবে শিল্পেরও ক্ষতি হয়।

দ্বিতীয়ত, রাজা বাদশাহদের আমলে শাসক কর্তৃপক্ষ অর্থাৎ রাজা, সুলতান, বাদশাহ এবং তাঁদের অন্তরঙ্গ পার্ষদরা হিন্দুস্থানি সংগীতের পৃষ্ঠপোষক ছিলেন, তাই সমীহ ও সম্ভ্রমের মনোভাব নিয়ে সাধারণ মানুষও ওই সংগীতের শিল্পীদের সম্মান দিতেন। ব্রিটিশ আমলেও এ দেশের রাজন্যবর্গ এবং জমিদার প্রভৃতি ধনী ও প্রতিপত্তিশালী ব্যক্তি হিন্দুস্থানি সংগীত ও তার শিল্পীদের যথাযোগ্য সমাদর করতেন। যেকোনও দেশের সংস্কৃতি ও সংগীত শাসক কর্তৃপক্ষের সহায়তা ও পৃষ্ঠপোষকতা থেকে বঞ্চিত হলে স্থায়ী হতে পারে না। আমাদের দেশ স্বাধীন হবার পর এবং দেশীয় রাজন্যবর্গের স্বাতন্ত্র্য ও স্বায়ত্ত শাসনের অধিকারলোপের পর আমাদের জনগণমন অধিনায়কেরা এদেশের মহান সাংগীতিক ঐতিহ্যের প্রতি উদাসীনতার প্রচুর প্রমাণ দিয়ে চলেছেন। এদেশের প্রাথমিক বিদ্যালয়গুলি থেকে শুরু করে বিশ্ববিদ্যালয় পর্যন্ত কোনও স্তরেই ভারতীয় রাগসংগীত পাঠক্রমের আবশ্যিক বিষয় নয়। এমনকি আগ্রহী ও ইচ্ছুক ছাত্রছাত্রীরাও কোনও কোনও স্কুলে-কলেজে সংগীতের পাঠক্রমের অনুমোদন না থাকার জন্য বিষয়টিকে ত্যাগ করতে বাধ্য হয়।

তৃতীয়ত, ভারতীয় রাগসংগীতের প্রতি শাসক কর্তৃপক্ষ এবং শিক্ষাবিভাগকে আগ্রহী এবং মনোযোগী করার ব্যাপারে দেশের অধিকাংশ সংবাদপত্রগুলিরও বিশেষ কোনও ভূমিকা নেই। বরং তাদের দ্বারা নিযুক্ত সমালোচকরা মাঝে মাঝে যে ভূমিকা নিয়ে থাকেন তাতে সংগীত, শিল্পী এবং সংগীত প্রেমিকদের যথেষ্ট বিভ্রান্তির সৃষ্টি হয়।

জনমত গঠনে খবরের কাগজ, রেডিও, টিভি এবং অন্যান্য শক্তিশালী প্রচার মাধ্যমগুলির ক্ষমতার কথা নতুন করে বলার দরকার নেই। গ্রাম ও মফঃস্বল শহরের মানুষ, এমনকি বড়

বড় শহরের বহু শিক্ষিত মানুষও খবরের কাগজের মন্তব্যের প্রভাবে বিভিন্ন বিষয়ে নিজেদের মতামত গঠন করেন। কলকাতা বা অন্য রাজধানীশহরে যেসব রাগসংগীত প্রেমিক বাস করেন তাঁরা শহরে অনুষ্ঠিত সংগীত অধিবেশন এবং শিল্পীদের সম্পর্কে সংবাদপত্রের সমালোচকের বক্তব্য ও সিদ্ধান্তের যাথার্থ্য সরাসরি যাচাই করার সুযোগ পান, কিন্তু মফঃস্বল শহর ও গ্রামের রাগসংগীতপ্রেমী মানুষের সেই সুযোগ না থাকায় তাঁরা সমালোচকের মন্তব্যটিকেই সত্য বলে বিশ্বাস করেন।

এখানে আমি একটি কথা না বলে পারছি না। সংগীত একটি শ্রাব্য বিষয়, লিখে লিখে সংগীত বোঝানোর চেষ্টা আর কান দিয়ে রসগোল্লার স্বাদ গ্রহণের চেষ্টা একই রকম নয় কি? অধিকাংশ সমালোচকই এই কাজটি করে চলেছেন এবং পাঠকরাও সংগীত ও শিল্পীদের সম্বন্ধে এইসব নিরর্থক সমালোচনা পড়ে নিজেদের মতামত গঠন করছেন। পাঠকদের মনে করিয়ে দিতে চাই যে, এই ধরনের সমালোচকেরা কখনও বোঝবার চেষ্টা করলেন না যে পূর্ণ মাত্রায় একটি বিশেষ রাগের একটি বিশেষ স্বরকে কণ্ঠে বা যন্ত্রে প্রকাশ করার জন্য চল্লিশ-পঞ্চাশ বছরের নিরলস সাধনাও যথেষ্ট নয়। কিন্তু কোনও রকম সাধনা না করেই এই সমালোচকেরা হাউই-এর মতন তারকার মুখে ছাই দিয়ে আসেন, প্রবীণ, বর্ষীয়ান শিল্পীদের অশালীন ভাষায় নিন্দা করে এঁরা আত্মপ্রসাদ লাভ করেন আত্মপ্রচারের মাধ্যমে। চল্লিশ বছরের নিরবচ্ছিন্ন স্বরসাধনার পরেও যখন আমি একটি রাগের একটি বিশেষ স্বরের সমস্ত প্রয়োগ জানি বলে দাবি করতে পারি না, তখন এ রকম একজন সমালোচক "গরগপধ-নস-এর বদলে রগপধনসরস হওয়া উচিত ছিল" একথা লিখতে ইতস্তত করেন না। অবশ্য তাতে শিল্পীর চাহিদা ও তাঁর শিল্পের সৌন্দর্য হ্রাস পায় না। এইটি আশার কথা। আমার অনুষ্ঠান সম্পর্কে কলকাতার দু-একটি সংবাদপত্রের মন্তব্য উল্লেখ করছি—

সেই বিখ্যাত সমালোচকের ভাষায়—"কলকাতার বেশিরভাগ আসরে এখন শোনা যায় অজয় চক্রবর্তীর গান— সে হিন্দুস্তানি গান ভাঙা রবীন্দ্রসংগীতের বিশেষ অনুষ্ঠানেই হোক বা কর্ণাটক কণ্ঠশিল্পীদের সঙ্গে চটকদার যুগলবন্দীই হোক। তাঁর কণ্ঠনৈপুণ্য অনস্বীকার্য, কিন্তু সন্দেহ হয় তাঁর গান এই নৈপুণ্য দেখানোর একটি মাধ্যম মাত্র হয়ে যাচ্ছে ক্রমশ। খেয়াল গানের আসল বস্তুগুলির বিশেষ উন্নতি হচ্ছে না।"

এটি পড়ে হয়তো বেশ কিছু লোক বিশ্বাস করেছেন যে, খ্যাল গানে অজয় চক্রবর্তীর কোনও দক্ষতা বা অধিকার নেই, কিন্তু তাঁরা একবারও ভাবেননি যে খ্যাল গানের "আসল বস্তুগুলি" কী কী তা তো সমালোচক বোঝাননি। সেইসব পাঠকদের উদ্দেশে বলছি—খ্যাল গানের আসল বস্তুগুলি বোধহয় উনিও জানেন না, তাই বোঝাননি। দ্বিতীয়ত, সব আসরে আমার গান গাওয়াটা ওঁর পছন্দ হয়নি, আর এও মনে হতে পারে আমাকে গাইতে সুযোগ দেবার জন্যে উদ্যোক্তাদের ওপরও উনি কিছুটা বিরক্ত হয়েছেন।

শুধু উনি কেন, রাগসংগীত শিল্পীদের অনেকেই এ পর্যন্ত ভাবতে পারেননি যে একজন শিল্পী খ্যাল, ঠুম্‌রির সঙ্গে বাংলা ভাষায় বিভিন্ন গান, সিনেমার গান এবং অন্যান্য সমস্ত ধরনের গান গেয়ে শ্রোতাদের আশীর্বাদধন্য হতে সক্ষম। আর, ওঁর মতন classical নিরেটদের বলছি, বাংলা ও আঞ্চলিক ভাষায় বিভিন্ন গান, আর সিনেমার গান গাওয়া খ্যাল, ঠুম্‌রি গাওয়ার চেয়ে কম কঠিন নয়। তিন থেকে পাঁচ মিনিট সময়ের মধ্যে বহুসংখ্যক যন্ত্রশিল্পীর ভিন্নধর্মী সাংগীতিক শব্দরাশির সাথে নিখুঁতভাবে একটি বাঁধা গান গেয়ে মানুষের

হৃদয়কে জয় করা বড় সহজসাধ্য কাজ নয়। যে কোনও গান ঠিকমতো গাইতে গেলে কণ্ঠনৈপুণ্য তো প্রকাশ পাবেই যদি সেটি কোনও গায়কের থাকে। গান কণ্ঠনৈপুণ্য প্রকাশের মাধ্যম যদি না হয় তাহলে সেটি প্রকাশের মাধ্যম কী হওয়া উচিত তাও উনি বলেননি। এরকম সমালোচক, শিল্পীর ভাল বা মন্দ কিছুই করতে পারেন না, ক্ষতি করেন আগ্রহী শ্রোতাদের এবং পাঠকদের। অবশ্য একমাত্র রাগসংগীতের সম্যক ও সুচিন্তিত অনুশীলনের দ্বারাই সমস্ত প্রকারের কণ্ঠসংগীতের উৎকর্ষ সাধন সম্ভব।

এই সমালোচকের মন্তব্য প্রকাশের অল্পদিন পরে 'দেশ'-এর অন্য এক সমালোচক ডোভার লেন সম্মেলনে আমার খ্যাল গান শুনে লিখেছিলেন—"এর পরে (আমার গানের পরে) classical গানের কোনও অনিচ্ছুক শ্রোতাকে classical গান শোনানোর জন্য বলতে হবে—"ইনি অজয় চক্রবর্তীর থেকেও ভাল গান করেন।"...ডোভার লেনের সংগীত সমালোচনা প্রসঙ্গে সেই একই সমালোচক লিখেছিলেন, "এ বছরের ডোভার লেন সংগীত সম্মেলন চিহ্নিত হয়ে থাকবে অজয় চক্রবর্তীর গানে।"

এসব সমালোচনার অনেক আগে কলকাতার একটি ইংরাজি দৈনিক লিখেছিল—অজয় চক্রবর্তীর গান সমালোচনার উর্ধ্বে: "Ajoy Chakrabarty's music is beyond criticism."

তাহলে আমার খ্যাল, ঠুম্‌রি এবং অন্যান্য গানে দক্ষতা সম্পর্কে শ্রোতা এবং সাধারণ মানুষের কী ধারণা হবে? কোনও স্পষ্ট ধারণাই হওয়া সম্ভব নয়। কারণ কখনও আমার খ্যাল গানে আসল বস্তুগুলি থাকে না, আবার কারও মতে আমার গান সমালোচনার উর্ধ্বে এবং চূড়ান্ত। অতএব আমাদের দেশের অধিকাংশ খবরের কাগজের সংগীত সমালোচকরা তাঁদের ব্যক্তিগত পছন্দ-অপছন্দ প্রসূত অভিমত ব্যক্ত করেন, কোনও বস্তুনিষ্ঠ (objective) আলোচনা তাঁরা করতে পারেন না বলেই করেন না, কেবল ব্যক্তিগত পছন্দ-অপছন্দের ভিত্তিতে এমন কিছু মন্তব্য করেন যা সাধারণ মানুষকে বিভ্রান্ত করে। সাধারণ মানুষের প্রতি, সংগীতের প্রতি তাঁদের কোনও কর্তব্য বা দায়িত্বের পরিচয় মেলে না। বস্তুনিষ্ঠ আলোচনা যদি এঁরা করতে পারতেন এবং সেই সদিচ্ছা যদি তাঁদের থাকত তবে সাধারণ মানুষ বোঝার চেষ্টা করতেন, কোন যুক্তিতে একজন শিল্পীকে ভাল বলা যায় বা মন্দ বলা যায়। যদি একজন শিল্পী সবরকম গানেই নিজের দক্ষতা ও কণ্ঠনৈপুণ্য সমানভাবে প্রকাশ করতে পারেন এবং সব আসরেই আমন্ত্রিত হন তাহলে তিনি খ্যালের প্রতি ন্যায়বিচার করেন না, অতএব তাঁকে ঠিক উচ্চাঙ্গ সংগীত শিল্পী বলা যায় না—এরকম যুক্তিতে সমালোচকের অজ্ঞতা ও অক্ষমতাজনিত ঈর্ষার মনোভাবই প্রকাশ পায়। আবার অজয় চক্রবর্তী হলেন খ্যাল গায়কের চূড়ান্ত দৃষ্টান্ত, তাঁর গান সমালোচনার উর্ধ্বে—এ ধরনের মন্তব্যের মূলেও কোনও যুক্তিনিষ্ঠ বিশ্লেষণাত্মক আলোচনা থাকে না এবং অজয় চক্রবর্তীও শ্রেষ্ঠ গায়ক হন না। পাঠকের সংগীত সম্পর্কে কোনও জিজ্ঞাসাই চরিতার্থ হয় না।

অধিকাংশ সমালোচকের সংগীতানুষ্ঠান সংক্রান্ত সমালোচনা পড়ে মনে হয় সহযোগী যন্ত্রশিল্পীরা উপস্থিত ছিলেন না এবং গানের উৎকর্ষ যেন তাঁদের ভূমিকা ছাড়াই সম্ভব হয়েছিল। তানপুরা, হারমোনিয়াম, সারেঙ্গি এবং তবলা শিল্পীরা কে কে ছিলেন তাও অনেক সময় পাঠকরা জানতে পারেন না। তাহলে মানতে হয় যে ওইসব সমালোচকরা বোঝাতে চান যে অনুষ্ঠানটি কেবল একজনের, সহযোগী শিল্পীদের সম্মিলিত যত্ন ও প্রয়াসের দ্বারা নিষ্পন্ন হয় না। এরকম বিকলাঙ্গ সমালোচনা করলে সহযোগী শিল্পীরা কি তাঁদের মান উন্নত

করতে উৎসাহিত হবেন? এই সমস্ত সমালোচকদের অশিক্ষাজনিত সহযোগী শিল্পীদের প্রতি অবজ্ঞা ও উপেক্ষার মনোভাব সুস্থ সংগীত সমালোচনার পক্ষে প্রতিকূল এবং উদ্বেগজনক।

সংবাদপত্রে এবং সাময়িকপত্রে উচ্চাঙ্গ সংগীত ও সংগীত শিল্পীদের সম্বন্ধে মাঝে মাঝে ধারাবাহিক কিছু রচনা থাকে। সেগুলিতে কোন শিল্পী বাড়িতে গোরু পোষেন, কোন বিখ্যাত ওস্তাদ বালতি বালতি দুধ আর বস্তা বস্তা জিলিপি গিলে রেয়াজে বসতেন; কে কোন আসরে কাকে ঘায়েল করেছিলেন—এইসব গালগল্প থাকে। পরে আবার এসব লেখা বই-এর আকারে বেরোলে ওইসব লেখকদের কিছু নাম ও প্রতিষ্ঠা হয়। সংগীতের কিছুই হয় না।

সংগীতসমালোচনায় এবং অন্যত্রও অজ্ঞতা এবং আত্মবিশ্বাসের মিলিত ভূমিকা হাস্যকর কিন্তু ক্ষতিকর। জীবিকার প্রয়োজনে বিভিন্ন ক্ষেত্রে নিম্নগামী প্রবৃত্তির শিকার হওয়ার বহু দৃষ্টান্ত আছে। এই ধরনের সমালোচকেরা সেই দৃষ্টান্তের সংখ্যা বৃদ্ধি করেন—এ কথা কি ভুল? বহু যুগবাহিত ঐতিহ্যসমৃদ্ধ সংগীত ও সংগীতশিল্পীদের সম্পর্কে চটুল মন্তব্য না করে এঁরা যদি কিছু চীজ্ বা গান (composition) এবং বিগত যুগের ওস্তাদ ও পণ্ডিতদের অনুশীলন পদ্ধতি ও তার প্রয়োগ সম্পর্কে কিছু মূল্যবান তথ্য উদ্ধার করার চেষ্টা করতেন এবং গেয়ে দেখাতেন বিভিন্ন আসরে, তাহলে সংগীতশিল্পী এবং অনুসন্ধিৎসু সংগীতপ্রেমীর উপকার হত।

ওই অভাব পূরণের উদ্দেশ্যে আমি একটি সুপরিকল্পিত Music Appreciation Course শ্রুতিনন্দনের কার্যক্রমের অন্তর্ভুক্ত করেছি। আমি বিশ্বাস করি আমাদের রাগসংগীত মরসুমি ফুলের মতন অল্পায়ু নয়। আমাদের গান এবং তার শ্রোতাদের আমি শ্রদ্ধা করি। রাগসংগীতের অনুষ্ঠান থেকে অধিকাংশ মানুষের দূরত্বের জন্য প্রথমেই আমি দায়ী করব আমাদের বা শিল্পীদের। তাঁরা প্রায় কখনওই শ্রোতাদের রাগ, তাল, বাণী, লয়, ও ভারতের বিভিন্ন অঞ্চলে গড়ে ওঠা গায়কীর সৌন্দর্যবোধকে বোঝাবার দায়িত্বকে স্বীকার করেননি, তাই শ্রোতারাও ওইসব বিষয়গুলিকে আন্তরিকতার সঙ্গে গ্রহণ করতে পারেননি।

এ দেশের প্রায় সব বড় শহরে আমার খ্যাল-ঠুম্‌রি গানের অনুষ্ঠান হয়, ইউরোপ আমেরিকাতেও গত পনেরো-ষোলো বছর ধরে আমি খ্যাল-ঠুম্‌রি গেয়ে আসছি। আমার অনুষ্ঠানগুলিতে উৎসাহী শ্রোতার সংখ্যা ক্রমশ বাড়ছে দেখতে পাই। তার অন্যতম কারণ, আমার বিশ্বাস, শ্রোতাদের আমি আমার ক্ষমতা অনুযায়ী রাগ, খ্যাল ও ঠুম্‌রি গানের বাণী এবং সেগুলির মানে যথাসাধ্য বোঝাবার চেষ্টা করি। রাগ, তাল, বাণী—এগুলির তাৎপর্য শ্রোতারা যদি বুঝতে পারেন তাহলে গানটির আনন্দ উপভোগ করা সহজ হয়। তা না হলে চোখ বুজে, ধ্যানস্থ হয়ে "৪৮ মাত্রার একতাল" এবং "৫৬ মাত্রার ঝুমরা" তালে কেবল মুখড়ার বাণীটি একটু স্পষ্ট করে উচ্চারণ করে অন্য বাণীগুলিকে বুঝতে না দিয়ে এবং সেগুলিকে তাল ও মাত্রা থেকে মুক্তি দিয়ে দীর্ঘকাল স্বরবিকৃতির পরে সরগমের নানা রকম ধমক দিতে থাকলে শ্রোতারা অপমানিতই হন। অর্থাৎ তাঁরা মনে করেন এত উচ্চস্তরের খ্যাল বোঝার ক্ষমতা তাঁদের কখনও হবে না, তাই শিল্পী তাঁদের চোখ বুজিয়ে ধমক দিচ্ছেন। কিন্তু যেহেতু উচ্চাঙ্গসংগীত অতি উচ্চাঙ্গের গান তাই প্রশংসা করার নিয়ম অবশ্যপালনীয়—ভাল না লাগলেও। টিভি এবং রেডিও বন্ধ করার সুবিধা আছে এই বাঁচোয়া।

সংগীতশিক্ষক ও শিক্ষিকাদের শিক্ষা দেওয়ার যোগ্যতা ও দক্ষতা অর্জন করতে হয়। Music-এ B.A., M.A. পরীক্ষায় সসম্মানে উত্তীর্ণ হলেই সেই যোগ্যতা লাভ করা যায় না। শ্রুতিনন্দনের শিক্ষক শিক্ষিকাগণ তাঁদের পাঠক্রম অনুসারে সুসংবদ্ধ রীতিতে শিক্ষা লাভ করে সংগীত শিক্ষাদানের জন্য দক্ষতা অর্জনের চেষ্টা করছেন।

Music Appreciation Course এবং উপযুক্ত শিক্ষক সৃষ্টির মাধ্যমে রাগসংগীতের শ্রোতার বিবেচনা, বোধ এবং বিচক্ষণতার উন্মেষ হবে। তখন আর তাঁদের রাগসংগীত এবং সংগীতশিল্পীদের সম্পর্কে মতামত বা সিদ্ধান্তের জন্য এ দেশের সংবাদপত্র ও সাময়িকপত্রের আত্মম্ভরী ও অহংকারী সমালোচকদের gospel-এর ওপর নির্ভর করতে হবে না, এবং রাগসংগীতও জনগণের জীবনের সঙ্গে যুক্ত হয়ে বহু বিচিত্র পথে বিকাশলাভ করবে।

রেকর্ডিং

একটা সময় ছিল যখন গান শেষ হয়ে গেলে শ্রোতারা ঘরে ফিরে যেতেন গানের রেশ কানে আর মনে নিয়ে। আবার কবে এমন ভাল গান শোনা যাবে বা আদৌ শোনা যাবে কি না তা ছিল অজানা। বহু শিল্পী বহু সাধনা করে যে সম্পদে সীমিত সংখ্যক শ্রোতাকে সীমিত সময়ে আনন্দ দিতেন তার স্বাদ আমরা কোনও দিনই পাব না। তানসেন, বৈজুবাওরা, গোপাল নায়ক, সদারঙ্গ, যদুভট্ট, মীরাবাঈ, কবীর, তুলসীদাস, নানক,—এঁদের রচিত গানের কথাগুলি শুধু ছাপার অক্ষরে থেকে গেছে। আহা! ওঁদের গাওয়া গান যদি ধরে রাখা যেত! কোন শূন্যে মিলিয়ে গেছে শ্রীচৈতন্যের নামসংকীর্তন, লালন ফকিরের গাওয়া বাউল গান, বৈরাম খান, নাসিরুদ্দিন খানের কণ্ঠের ধ্রুপদ গান।

এই মুহূর্তে আমার মনে হচ্ছে ওই সব যুগে ফিরে যাই, সেইসব গান মন দিয়ে শুনি, বুঝি, তাদের ঐশ্বর্য একালের সকলকে উপলব্ধি করানোর এবং শিক্ষার্থীদের বিতরণ করার চেষ্টা করি। কিন্তু এখন রেকর্ডের জঙ্গলে পথ হারাতে বসেছি। কিছু চন্দন, সেগুন, মেহগনি যে নেই তা নয়, তবে অনেক অজানা, অচেনা, অনাবশ্যক গাছের ভিড়ে তাদের বেঁচে থাকা দায়! তবুও একথা স্বীকার করতেই হবে যে রেকর্ডিং-এর কল্যাণে মহান ভারতীয় রাগসংগীতের ধারাটি লুপ্ত হয়নি। উস্তাদ আবদুল করিম খাঁ, উস্তাদ বড়ে গোলাম আলি খাঁ প্রমুখ শিল্পীরা চিরকালের জন্য ওই সংগীতের সম্পদ সংরক্ষিত করে গেছেন তাঁদের রেকর্ডগুলিতে, রেকর্ডিং কোম্পানির অনুরোধ ও প্রযত্নে। কোনও শিল্পীরই সমগ্র সাংগীতিক কীর্তির পরিচয় সীমিত সময়ের রেকর্ডে ধরে রাখা সম্ভব হয় না। রেকর্ডিং-এর মান ও ব্যবস্থা তখন উন্নত ছিল না আজকের মতো। তবুও গ্রামোফোন কোম্পানি, আজ সকলের পরিচিত এইচ এম ভি (HMV) আমাদের অশেষ কৃতজ্ঞতাভাজন। রাগসংগীত ছাড়া অন্যান্য গানের শিল্পীদের অনেকে অমর হয়েছেন কেবল রেকর্ডের মাধ্যমে। আমরা অনেকেই সাইগল, নূরজাহান, মহম্মদ রফি, লতা মঙ্গেশকর, আশা ভোঁসলে, কিশোরকুমার, মান্নাদে-র অনুষ্ঠান সামনাসামনি নাও শুনে থাকতে পারি, কিন্তু এঁদের আসন যে আমাদের মনে চিরস্থায়ী হয়েছে তা শুধু রেকর্ডিং-এর প্রসাদে।

শ্রুতিনন্দনের ছাত্রছাত্রী, তাদের অভিভাবক ও বহিরাগত সংগীতশিক্ষার্থী ও সংগীত প্রেমিক ব্যক্তিদের রেকর্ডিং সম্পর্কে কিছু ধারণা থাকা প্রয়োজন বিবেচনা করে এই অধ্যায়ের অবতারণা। রেকর্ডিং কী? যে কোনও শব্দকে স্থায়ীভাবে ধরে রাখার চেষ্টাকে যে রেকর্ডিং বলা হয় তা সকলেরই জানা। শব্দের সঙ্গে দৃশ্যের মিলিত রূপের রেকর্ডিং (Video Recording) পরবর্তীকালে উদ্ভাবিত হয়েছে। তার কথায় পরে আসছি। আগে গান ও তার

রেকর্ডিং সম্বন্ধে আলোচনা করছি।

তার, মোম, গালা ইত্যাদির স্তর পেরিয়ে যা বহুদিন সংরক্ষিত হয়েছে spool ও ক্যাসেটে (cassette) তা এখন কমপ্যাক্ট ডিস্ক (C.D.)-এ চিরস্থায়িত্ব লাভ করেছে। প্রথমে গায়কের সঙ্গে সহযোগী যন্ত্রশিল্পীরা একটি মাইক্রোফোনের বিভিন্ন দূরত্বে বসে বা দাঁড়িয়ে রেকর্ড করতেন। রেকর্ডিস্ট (recordist) বিভিন্ন ভাবে শিল্পীদের স্থান পরিবর্তন করতেন ভাল রেকর্ডিং-এর প্রয়োজনে। এ ব্যবস্থাকে ডাইরেক্ট রেকর্ডিং বলা হয়। এই রেকর্ডিং-এ পরে কিছু করার থাকে না—যেমন আছে বাজিয়ে দিলেই চলে: কিন্তু বর্তমানে মিক্সার যন্ত্রটি আসায় রেকর্ডিং অনেক সহজ হয়ে গেছে। আলাদা আলাদা ট্র্যাক (track)-এ গায়কের গান ও সহযোগী শিল্পীদের যন্ত্রানুষঙ্গ ধরে রাখা যায়। বেশির ভাগ সময় যন্ত্রানুষঙ্গ পরিচালক (arranger) যন্ত্রীদের প্রয়োজনীয় রেকর্ডিং আগেই সেরে ফেলেন। গায়ক পরে এসে তাঁর নির্দিষ্ট ট্র্যাক-এ শূন্যস্থান পূর্ণ করেন গান গেয়ে। একে বলে ট্র্যাক রেকর্ডিং। এতে গায়ক বার বার তাঁর গানের দোষগুলো সংশোধনের সুযোগ পান এবং বিভিন্ন যন্ত্রসংগীতের সঙ্গে একবারে নিখুঁত গান গাইবার দায়িত্ব থেকে মুক্তি পান। পরে ওই ট্র্যাকগুলিকে মিক্স করে, ইকো, রিভার্ব ইত্যাদির সুযোগে কিছু দোষ ঢাকার উপায় থাকে। তার ফলে অধিকাংশ গায়কের গানের মান অবনত হবার আশঙ্কা থাকে এবং এই আশঙ্কা অমূলক নয়। কয়েকজন সুদক্ষ শিল্পীর কথা স্বতন্ত্র। আমার দীর্ঘদিনের রেকর্ডিং-এর অভিজ্ঞতা থেকে বলছি যে গানের মানের সার্বিক উন্নতির চেষ্টা না করে ট্র্যাক রেকর্ডিং-এর বিভিন্ন সুযোগসুবিধাকে কাজে লাগিয়ে নিম্নমানের গান প্রচার করলে সংগীত ও সংস্কৃতির সামগ্রিক ক্ষতি হয়। অন্যদিকে, বিগত দিনের অমর গানগুলির সবই ডাইরেক্ট রেকর্ডিং-এর মধ্য দিয়ে পেয়েছি। অবশ্য রাগসংগীতের রেকর্ডিং এখনও ট্র্যাকে হয় না, হওয়া সম্ভব নয় বলেই। কেননা, সূক্ষ্মাতিসূক্ষ্ম অলংকরণ ও লয়ের বিচিত্র লীলা একসঙ্গে ছাড়া করা সম্ভব নয়।

রাগসংগীতের রেকর্ডিং

আমরা সবাই জানি যে রাগসংগীতের সবচেয়ে বৈচিত্র্যপূর্ণ প্রকার বা রীতি হল খ্যাল। খ্যাল-এর অর্থ কল্পনা, ইংরেজিতে—ইমাজিনেশন। খ্যালের বিভিন্ন উপাদান হচ্ছে রাগালাপ বা রাগের সংক্ষিপ্ত পরিচয়, বন্দিশ বা গান, বিস্তার, যা রাগ ও গানের ভাবের উন্মোচন, বোলতান অর্থাৎ কথা সহযোগে তান, বোলবাট বা কথাকে বিভিন্ন ছন্দে প্রকাশ করা, সরগম অর্থাৎ রাগ প্রকাশক স্বরসমন্বয়, আ-কারে তান, ছন্দ ও লয়ের বিচিত্র ক্রিয়া। যিনি খ্যাল গান করেন, তাঁর গানে এই উপাদানগুলি থাকা উচিত। 78 R.P.M (rotation per minute)-এর রেকর্ডগুলিতে ৩/৪ মিনিটের বেশি রেকর্ড করা যেত না। তাই খ্যাল গায়ককে এই সমস্ত উপাদান ওই অল্প সময়ের মধ্যে পরিবেশনের চেষ্টা করতে হত। পরবর্তীকালে Long Playing বা L.P রেকর্ডে দু পিঠে প্রায় ৪৫ মিনিট রেকর্ড করা যেত। ক্যাসেট বা spool-এও একঘণ্টার বেশি সময় ধরে রেকর্ড করা যেত না। কিন্তু আজকাল একসঙ্গে ৭৫ মিনিট ধরে গান রেকর্ড করার সুবিধে হয়েছে C.D-তে। অনেক শিল্পীরই ক্যাসেট, L.P. C.D-তে রেকর্ড করার অভিজ্ঞতা আছে, কিন্তু মাত্র ৩/৪ মিনিট সময়ের মধ্যে খ্যালগানের সমস্ত উপাদান পরিবেশন যে কতবড় দুঃসাধ্য কাজ তা আমি উপলব্ধি করেছি এবং তখনই স্মরণ করেছি

উস্তাদ বড়ে গুলাম আলী খাঁ সাহেবকে যিনি কামোদ, পরজ, গুর্জ্জোরি টৌড়ি, দেশি, ললিত, আড়ানা-বাহারের মতো রাগের খ্যাল সমস্ত উপাদান সহ নিখুঁতভাবে সাবলীলতার সঙ্গে পরিবেশন করেছেন 78 R. P. M রেকর্ডে। এমন সংক্ষিপ্ত অথচ পূর্ণাঙ্গ প্রকাশের দৃষ্টান্ত বোধহয় আর নেই। খ্যাল গানের, ও ঠুমরি গানের বড়ে গুলাম খাঁ সাহেবের 78 R. P. M রেকর্ডগুলি প্রতিটি শিক্ষার্থীর আদর্শ হিসেবে গণ্য হতে পারে।

রাগসংগীতে যন্ত্রানুষঙ্গ

ধ্রুপদ, খ্যাল বা ঠুমরি গানে আমরা সবাই জানি যে অন্তত ২টি তানপুরা, একটি সারেঙ্গি, একটি হারমোনিয়াম, তবলা-বাঁয়া ছাড়া সাধারণত আর কোনও যন্ত্রের প্রয়োজন হয় না। উস্তাদ বড়ে গুলাম আলি খাঁনকেই সুরমণ্ডল (Auto-Harp) হাতে নিয়ে খ্যাল গান গাইতে প্রথম দেখা যায়। সুরমণ্ডলটি রাগ অনুযায়ী সুরে মিলিয়ে নিয়ে প্রয়োজন মতো বাজিয়ে উনি গাইতেন। এখন সুরমণ্ডলের এত সুন্দর ব্যবহার প্রায় দেখাই যায় না। যন্ত্রটির সঠিক ব্যবহার গায়নকে সমৃদ্ধ করে, কিন্তু তারগুলি শুধু ওপর থেকে নীচে অনবরত বাজিয়ে গেলে গোলমাল সৃষ্টি হয় যা একরকম শব্দদূষণ।

অন্যান্য গানে যন্ত্রানুষঙ্গ

রাগসংগীত ছাড়া অন্য গানের রেকর্ডিং-এ বেশি যন্ত্র ব্যবহৃত হয় বলে একজন যন্ত্রানুষঙ্গ পরিচালক বা অ্যারেঞ্জারের (arranger) প্রয়োজন হয়। এই পরিচালক কোন গানে, কখন, কী বাজবে তা ঠিক করেন এবং সেইমতো যন্ত্র ও যন্ত্রশিল্পী নির্বাচন করেন। আমার মনে হয়, সমস্ত যন্ত্রের চরিত্র সম্বন্ধে সুস্পষ্ট ধারণা ও ব্যবহৃত সমস্ত যন্ত্রের বাদনরীতি সম্পর্কে পরিষ্কার জ্ঞান একজন যোগ্য অ্যারেঞ্জারের থাকা দরকার। গানের কথা পড়ে বোঝার ক্ষমতা না থাকলে ভাল অ্যারেঞ্জার হওয়া যায় না। কারণ, গানের অর্থ ও ভাব অনুযায়ী যন্ত্র নির্বাচন করা অত্যন্ত প্রয়োজন। ফিল্মি গানের রেকর্ডিং-এ সংগীত পরিচালকের দায়িত্ব থেকেও অ্যারেঞ্জারের দায়িত্ব বেশি। আবহসংগীত নির্মাণে ছবির প্রতিটি ঘটনা ও পরিস্থিতিকে প্রাণবন্ত করতে প্রতিটি যন্ত্রের শব্দ উৎপাদনের ক্ষমতা ও বৈশিষ্ট্যের ব্যবহারিক জ্ঞান অ্যারেঞ্জারের কাছেই আশা করা যায়, সংগীতপরিচালকের কাছে সাধারণত যায় না। অবশ্য সংগীতপরিচালক যদি রাহুল দেববর্মণ বা ওঁর মতো কেউ হন তাহলে আলাদা কথা। যদিও ওঁকেও প্রথম জীবনে অ্যারেঞ্জারদের যথেষ্ট সাহায্য নিতে হয়েছে। ফিল্ম-এর গানে ছবির প্রয়োজনে Interlude ও Prelude-এর দৈর্ঘ্য নিয়ন্ত্রিত হয়। কিন্তু ছবির গান না হলেও অনেক ক্যাসেটে ইন্টারল্যুড ও প্রিল্যুড অকারণে এত দীর্ঘ হয়ে যায় মাঝে মাঝে যে যন্ত্রসংগীত শুনতে শুনতে মূল গানের কথা ও তার ভাবই হারিয়ে যায়।

বিভিন্ন গানের যে সব ভাল রেকর্ড আমরা শুনে থাকি তাতে রেকর্ডিং স্টুডিও এবং রেকর্ডিস্টের বিশেষ গুরুত্বপূর্ণ ভূমিকা থাকে। স্টুডিওর পরিসর, রেকর্ডিংমেশিন, শব্দনিয়ন্ত্রণ ব্যবস্থা (acoustic), শীতাতপনিয়ন্ত্রণের সামগ্রিক ব্যবস্থা, ভাল মাইক্রোফোন ও সর্বোপরি স্টুডিওর কর্মীদের আন্তরিক সহৃদয় ব্যবহার, ভাল রেকর্ডিং-এর জন্য অবশ্য প্রয়োজনীয়।

রেকর্ডিস্ট-এর গান, বাদ্যযন্ত্র ও রেকর্ডিং সংক্রান্ত সমস্ত ইলেকট্রনিক যন্ত্রপাতির বিস্তারিত জ্ঞান থাকার সঙ্গে সঙ্গে যা অত্যন্ত প্রয়োজনীয় তা হল অসীম ধৈর্য। গায়কের বা যন্ত্রশিল্পীর অসংখ্যবার ভুল হলেও তা হাসিমুখে মেনে নিয়ে বার বার রেকর্ডিং করবার মানসিকতা না থাকলে কখনও ভাল রেকর্ডিস্ট হওয়া যায় না। সর্বোপরি রেকর্ডিস্ট-এর তাল ও লয়ের বোধ স্পষ্ট ও পরিচ্ছন্ন হওয়া দরকার। তা না হলে সময় ও প্রয়োজনমতো তিনি পাঞ্চ করতে পারবেন না এবং এডিটও করতে পারবেন না।

স্টুডিও সম্বন্ধে

একটি অডিও রেকর্ডিং স্টুডিওতে একটি কন্ট্রোল রুম, একটি বড় ফ্লোর, কয়েকটি ছোট বুথ, কয়েকটি পার্টিশন অবশ্যই থাকবে। বেশির ভাগ স্টুডিওতে এগুলি আছেও। পুরো স্টুডিওটি সাউন্ডপ্রুফ-ও করতে হয়। তা ছাড়া পুরো স্টুডিওটি এয়ার-কন্ডিশনড অর্থাৎ শীতাতপ-নিয়ন্ত্রিত হওয়া বিশেষ প্রয়োজন। তা না হলে বাদ্যযন্ত্রগুলির সুরের পরিবর্তন তাপমাত্রার পরিবর্তনের সঙ্গে অনিবার্যভাবে ঘটে, স্টুডিওর ইলেকট্রনিক যন্ত্রগুলিরও ক্ষতি হয়। কিন্তু অধিকাংশ স্টুডিওতেই এই ব্যবস্থা থাকে না বলে যন্ত্রপাতি প্রায়ই বেসুরো হয়ে যায়; রেকর্ডিং-এ অকারণ সময় নষ্ট হয়—এমনকি গরমে ঘামলে ঠাণ্ডাগরমে কণ্ঠস্বরের মান (standard) রক্ষা করা যায় না, বেশি ক্লান্ত হয়ে যেতে হয় যাতে রেকর্ডিং-এর প্রকৃত উদ্দেশ্য ব্যাহত হয়। ব্যবসায়িক কারণে প্রয়োজনের থেকে ছোট জায়গা নিয়ে স্টুডিও তৈরি করলে স্বাভাবিক ভাবে গায়ক এবং যন্ত্রীদের বসা এবং গান করা ও বাজানো খুব কষ্টকর হয়ে ওঠে। এ বিষয়ে সকলের দৃষ্টি আকর্ষণ করছি। রেকর্ড হওয়ার সময় অনেক অবাঞ্ছিত শব্দ স্টুডিওর মধ্যে প্রবেশ করায় বহুবার আমার রেকর্ডিং ব্যাহত হয়েছে, তাই স্টুডিও তৈরির আগেই তার অবস্থান, পারিপার্শ্বিক পরিবেশ ইত্যাদির কথা মাথায় রাখা উচিত যাতে বাইরের শব্দ কোনওভাবেই স্টুডিওর ভেতর প্রবেশ না করে।

এবার মাইক্রোফোনের কথা বলি। আমার দেখা সব থেকে ভাল মাইক্রোফোন Neumann। এটি জার্মানিতে তৈরি। এতে শিল্পীর কণ্ঠস্বরের প্রকৃত চরিত্র ও বৈশিষ্ট্যটি (tonal quality) সব থেকে ভালভাবে ধরা পড়ে বলে আমার ধারণা। '৯৭-এ কানাডাতে AKG কোম্পানির তৈরি C-12 নামে একটি মাইক্রোফোন দেখলাম। সেটা খুবই ভাল মাইক্রোফোন কিন্তু অত্যন্ত ব্যয়বহুল। এটি এখনও এদেশে ব্যবহৃত হয়নি। এগুলো ছাড়া স্টুডিওতে সব থেকে ভাল ভয়েস রেকর্ডিং মাইক্রোফোন হচ্ছে Shure কোম্পানির SM-58। প্রসঙ্গত বলি, শুধুমাত্র মাইক্রোফোন ভাল হলেই চলবে না—এর সঙ্গে প্রয়োজনীয় তারগুলিও উৎকৃষ্টমানের হওয়া অত্যন্ত জরুরি।

মাইক্রোফোনের সঙ্গে স্বাভাবিকভাবে এসে পড়ে হেডফোনের কথা। অধিকাংশ স্টুডিওরই হেডফোনের মান অত্যন্ত নিম্নশ্রেণীর। কখনও কখনও সেগুলিতে ভালভাবে শোনা যায় না এবং আমি দেখেছি গান রেকর্ড করার সময় বিভিন্নভাবে নাড়িয়েচাড়িয়ে অতি সন্তর্পণে সেগুলিকে কানে কোনও মতে লাগিয়ে রাখতে হয়। ফলে অর্ধেক মনোযোগ কেড়ে নেয় সেই দুর্বল, নড়বড়ে হেডফোনটি।

আমার মতে একটি আদর্শ স্টুডিওতে একটি পিয়ানো ও একটি অর্গান থাকা অবশ্যই

প্রয়োজন। আরও প্রয়োজন অন্ততপক্ষে দুটি ভাল, একই pitch-এ মেলানো, হারমোনিয়াম। ইন্টারন্যাশনাল পিচ-এ মেলানো এই সমস্ত যন্ত্রগুলির রক্ষণাবেক্ষণ, নিয়মিত ব্যবহার এবং টিউনিং খুব দরকার। স্টুডিওর কর্ণধারগণ এ ব্যাপারে একেবারেই যত্নবান নন। এটি খুব দুঃখের এবং লজ্জার বিষয়—এদেশের হারমোনিয়াম প্রস্তুতকারকগণ সঠিক ইন্টারন্যাশনাল পিচ সম্বন্ধে অবহিত নন। নানা ধরনের pitch meter থাকা সত্ত্বেও তাঁরা বহু পুরনো pitch pipe বা tuning-fork নিয়েই কোনও মতে কাজ চালান ক্রেতাদের অজ্ঞতার সুযোগ নিয়ে। এ ব্যাপারে সংশ্লিষ্ট সকলকেই সচেতন হতে হবে।

এখন সমস্ত স্টুডিওতে ডিজিটাল রেকর্ডিং হচ্ছে। এর সঙ্গে ইলেকট্রনিক মিউজিকাল ইনস্ট্রুমেন্ট-এর ব্যবহারও বেড়েছে। কমপ্যাক্ট ভিডিও ক্যাসেট-এ বা DAT-এ ডিজিটাল রেকর্ডিং হয়ে থাকে। এতে সুবিধে কতটা বেড়েছে আমি বুঝিনা, কিন্তু এক ইঞ্চি বা দু ইঞ্চি চওড়া টেপে অ্যানালগ পদ্ধতিতে রেকর্ড করা গান শুনতে যত ন্যাচারাল লাগে ডিজিটাল রেকর্ডিং-এ আমি কখনও তা পাইনি। আবার খরচ কমাবার জন্য মাত্র দুটো কি-বোর্ড (key-board) নিয়েই দশটি গানের একটি অ্যালবাম প্রস্তুত করার চেষ্টা যাঁরা করেন তাঁরা কোনওদিনই দুধের স্বাদ পান না, ঘোলেই তাঁদের সন্তুষ্ট থাকতে হয়। যাঁরা ইউরোপ-আমেরিকার Phil-Harmonic Orchestra শুনেছেন তাঁরা acoustic instrument-এর সঙ্গে electronic বা synthesized instrument-এর ফারাকটি সহজেই বুঝতে পারবেন।

রেকর্ড কোম্পানির দায়িত্ব

রেকর্ড কোম্পানিগুলিই শ্রোতাদের রুচি নিয়ন্ত্রণের ক্ষমতা রাখে। তাঁরা যদি ভাল গান রেকর্ড করেন তাহলে শ্রোতারা ভাল গান শুনতে পাবেন, তাঁরা যদি খারাপ গান রেকর্ড করেন তাহলে দুর্ভাগা শ্রোতারা খারাপ গান শুনতে বাধ্য হবেন। তাহলে ভাল গান কাকে বলে? আমার মতে ভাল গানের বৈশিষ্ট্যগুলো এইরকম:

এক: রুচিশীল এবং মার্জিত কথা বা বাণী।

দুই: বাণীর অর্থ এবং ভাবপ্রকাশে সক্ষম সুর।

তিন: গানের কথায় হ্রস্ব ও দীর্ঘস্বরের সঠিক উচ্চারণ উপযোগী লয় নির্বাচন।

চার: সুরেলা ও সুমিষ্ট কণ্ঠস্বর।

পাঁচ: উপরিউক্ত সমস্ত বিষয় উপস্থিত থাকলেই যে একটি ভাল গানের উদাহরণ দেওয়া গেল—তা নয়। একটি ভাল বা হৃদয়গ্রাহী গান নির্ভর করে কণ্ঠশিল্পীর সামগ্রিক নান্দনিক বোধ (aesthetic sense), শ্রদ্ধাবোধ, সততা ও মানবিক মূল্যবোধের ওপর। এসবই আসে শিল্পীর অতি শৈশব থেকে, দীর্ঘদিনের নিরলস পরিশ্রম, একমুখী, নিষ্ঠাবান, সৎ অভিভাবক, সৎ গুরু, সাধারণ শিক্ষা, পারিপার্শ্বিক আনুকূল্য, বিভিন্ন বিষয় দেখা ও শোনার অভিজ্ঞতা, অন্যের নিন্দা না করে শুধু সর্বদা নিজের দোষ খোঁজার চেষ্টা ও ইচ্ছা—এক কথায় প্রখর আত্মসমালোচনার অভ্যাস এবং গুরুবর্গের উপদেশাবলীর সঠিক বিশ্লেষণের দ্বারা তাদের মমার্থ গ্রহণের ক্ষমতা।

ছয়: একটি গান যখন বহুবার, বিভিন্নভাবে গেয়ে বিভিন্ন শ্রোতাকে শুনিয়ে আত্মবিশ্বাস অর্জনের পর শিল্পীর নিজের এবং শ্রোতাদের 'প্রাণের আরাম, মনের আনন্দ ও আত্মার

শান্তি' দানে সক্ষম হন তখনই তাকে একটি ভাল গান বলা যেতে পারে।

রেকর্ড করার জন্য শিল্পী নির্বাচনের আগে গানের বাজারে শুধুমাত্র চলবে বলেই চালিয়ে দেওয়ার মানসিকতা ত্যাগ করে যে বৈশিষ্ট্যগুলির কথা এতক্ষণ আলোচনা করলাম রেকর্ড কোম্পানির কর্ণধারদের সেগুলি মনে রাখতে বিনীতভাবে অনুরোধ করছি। এতে ভবিষ্যতে কিছু ভাল শিল্পী ও তাদের গাওয়া কিছু ভাল গান আমরা পেতে পারি।

রিমিক্স ও রিমেক

আমরা জানি, কিছু গান বহু পূর্বে রচিত (composed) হলেও তা দীর্ঘকাল ধরে বিভিন্ন শিল্পী গেয়ে আসছেন, তাতে যে গানগুলির মান সবক্ষেত্রেই নিম্নগামী হয়েছে—তা নয়। তানসেন, সদারঙ্গের ধ্রুপদ, খ্যাল গানগুলি, কদরপিয়া, নজরপিয়া, সনদ পিয়া—এঁদের ঠুমরি গানের বন্দিশগুলি, শোরীমিঞার, নিধুবাবুর টপ্‌পাগুলি, রামপ্রসাদের শ্যামাসংগীতগুলি, রবীন্দ্রনাথ, নজরুল, অতুলপ্রসাদ, রজনীকান্ত দ্বিজেন্দ্রলালের গানগুলি কত শিল্পী কতবার গেয়েছেন তা কে গুনে রেখেছে? এখনও যাঁরা তানসেনের ধ্রুপদ, সদারঙ্গের খ্যাল ইত্যাদি গাইছেন তাঁরা তো রিমেকই গাইছেন। এগুলিই হল প্রকৃত রিমেক গান। তানসেনের ধ্রুপদের বন্দিশগুলি যুগে যুগে শিল্পীরা তাদের গঠনকে অক্ষুণ্ণ রেখে তাঁদের শিক্ষা বা অভিজ্ঞতা দিয়ে সাজিয়ে তাঁদের সৃজনশীলতার পরিচয় দিয়ে আসছেন। তাতে স্রষ্টার নাম উবে যায়নি— তাঁর সম্মানহানিও হয়নি। রাগসংগীত শিল্পীরা যখন এই বন্দিশগুলি গান তখন স্রষ্টার প্রতি শ্রদ্ধা জানানোর উদ্দেশ্যে স্রষ্টার নাম উচ্চারণের সময় তাঁরা কানে হাত দেন। এটাই তাঁদের প্রতি সত্যিকারের 'শ্রদ্ধাঞ্জলি'। প্রকৃত শিল্পীর পক্ষে রিমেক গানই হল স্রষ্টার প্রতি শ্রদ্ধা জানানোর শ্রেষ্ঠ অঞ্জলি। ইদানীং রেকর্ড কোম্পানিগুলি পুরোনো দিনের বিভিন্ন শ্রদ্ধেয় শিল্পীর জনপ্রিয় গানগুলি আবার নতুন করে কপি (copy) করার চেষ্টা করিয়ে প্রায় সব গানেরই মান অবনত করছেন; শুধু তাই নয়—মূল শিল্পীর নামও বর্তমান প্রজন্মে মুছে দিতে সাহায্য করছেন—'রিমেক' নাম দিয়ে। 'রিমেক' কথাটির অর্থ নতুন করে সৃষ্টি করা। কোম্পানিগুলির এই রিমেক গানে সৃষ্টির কোনও লক্ষণ তো নেই-ই, বরং অভিজ্ঞ ও সার্থক শিল্পীর গাওয়া সুন্দর গানগুলি তুলনামূলকভাবে অনভিজ্ঞ শিল্পীদের দিয়ে জোর করে গাইয়ে শিল্পীদের সৃজনশীলতায় বাধার সৃষ্টি করছেন—অন্যদিকে নতুন প্রজন্মের শ্রোতাদের সমৃদ্ধ উত্তরাধিকারের স্বাদ গ্রহণের থেকে বঞ্চিত করছেন। এইসব রিমেকে মেকিং বা সৃষ্টি কোথায়? রবীন্দ্রনাথের কোনও কবিতার সুস্পষ্ট জেরক্সও কি কাব্য বলে বিবেচিত হবে? তেমনি সুকণ্ঠের অধিকারী হয়েও অনেককে লতাকণ্ঠী, কিশোরকণ্ঠ ইত্যাদি পরিচয়ে বিভিন্ন জলসায় গান গেয়ে স্মৃতির অতলে হারিয়ে যেতে দেখেছি। এদের নাম কেউ মনে রাখেনি। মনে আছে এবং থাকবে লতাজি ও কিশোরজির নাম। অর্থাৎ রিমেক শিল্পীদের প্রকৃত নাম বা খ্যাতি হয় না। রেকর্ড কোম্পানিগুলির সাময়িক কিছু অর্থাগম হলেও শিল্পীরা এই গান গেয়ে কতটা লাভবান হন, আমার জানা নেই—তা অর্থের দিক থেকেই হোক আর খ্যাতির দিক থেকেই হোক। শ্রদ্ধাশীল হয়ে, সৃজনশীলতাকে অক্ষুণ্ণ রেখেও মূলশিল্পীদের গান যে উন্নত করা যায় না—তা নয়। তাতেই প্রকৃত শ্রদ্ধাঞ্জলি সম্ভব হয়। শ্রদ্ধার নামে শ্রদ্ধার

অপলাপ করতে হয় না।

রিমিক্স আমার মতে আরও ভয়ংকর রূপ নিতে পারে। এক্ষেত্রে রিমেক গানের মতো যন্ত্রানুষঙ্গের প্রায় হুবহু ব্যবহার হয় না। ইচ্ছেমত ওই গানকে বিকৃত করার সুযোগ থেকে যায়। রিমিক্স গানের ভিডিও ক্যাসেট-এ কোনও সুস্থ রোম্যান্টিক গানকে চিত্রায়িত করে রুচিবিকৃতির কোন্ পর্যায়ে নিয়ে যাওয়া যায় তা একজন নিম্নশ্রেণীর ব্যবসায়ী ভালই জানেন। আবার রিমিক্স গানের ক্ষেত্রে কিছু সৃষ্টির সুযোগ থাকলেও থাকতে পারে। যেমন, পুরনোদিনের গানে, গানের প্রথম লাইনকেই ইন্টারল্যুড হিসেবে কোনও যন্ত্রে বাজিয়ে দেওয়া হত। সেই গানের ইন্টারল্যুড নতুন করে রচনা করে তার সার্বিক মানোন্নয়ন সৎপ্রচেষ্টার দ্বারা রিমিক্সের মাধ্যমে সম্ভব। আবার অতীতে রেকর্ড করার উন্নতমানের যন্ত্রাদি না থাকায় যে সমস্ত গানগুলি হারিয়ে যেতে বসেছে সেগুলিতে রিমিক্সের দ্বারা পুনঃপ্রাণসঞ্চার করার প্রয়াসটি কিন্তু সৎ। তাই রিমিক্সের মাধ্যমে গানের সামগ্রিক মানোন্নয়ন শুধুমাত্র নির্মাতাদের সততার ওপরই নির্ভর করে।

ভারতের বাণিজ্যিক রাজধানী থেকে ‘রিমেক’ ও ‘রিমিক্স’ নামে পণ্য দুটিকে সাংস্কৃতিক রাজধানীতে আমদানি করার উদ্দেশ্য খুব বেশিদূর সফল হয়েছে বলে মনে হয় না। তাই আমার মতে—এখন সময় এসেছে রেকর্ড কোম্পানিগুলির A & R (artiste and repertoire) বিভাগে কিছু দূরদৃষ্টিসম্পন্ন, সৎ, শুভবুদ্ধি ও সুস্থরুচিসম্পন্ন মানুষ নিয়োগ করা।

লাইভ রেকর্ডিং

লাইভ রেকর্ডিং শিল্পীর সামগ্রিক মানোন্নয়নের সহায়ক। কেননা, শ্রোতারা সামনে বসে থাকেন তাই শিল্পী সবসময় সচেতন থাকতে বাধ্য হন। সহযোগী শিল্পীরাও তাঁদের ভুল হলে তা শুধরে নেবার সুযোগ নেই জেনে সদাসতর্ক থাকেন। প্রতিটি গানের শেষে শ্রোতাদের অভিনন্দন পেয়ে থাকেন বলে শিল্পী পরের গানটিকে সুন্দরতর করার প্রেরণা ও আত্মবিশ্বাস পান। শিল্পী হলের বা প্যান্ডেলের স্পিকার ও মনিটর স্পিকার-এ নিজের গান পরিষ্কার ভাবে শুনতে পান ও তার বিচারেরও সুযোগ থাকে। অনুষ্ঠানের সাফল্যের ওপর শিল্পীর জীবনধারণ ও ভবিষ্যতে অন্য অনুষ্ঠানের আমন্ত্রণ পাওয়া নির্ভর করে। তাই শিল্পীকে তাঁর অনুষ্ঠানের ব্যাপারে যথেষ্ট যত্নশীল হতে হয়। অন্যদিকে চার দেয়ালের মধ্যে শ্রোতাহীন কক্ষে স্টুডিও রেকর্ডিং-এ তাঁকে গাইতে হয়। তাঁর গান তিনি শুনতে পান না। শুনতে চাইলে হেডফোন দু কান চেপে ধরে। আবার বহুবার রেকর্ড করবার সুযোগ আছে জেনে গানটি নিখুঁতভাবে গাইবার কোনও তাগিদ বা গরজ তিনি অনুভব করেন না। তাই আমার মনে হয় যদি ভাল শিল্পীর সমস্ত লাইভ প্রোগ্রামগুলি সযত্নে রেকর্ড করে রাখা যায়, এবং তার থেকে বাছাই করে যদি ক্যাসেট বা সি.ডি-তে সেগুলি প্রকাশিত হয় তবে শ্রোতারা ওই শিল্পীর উন্নতমানের গান পেতে পারেন। আর এ কথা বলাই বাহুল্য যে কেবল উন্নত ও উৎকৃষ্ট গানই রেকর্ড করা ও সেগুলি শ্রোতাদের কাছে পৌঁছে দেওয়া রেকর্ড কোম্পানিগুলির কর্তব্য। ওই জন্যেই শ্রোতাদেরও লাইভ প্রোগ্রাম-এর ক্যাসেট বা সি.ডি-র খোঁজ করতে দেখি।

রেকর্ড কোম্পানি ও শিল্পীর সম্পর্ক

যখনই কোনও কোম্পানি কোনও শিল্পীর গান রেকর্ড করেন তখনই চুক্তি এবং তার শর্তের প্রসঙ্গ আসে। এ বিষয়ে আলোচনা বোধকরি অপ্রাসঙ্গিক হবে না। একজন শিল্পীকে দুই, তিন, চার বা পাঁচ বছরের জন্য কোনও কোম্পানি চুক্তিবদ্ধ করলে ইউরোপ-আমেরিকায় সেই সময়ের মধ্যে কটি অ্যালবাম প্রকাশিত হবে এবং তার বিনিময়ে কত পারসেন্ট রয়্যালটি তিনি পাবেন তার স্পষ্ট উল্লেখ থাকে। শুধু তাই নয়, রেকর্ড করার প্রথমেই একটি মোটা অঙ্কের টাকা শিল্পীকে অগ্রিম রয়্যালটি বাবদ দেওয়া হয় যাতে শিল্পী তাঁর সমস্ত মনোযোগ শিল্পসৃষ্টির জন্য দিতে পারেন। কোম্পানির দায়ও তাঁর ওপর বর্তায়। কিন্তু এই উপমহাদেশে দীর্ঘমেয়াদি চুক্তিপত্রে স্বাক্ষর করেও শিল্পী জানতে পারেন না—তাঁর কটি রেকর্ড বা অ্যালবাম হবে, তিনি কত টাকা পাবেন, এবং সেটি তাঁর যোগ্যতা অনুসারে সঠিক কি না। এর কারণ বিশ্লেষণ করলে দেখা যাবে যে বিদেশে প্রকৃত শিল্পীদেরই রেকর্ড প্রকাশিত হয়। একটি কোম্পানি খুব বেশি হলে দুই বা তিন শিল্পীর জন্য তাঁদের পূর্ণ ক্ষমতা প্রয়োগ করেন। তাতে শিল্পীর যেমন দায়িত্ব থাকে সব থেকে ভাল গান করার, তেমনি কোম্পানিকেও নিজের অস্তিত্ব বাঁচিয়ে রাখার তাগিদে ওই দু-একজন শিল্পীর ও তাঁদের গানের প্রচার ও প্রসারের জন্য সচেতনভাবে সচেষ্ট হতে হয়। এদিকে আমাদের দেশে নামী রেকর্ড কোম্পানিগুলির বেশির ভাগই বছরে চল্লিশ পঞ্চাশটি বা তারও বেশি টাইটেল বার করেন। অধিক সন্তানের পিতার যেমন দুরবস্থা হয়, আমাদের রেকর্ড কোম্পানিগুলির অবস্থাও অনেকটা সেইরকম। শিল্পীরাও নিজেদের যোগ্যতা অর্জনের দিকে নজর না দিয়ে তাড়াতাড়ি নাম প্রচার ও অর্থ উপার্জনের তাগিদে লক্ষ্যচ্যুত হয়ে রেয়াজের সময় নষ্ট করে, রেকর্ড কোম্পানির কর্ণধারদের খোসামোদে ব্যস্ত হন। তাতে তাঁদের নিজেদের ও সামগ্রিক সংগীতের ক্ষতি হয়। অগণিত রেকর্ড বের হবার জন্য শিল্পীকে তাঁর প্রাপ্য রয়্যালটিটুকুও সময়মত দেওয়া হয় না। শিল্পীর গানের চাহিদা বাড়লেও রেকর্ড কোম্পানিগুলি স্বতঃপ্রণোদিত হয়ে রয়্যালটির পরিমাণ শিল্পীর বহু অনুরোধেও বৃদ্ধি করেন না। এর পরিণতি কী? শিল্পীর ভাল গাইবার প্রেষণা (initiative) বিনষ্ট হয় এবং কোম্পানির প্রতি বিরাগ জন্মায়। আরও একটি কথা ভাবা খুব জরুরি। দীর্ঘকাল একটি রেকর্ড কোম্পানির সঙ্গে চুক্তিবদ্ধ থাকলে অন্য কোম্পানিতে রেকর্ড করা যায় না। এই সময়ের মধ্যে শিল্পীর ক্ষমতাহ্রাস পাওয়া স্বাভাবিক। কিন্তু চুক্তির বন্ধনে থাকার জন্য শিল্পী তাঁর শ্রেষ্ঠ গানগুলি অন্য কোম্পানিকে দিয়েও রেকর্ড করাতে পারেন না, যার জন্য দেশ এবং সুরসিক ও বোদ্ধা শ্রোতাসাধারণ ভাল গান শোনার সৌভাগ্য থেকে বঞ্চিত হন।

গান শোনাবার বিজ্ঞান

যে গান আমরা এখন শুনি হল-এ, প্যান্ডেলে এবং রেকর্ডে সে গানে বিজ্ঞান মিশে আছে। কণ্ঠশিল্পীর কণ্ঠের এবং যন্ত্রশিল্পীর বাদ্যযন্ত্রের নিজস্ব চরিত্র ও বৈশিষ্ট্য অক্ষুণ্ণ রাখার দায়িত্ব এ যুগে প্রায় পুরোটাই শব্দব্যবস্থাপক বা ধ্বনি নিয়ন্ত্রণকারীকে পালন করতে হয়। যে গানবাজনা এখন আমরা শুনি সংগীত অধিবেশনগুলিতে এবং রেকর্ডে—তার প্রস্তুতিতে যেসব বৈজ্ঞানিক যন্ত্রের গুরুত্বপূর্ণ ভূমিকা থাকে সেগুলির গঠন ও কাজ সম্পর্কে আমাদের দেশের অধিকাংশ শিল্পীর ও শ্রোতাদের স্বচ্ছ ধারণা নেই। শব্দের প্রাবল্যের তারতম্যের মধ্যেই আমাদের অধিকাংশের জ্ঞান সীমাবদ্ধ। এখন অনেক উন্নত মানের audio system আমরা পাই। কিন্তু সেগুলি থেকে প্রাপ্য সুবিধাগুলি আমরা নিতে জানি না। যার ফলে অনেক সুললিত কণ্ঠ বা যন্ত্রের ধ্বনি বিকৃতভাবে আমাদের কানে এসে পৌঁছয় ওই সীমাবদ্ধ জ্ঞানের জন্যে। আবার সেই যন্ত্রগুলিকে যাঁরা কাজে লাগান সংগীত অনুষ্ঠানে এবং রেকর্ডিং-এর সময় তাঁদের নাম প্রায় অঘোষিত এবং অনুল্লিখিত থেকে যায়।

কণ্ঠশিল্পী এবং যন্ত্রশিল্পী যেখানে তাঁদের অনুষ্ঠান করেন অর্থাৎ হল, কিংবা প্যান্ডেল—সেখানে শব্দ বা ধ্বনির একটি পটভূমি আগে থেকেই থাকে যাকে ইংরাজিতে বলা হয় acoustic background। এটি সম্পর্কে পরিষ্কার জ্ঞান থাকলে মাইক্রোফোন, স্পিকার ইত্যাদি যন্ত্রের সুষ্ঠু ব্যবহার ও নিয়ন্ত্রণকে সাহায্য করা সম্ভব হয়।

কণ্ঠশিল্পীরূপে আমার সংগীতানুষ্ঠানের এবং রেকর্ডিং-এর অভিজ্ঞতার ভিত্তিতে আমি এই অধ্যায়টির প্রয়োজনীয়তা উপলব্ধি করেছি। এ বিষয়ে আমার অনেক জিজ্ঞাসাকে চরিতার্থ করেছেন Audio Centre-এর প্রধান, প্রখ্যাত শব্দব্যবস্থাপক শ্রীবিশ্বজিৎ প্রসাদ। ওঁকে আমার আন্তরিক কৃতজ্ঞতা জানাই।

হিন্দু, সুলতানী এবং বাদশাহী আমলে সংগীতগুণীরা মাইক ছাড়াই গান করতেন। তখন মাইক্রোফোন আবিষ্কৃত হয়নি। তখন সংগীত অধিবেশনের কক্ষটি একটি গম্বুজের আকৃতিতে তৈরি করা হত যাতে সীমিতসংখ্যক আমন্ত্রিত শ্রোতাদের সকলেই গান শুনতে পান। বিংশশতাব্দীর দ্বিতীয় দশক পর্যন্ত এই ব্যবস্থাতেই শিল্পীরা সংগীত পরিবেশন করেছেন। তারপর পরিস্থিতি পাল্টেছে। শ্রোতার সংখ্যা অনেক বেড়ে গেছে। ব্যক্তিগত উদ্যোগে আয়োজিত এই সমস্ত অনুষ্ঠানে অধিকসংখ্যক শ্রোতার উপস্থিতি অর্থনৈতিক কারণেও ঈপ্সিত। কেননা, এখন আর আগের মতো রাজা বাদশাহদের আর্থিক সহায়তা মেলে না।

এখন আমরা একান্তভাবেই মাইকনির্ভর হয়ে পড়েছি। কোনও সংগীতানুষ্ঠানই, এমনকি

ঘরোয়া অধিবেশনও আজ মাইক ছাড়া আমরা কল্পনা করতে পারি না। খুব ছোট বেলায় আমি দেখেছি 'ঝংকার'-এর অধিবেশনে স্টিলরঙের প্রায় ডিম্বাকৃতির Shure মাইকে উস্তাদ বড়ে গোলাম আলী খাঁ সাহেব গান করছেন। ওই একটি মাইকই সমগ্র অনুষ্ঠানটিতে ব্যবহার করা হচ্ছে। ওগুলো ছিল high impedance মাইক। আজকাল ওই মাইক ব্যবহৃত হয় না, কেননা এটা mixer-এর যুগ; mixer-এর সঙ্গে low impedance মাইক ব্যবহার করা হয়। ওই high impedance মাইকের সঙ্গে tube amplifier থাকত। Valve set তাড়াতাড়ি খারাপ হয়ে যাবার সম্ভাবনায় এবং mixer-এর উদ্ভাবন হওয়াতে ওই মাইক ও amplifier লোপ পেয়েছে।

বিভিন্ন অনুষ্ঠানে আমার সংগীত পরিবেশন, দেশবিদেশের বিভিন্ন studio-তে রেকর্ডিং-এর অভিজ্ঞতা এবং সংগীত রিসার্চ অ্যাকাডেমির studio-তে নানা ধরনের মাইক্রোফোন ব্যবহার করার সুযোগ পাওয়ায় এই যন্ত্রটি ও তার গুণাবলী সম্পর্কে আমি যা জানতে পেরেছি তারই ভিত্তিতে আমি এই পরিচ্ছেদে কিছু কথা বলতে চাই।

আমরা দেখি, যখন কোনও শিল্পী গান করেন বা যন্ত্রসংগীত পরিবেশন করেন, তখন শব্দব্যবস্থাপকের কাছে একাধিক বাক্স থাকে। এখন প্রশ্ন হল এই বাক্সগুলির কোনটি কী কাজে লাগে এবং এদের নামগুলিই বা কী?

Mixer এবং Reproduction Unit

Mixer হল প্রথম বাক্স—মাইক থেকে তার বা cordগুলি বেরিয়ে যেখানে যুক্ত হয়। শব্দ সম্প্রসারণের ক্ষেত্রে এই যন্ত্রটি এখন অত্যন্ত প্রয়োজনীয় হয়ে উঠেছে। কারণ, এতে কণ্ঠ বা যন্ত্রের গুণগত মানকে প্রয়োজন অনুযায়ী উন্নত করার ব্যবস্থা আছে। এতে মাইক থেকে আসা শব্দকে input section-এ গ্রহণ করা হয় এবং output section-এর মাধ্যমে reproduction unit-এ পাঠানো হয়। input section-এ থাকে effect processor যেটি তিনরকম সুবিধে দিতে সক্ষম। এক reverb, দুই echo, তিন delay। Reverb বা reverberation দ্বারা অনুষ্ঠানে গমগমে আওয়াজ সৃষ্টি করা সম্ভব যেটি রাগসংগীতে তত প্রয়োজনীয় না হলেও অন্যান্য ধরনের গানবাজনায় শুনতে ভাল লাগে। খালি বড় ঘরে, পাহাড়ের কোলে বা নদীতে কেউ যদি গান করে, তাতে যেরকম শব্দ আমরা শুনি তাকে বলে echo বা প্রতিধ্বনি। খালি বাড়ি, পাহাড়ের কোলে বা নদীতে গানবাজনা না করেও শব্দের ওই চরিত্রটি সৃষ্টি করা যায় 'echo'-র মাধ্যমে। এর পরই আসবে delay-র কথা। বড় জনসভায় বক্তৃতা শোনার অভিজ্ঞতা আপনাদের প্রায় সকলেরই আছে। একই শব্দ পরপর দুবার, তিনবার বা তারও বেশিবার নিশ্চয়ই আপনারা শুনেছেন। আবার 'কিনারা' বা 'আরাধনা' এই দুটি হিন্দি ছবি যাঁরা দেখেছেন বা বিখ্যাত বাংলা ছবি 'কাঞ্চনজঙ্ঘা' যাঁরা দেখেছেন তাঁদের 'delay' বুঝতে কোনও অসুবিধাই হবে না। একটি শব্দ প্রায় একই volume-এ বারবার এই delay ব্যবস্থার মাধ্যমে শোনানো যায়। প্রয়োজন মতো এই তিনটি ব্যবস্থার মাধ্যমে পরিবর্তিত হবার পর শব্দ এসে পৌঁছয় output section-এ।

Output Section-এর সঙ্গে যুক্ত থাকে Graphic Equalizer নামক একটি আয়তক্ষেত্রাকার যন্ত্র। তা ছাড়াও থাকে একটি Signal Processor ও একটি Compressor

Limiter। এবারে এদের কাজগুলি সম্বন্ধে কিছু আলোচনা করছি।

একই শব্দ বিভিন্ন পরিবেশে বিভিন্ন জায়গায় বিভিন্ন ভাবে শোনা যায়। সাধারণ ঘরে, studio-তে, cinema হলে, গানবাজনার জন্য acoustically treated কোনও প্রেক্ষাগৃহে (কলকাতার কলামন্দির, দিল্লির কামানী auditorium, চেন্নাই-এর Music Academyর হল, মুম্বই-এর N. C. P. A. auditorium, এমনকি London-এর Queen Elizabeth Auditorium বা New York-এর Carnegie Auditorium) যেখানেই আমি সংগীত পরিবেশন করেছি সেখানেই আমার নিজের কণ্ঠস্বর এক এক রকম ভাবে শুনেছি। আমার নিজের আওয়াজই বিভিন্ন জায়গায় বিভিন্নরকম কেন হয়? আমার সমসাময়িক এবং পরবর্তী প্রজন্মের শিল্পীদের এ বিষয়ে আলোকপাত করার প্রয়োজনীয়তা উপলব্ধি করে আমি অনুজপ্রতিম বিশ্বজিৎ প্রসাদ (বাবু)-এর সঙ্গে আলোচনা করেছি, environment-এর পরিবর্তনের জন্যই এই তারতম্য ঘটে বলে জেনেছি। যে ঘরে বা যে হলে বা যে জায়গাতে গান হচ্ছে সেখানকার পরিবেশ, ঘরের দেওয়াল, হলের শূন্য বা পূর্ণ অবস্থা, অবাঞ্ছিত শব্দ (noise) এবং সর্বোপরি অনুষ্ঠান স্থলের আয়তন ইত্যাদি সব কিছুই শব্দের tone পরিবর্তনকে প্রভাবিত করে। যেখানে low frequency বেশি সেখানে low-cut করলে, কিংবা mid বা high frequency কম বেশি থাকলে, প্রয়োজনমতো সেগুলিকে বাড়ালে বা কমালে শব্দ বেশি ভালভাবে, ও পরিষ্কারভাবে কানে আসে। শুধু volume বাড়ালেই শব্দ পরিষ্কার শোনা নাও যেতে পারে। এই tone control অর্থাৎ frequency adjust করবার জন্য graphic equalizer-এ আওয়াজকে প্রথমে নেওয়া হয়। mixer-এর output section-এ প্রথমেই থাকে এই equalizer-টি। এটি reproduction unit-এর একটি অংশ।

এখন signal processorএর আলোচনা করছি। Signal processor থেকে আসা গলার বা যন্ত্রের আওয়াজে সর্বাধিক চার ধরনের frequency পাওয়া যায়। প্রথমটি হল low frequency, দ্বিতীয়টি mid frequency, তৃতীয়টি high-frequency এবং চতুর্থটি extra বা superhigh frequency যা সর্বদা পাওয়া যায় না। সাধারণ শব্দব্যবস্থাপকের এই চার ধরনের frequency-কে আলাদা করার ব্যবস্থার জন্য প্রয়োজনীয় যন্ত্র থাকে না। তিনি তাই একটি full-range-speaker-এ এই আওয়াজটি পাঠিয়ে দেন একটি বড় amplifier-এর মাধ্যমে। প্রযুক্তির উন্নতির সঙ্গে সঙ্গে এই frequencyগুলিকে তাদের জন্য নির্দিষ্ট আলাদা আলাদা amplifier-এ পাঠানোর ব্যবস্থা হয়েছে mixer-এর signal processor-এর মাধ্যমে। এটি এতই উন্নত যন্ত্র যে low, high, mid, ইত্যাদি frequencyগুলিকে ভাগ করে পৃথক করে amplifier-এ পাঠাতে পারে। এবার frequency অনুযায়ী বিভাজিত হয়ে শব্দ যখন আলাদা আলাদা amplifier-এ গেল তখন উন্নত শব্দব্যবস্থাপক তাঁর অভিজ্ঞতা ও কান অনুযায়ী সেগুলিকে প্রয়োজনমত বাড়িয়ে কমিয়ে নির্ধারিত speaker-এ পাঠান। কানের ওপর নির্ভর না করেও এ কাজটি করা যায় এমন একটি যন্ত্র আবিষ্কৃত হয়েছে বলে বিশ্বজিতের কাছে শুনলাম। যন্ত্রটি আমাদের হাতে এখনও পৌঁছয়নি। এটির কাজ হচ্ছে হলের বা অনুষ্ঠান স্থলের low, mid বা high ইত্যাদি frequencyগুলি কী অবস্থায় আছে—তা দেখিয়ে দেওয়া। Graphic equalizer-এর কাজটি আমাদের কানের ওপর সম্পূর্ণভাবে নির্ভরশীল। কিন্তু ওই যন্ত্রের মাধ্যমে আমরা চোখেই দেখতে পাব frequency-র প্রকারগুলি কী অবস্থায় আছে। যন্ত্রটির নাম spectrum analyzer। Signal Processor থেকে frequencyগুলি

আলাদা হয়ে amplifier-এ এল। শব্দব্যবস্থাপক সেগুলিকে প্রয়োজনমতো বাড়ালেন বা কমালেন। শব্দ চলে গেল বিভিন্ন frequency-র জন্য নির্ধারিত speaker-এ। Speaker সম্বন্ধে আলোচনা করার আগে, আর একটি যন্ত্রের কথা উল্লেখ করা প্রয়োজন যা mixer-এর output section-এ signal processor এবং graphic equalizer-এর সঙ্গে রাখা থাকে উন্নত শব্দযন্ত্রীর কাছে। এটির নাম compressor limiter। মাইকের সামনে হঠাৎ জোরে আওয়াজ করলে আওয়াজ ফেটে যাওয়ার এবং কোনও শব্দ কিঞ্চিৎ আস্তে বললে শুনতে না পাওয়ার ঘটনা আমরা জানি। শব্দের তীব্রতা (intensity)কে স্থির (steady) রাখবার জন্য এই যন্ত্রটিকে ব্যবহার করা হয়। শব্দের চরিত্রকে এই যন্ত্রটি অক্ষুণ্ণ রেখেও শব্দের ফেটে যাওয়া (blasting)কে রোধ করতে পারে এবং মৃদু আওয়াজকেও শ্রোতার কান অবধি পরিষ্কারভাবে পৌঁছে দিতে পারে। Mixer-এর output section-এর এটি হল তৃতীয় যন্ত্র। Amplifier-এর কাজ হল শব্দকে amplify করা অর্থাৎ শব্দের মাত্রাকে বৃদ্ধি করা। বিভিন্ন frequency সম্পন্ন আওয়াজ বিভিন্ন amplifier থেকে তাদের জন্য নির্ধারিত speaker-এ পৌঁছয়—একথা আগেই বলেছি। তিন ধরনের speaker হয়—Woofer, Mid-Range a Tweeter, Woofer speakerটি সব থেকে বড়,—এই speaker এর মাধ্যমে low frequency সম্পন্ন আওয়াজ শুনতে পাওয়া যায়। Mid-Range Speaker-এ mid-frequcy-র আওয়াজ এসে পৌঁছয় এবং Tweeter Speaker-এ আসে high বা extra high frequency সম্পন্ন আওয়াজ।

ধরুন, কলামন্দির বা ওই জাতীয় কোনও hall-এ গান হচ্ছে। শ্রোতার সংখ্যা এক হাজার/এগারো শ। যেহেতু কলামন্দির auditorium acoustically treated তাই মঞ্চ থেকে অন্তত ১৫ ফুট দূরে বাঁদিকে এবং ডান দিকে দুটি স্ট্যান্ডের ওপরে দুটি বড় speaker মঞ্চ থেকে ৪/৫ ফুট উচ্চতায় শ্রোতাদের দিকে মুখ ঘুরিয়ে রাখলে অনুষ্ঠান বেশ ভালভাবে শোনা যাবে। যদি এই জাতের auditorium-এ ১০০০ ওয়াটের প্রয়োজন হয় তাহলে ৫০০ ওয়াটের দুটি speaker, ২০০০ ওয়াটের প্রয়োজন হলে ১০০০ ওয়াটের দুটি speaker রাখলেই চলবে। Hall-এর মাঝখানে বা পেছনে অন্য কোনও speaker রাখার প্রয়োজন হবে না। এই speaker-এর বাক্সগুলোতে শব্দব্যবস্থাপক Woofer, Mid Range ও Tweeter speakerগুলিকে অভিজ্ঞতা প্রসূত জ্ঞান থেকে এমনভাবে distribute করবেন watt অনুযায়ী—যাতে শ্রোতারা উৎকৃষ্ট আওয়াজটি শুনতে পান। এই শব্দব্যবস্থাপককে ডোভার লেন মিউজিক কনফারেন্সের শব্দ ব্যবস্থা নিয়ন্ত্রণ করতে হয় নজরুল মঞ্চে, বা টালিগঞ্জে সংগীত রিসার্চ অ্যাকাডেমির প্যান্ডেলে ২০০০-এরও বেশি শ্রোতাকে তৃপ্ত করতে হয়। আবার যখন সল্টলেক স্টেডিয়ামে ৩০/৪০ হাজারেরও বেশি শ্রোতাকে দালের মেহেন্দীর গান শুনিয়ে খুশি করতে হয়—তখন কলামন্দিরের ওই শব্দব্যবস্থা কি চলবে? চলবে না। নজরুল মঞ্চে প্রায় ৩০০০ লোকের বসবার ব্যবস্থা হয়। কিন্তু এখানকার acoustic condition অত্যন্ত খারাপ। এর ছাদ টিনের এবং অনেক উঁচুতে, বসার জায়গা বড্ড বেশি ছড়ানো, পেছনের দিকটি খোলা, ডানে-বাঁয়েও খোলা। এ অবস্থায় বহুদিন পরীক্ষা-নিরীক্ষা চালাবার পর নজরুলমঞ্চের শব্দব্যবস্থাকে খুব ভালভাবে বাগে আনতে পেরেছেন বিশ্বজিৎ। ছাদের উচ্চতাকে কাপড় দিয়ে কমিয়ে এনে, খোলা অংশগুলিকে কাপড় দিয়ে ঢেকে এবং stage থেকে ৭/৮ ফুট উচ্চতায় ৮/৯টি speaker stand-এর ওপর রেখে যেভাবে শব্দব্যবস্থাকে নিয়ন্ত্রণ করেছে

বিশ্বজিৎ তা সত্যি অপূর্ব। প্রত্যেক শিল্পী গান বাজনা করে শব্দব্যবস্থার ভূয়সী প্রশংসা করেছেন। ১৯৯৯ সালের জানুয়ারি মাসে ডোভার লেন কনফারেন্সের শব্দব্যবস্থা আমার সবচেয়ে ভাল লেগেছে। প্রায় খোলা মাঠের মতো জায়গায় এমন সুন্দর শব্দব্যবস্থার পেছনে বহু চিন্তা এবং গবেষণার ভূমিকা যে আছে, তা বোঝা গেল।

এবারে S. R. A-র প্যান্ডেলে ফেব্রুয়ারি মাসে যে রাগসংগীতের অনুষ্ঠান হল তার কথা বলি। বিশ্বজিৎ এখানেও শব্দ-যন্ত্রী হিসেবে দায়িত্ব পেয়েছিলেন। Stage-এর ওপর সামনের দিকে speakerগুলি রেখে দেখা গেল পেছন দিকে শব্দ দেরিতে পৌঁছচ্ছে এবং sound check করে দেখা গেল কণ্ঠ ও যন্ত্রশিল্পীর দেরিতে শব্দ পৌঁছনোর জন্য অসুবিধা হচ্ছে। এইবার দেখলাম বিশ্বজিৎ প্যান্ডেলের ceiling-এর কাপড় খুলে বাঁশের সঙ্গে বিভিন্ন জায়গায় speaker বেঁধে দিচ্ছেন। এইভাবে অতিরিক্ত কিছু speaker লাগানোর পর ওই দোষ দূর হল এবং শ্রোতারা গানবাজনা ওই বিরাট প্যান্ডেলের সমস্ত জায়গা থেকেই সুন্দরভাবে শুনতে পেলেন। উন্নত মানের বেশি দামি mixer, effect processsor, graphic equalizer, signal processor, compressor limiter, amplifier ও speaker আর খুব ভাল ভাল microphone থাকলেই শিল্পী ও শ্রোতাকে শব্দব্যবস্থাপক যে উৎকৃষ্ট শব্দ শুনিয়ে আনন্দ দিতে পারবেন তা নয়। দীর্ঘদিনের অভিজ্ঞতা, গবেষণা এবং অবিরাম পরীক্ষা নিরীক্ষার মাধ্যমেই তা সম্ভব হতে পারে। শব্দপ্রযুক্তির সাফল্য একেবারেই অনায়াসলভ্য নয়।

এতক্ষণ আদর্শ শব্দ-ব্যবস্থাপকের ভূমিকার কথা বললাম। অনুষ্ঠানের সামগ্রিক সাফল্যের জন্য শব্দ-যন্ত্রীর সঙ্গে সংগীত শিল্পীদেরও যথেষ্ট দায়িত্ব আছে। শিল্পীর প্রয়োজন অনুযায়ী শব্দব্যবস্থাপককে ব্যবস্থা নিতে হয়। মাইক্রোফোন ছাড়া যখন কোনও অনুষ্ঠানই সম্ভব নয় তখন পুরো দায়িত্ব শব্দ-যন্ত্রীর ওপরই কেন বর্তাবে? শিল্পীদেরও নিজেদের অনুষ্ঠান ভাল করার জন্য শব্দ-যন্ত্রীকে সাহায্য করা এবং শব্দব্যবস্থার বিভিন্ন দিকের প্রত্যক্ষ অভিজ্ঞতা অর্জন করা জরুরি নয় কী? সাধারণ মানের পাশ্চাত্য সংগীতের অনুষ্ঠান উন্নত শব্দব্যবস্থার গুণে কোন মাত্রা পেতে পারে তা না দেখলে বিশ্বাস করা কঠিন। টিনা টারনার বা লুচিয়ানা পাবারোটীর অনুষ্ঠান যাঁরা দেখেছেন ও শুনেছেন তাঁরা জানেন প্রায় লক্ষ মানুষের মন জয় করতে শব্দ-ব্যবস্থার ভূমিকা এবং সে বিষয়ে শিল্পীদের জ্ঞান ও অভিজ্ঞতার কতখানি প্রয়োজন। অথচ পৃথিবীর শ্রেষ্ঠ Art-Music, ভারতীয় রাগসংগীতকে আমরা মাত্র ২/১ হাজার শ্রোতার কাছেও এমনভাবে পৌঁছে দিতে পারছি না যাতে তাঁরা সম্পূর্ণরূপে পরিতৃপ্ত হন এবং পরের অনুষ্ঠানের জন্য দিন গোনেন। আমরা, যারা গান বাজনা করি, শব্দ-ব্যবস্থাপনা যদি সেভাবে আয়ত্ত করতে পারি এবং শব্দ-যন্ত্রীদের সঙ্গে যথাসাধ্য সহযোগিতা করি, তা হলে ভারতীয় রাগ-সংগীতও পৃথিবীর অগণিত শ্রোতার মন জয় করতে পারবে। এর জন্য অনুষ্ঠানের অনেক আগেই অনুষ্ঠান স্থলে এসে sound-check করা অত্যন্ত প্রয়োজনীয় বলে মনে করি। অনুষ্ঠান শুরুর ঘণ্টা দুয়েক আগে এসে sound check করে শব্দ-ব্যবস্থা ভাল করে দেখে ও বুঝে নিলে শব্দ-যন্ত্রীর শিল্পীকে বুঝে নিতে ও শিল্পীর, শব্দ-ব্যবস্থার সম্পূর্ণ সুবিধা পেতে সাহায্য হয়। অনেক সময় অনুষ্ঠানের মাঝখানে গানবাজনা থামিয়ে বারবার শব্দের volume কম বেশি করলে এবং bass বা treble অর্থাৎ low frequency বা high frequency বহুবার বাড়ালে কমালে মূল অনুষ্ঠানের সূত্র ছিন্ন হয়,

অনুষ্ঠান স্থলে গোলমাল হয়, শ্রোতারাও ভীষণ বিরক্ত হন। ইউরোপ আমেরিকায় ভারতীয় রাগসংগীতের অনুষ্ঠানে বহু আগে থেকে গিয়ে শব্দ-যন্ত্রীকে বোঝানো দরকার হয় কী ধরনের শব্দ-ব্যবস্থা আমরা চাই—কেননা ওই সব দেশের বিভিন্ন প্রেক্ষাগৃহের শব্দ-ব্যবস্থাপকেরা ভারতীয় সংগীত সম্বন্ধে ততটা ওয়াকিবহাল নন। মূল শিল্পী ও সহযোগী শিল্পীর শব্দের volume-এর কী এবং কতটা পার্থক্য থাকা উচিত তাও তাঁরা জানেন না।

রাগসংগীতকে কণ্ঠে পরিবেশনের সময় আমি দেখেছি—আলাপ বা আওচার দিয়ে গান আরম্ভ করার সময় প্রথমত পরিবেশ সৃষ্টির জন্য, দ্বিতীয়তঃরাগের শান্তভাবটি শিল্পীর নিজের মনে এবং শ্রোতাদের হৃদয়ে সঞ্চারিত করার জন্য; তৃতীয়ত শিল্পীর একাগ্রতা অর্থাৎ সুরের মগ্নতায় নিজেকে নিয়োজিত করবার প্রচেষ্টার জন্য; চতুর্থত, কণ্ঠস্বরের সাবলীলতা বৃদ্ধির জন্য সামগ্রিক আওয়াজের প্রাধান্য তুলনামূলকভাবে কম থাকে বলে মাইকের volume কিছুটা বাড়িয়ে রাখলে ভাল হয়। গান গাইতে গেলে যে প্রাণবায়ু নিয়ে আমরা বেঁচে আছি তাকেই কাজে লাগাতে হয়। তাই দিয়েই আমরা ছবি আঁকি। কিছুক্ষণ গান হবার পর গলা গরম হয়ে গেলে এবং হাওয়া নিয়ন্ত্রণে এসে গেলে মাইকের volume কমিয়ে দিতে হয়। বাঁশি ইত্যাদি শুষির যন্ত্র ছাড়া, অন্যান্য যন্ত্রসংগীত পরিবেশনের সময় প্রাণবায়ুর সাহায্যে যন্ত্র বাজাতে হয় না বলে কণ্ঠসংগীত পরিবেশনের অসুবিধা যন্ত্রসংগীত পরিবেশনের সময় থাকে না। অবশ্য অভিজ্ঞ কণ্ঠশিল্পীর কথা স্বতন্ত্র। মাইকের adjustment যন্ত্রসংগীত পরিবেশনের সময় সহজ হয়।

এবারে মাইকের কথা যখন এল তখন বলি—মাইক্রোফোন দু ধরনের। প্রথমটি হল dynamic আর দ্বিতীয়টি condenser। এদের গঠন ও গুণগত পার্থক্য জানাটা খুব দরকার। Dynamicমাইকের ভেতরে থাকে একটি coil এবং চুম্বক বা magnet, যেটি কণ্ঠস্বরকে mixer ও অন্যান্য পূর্বোল্লিখিত যন্ত্রের মধ্যে দিয়ে amplifier-এ পাঠায়। Dynamic মাইকগুলি হলে বা প্যান্ডেলের অনুষ্ঠানে বেশি ব্যবহার করা তো হয়ই, আবার studioতেও এর ব্যবহার যথেষ্ট জনপ্রিয়। সবচেয়ে জনপ্রিয় dynamic মাইক হল Shure কোম্পানির SM 58 এবং SM 57। অপেক্ষাকৃত কম দামের এই দুটি মাইক অনুষ্ঠানে এবং recording-এ ব্যবহার করে দেখেছি যে বেশ ভাল ফল পাওয়া যায়। তাই এই দুটি মাইক সর্বাপেক্ষা জনপ্রিয়। গানের জন্য SM 58 আর তবলার জন্য SM 57 বেশি উপযোগী। SM 58 গানের জন্য সবচেয়ে বেশি ব্যবহৃত হলেও এ মাইক অন্যান্য যন্ত্রের এমনকি তবলার জন্যও বেশ কার্যকরী। SM 57 low frequency কম নেয় বলে বাঁয়ার শব্দের সম্ভাব্য বুমিং (booming) কম হয়, কিন্তু SM 58 low frequency বেশি নিলেও mixer থেকে low frequency প্রয়োজনমতো বাদ দিয়ে তবলার জন্য SM 58 ব্যবহার করলেও তেমন কোনও অসুবিধা হয় না। SM 58-এর মুখটি গোলাকার। লম্বা ছয় ইঞ্চির কাছাকাছি। SM 57 ওই রকমই লম্বা কিন্তু মুখটি গোলাকার নয়। দুটিরই রং কালো। এ ছাড়া শব্দ-ব্যবস্থাপকদের কাছে আরও একটি ভাল Condenser মাইক ইদানীং দেখছি। এই Condenser মাইকটি হল AKG কোম্পানির C 1000। এটি অপেক্ষাকৃত বেশি দামি বলে সবাই কিনতে পারেন না। কিন্তু মাইকটি বেশ ভাল—গেয়ে দেখেছি। নয় ইঞ্চি মতো লম্বা সিলিন্ডারের আকারের এই মাইকটিতে মনের মতো গলার আওয়াজ পেয়েছি।

Condenser মাইকের গঠন ও কাজ সম্পূর্ণ আলাদা। এতে একটি diaphragm বা পাতলা

ফিতে থাকে। তা ছাড়া থাকে pre-amplification-এর ব্যবস্থা, যেটি চালনা করা হয় D.C 9-48 volt current দ্বারা। এই মাইকগুলি অনেক দূর থেকে আওয়াজ ধরতে সক্ষম বলে অনুষ্ঠানে বেশি ব্যবহার করা যায় না। Studio-তে এই মাইক খুব ভাল কাজ করে কারণ stdio-র floor-এ speaker না থাকায় ওই মাইক feedback সৃষ্টি করে না এবং studio-তে অবাঞ্ছিত গোলমাল বা noise না থাকায় এটি ব্যবহারে কোনও অসুবিধা তো হয়ই না বরং এটি উৎকৃষ্ট রূপে কণ্ঠ বা যন্ত্রের স্বরকে অবিকৃত ভাবে গ্রহণ করে। H.M.V. studio-তে ১৯৮৩ সাল থেকেই এই মাইকে গান করার অভিজ্ঞতা আমার হয়েছে। পরবর্তীকালে বিদেশের বহু studio-তে আমি condenser মাইকে গান করেছি। আমার সবচেয়ে প্রিয় condenser মাইক হল Neumann U 87 মাইক। কিছুদিন আগে A. K. G. কোম্পানির C 12 নামে আর একটা উৎকৃষ্ট condenser মাইক দেখলাম কানাডায়। শুনেছি ওটিও একটি অতি উত্তম condenser মাইক, তবে ওটি আমি ব্যবহার করে দেখেনি।

মোটামুটি ভাল এবং খুব ভাল মাইকের আলোচনা তো হল। কিন্তু এগুলি থেকে কী করে সবচেয়ে ভাল কাজ আদায় করা যায় তার কৌশলটি জানা আরও জরুরি।

আমাদের গানে আবেগ এবং কল্পনার ভূমিকা অনেক বেশি। অন্যদিকে পাশ্চাত্য ক্লাসিক্যাল বা চেম্বার music পুরোটাই composed। আমাদের রাগসংগীতেও composition বা বন্দিশ থাকে, কিন্তু যিনি বন্দিশটি রচনা করেছিলেন, তাঁর কল্পনাশক্তি কেমন ছিল এবং কীভাবে তিনি সেই কল্পনাশক্তিকে তাঁর বন্দিশের মাধ্যমে বিকশিত করেছিলেন তার কোনও নথি বা প্রমাণ মেলে না। সেই বন্দিশগুলি যখন আমরা গাই তখন নিজেদের কল্পনা ও সামর্থ্য অনুসারে সেগুলি পরিবেশন করি। যেমন, আমি যখন তানসেনের একটি ধ্রুপদের বন্দিশ "চরণণ সুখ চিরঞ্জীব" গাইছি, তখন সেটি আমার শিক্ষা, কল্পনা এবং আমার কণ্ঠস্বরের মাধ্যমেই প্রকাশিত হচ্ছে। গানটি কীভাবে গাইতে হবে সে বিষয়ে তানসেনের কোনও নির্দেশ পাওয়া যায় না। তাই শিল্পীকে তাঁর নিজস্ব আবেগের ওপর নির্ভর করতে হয়। আবেগ প্রকাশের জন্য মুখ ও শরীরের অবস্থানের পরিবর্তন নির্দিষ্ট নিয়মে বাঁধা যায় না। এটি বাস্তব সত্য। কোনও গানে হয়তো ঈশ্বর বা আল্লাকে সম্বোধন করে কিছু কথা বলা হয়েছে। এই গান গাইবার সময় শিল্পী স্বাভাবিকভাবেই তাঁর মুখ উপরে তুলতে পারেন, এতে অন্যায় কিছু নেই। এই ভাবপ্রধান এবং ব্যক্তিগত আবেগ-নির্ভর রাগসংগীত পরিবেশনের সময় মাইক কখন, কোথায় কীভাবে থাকবে তা একেবারে ভুলে গেলে কী করে চলবে? শ্রোতারা যে তাঁর গান শুনছেন সেকথা তো মনে রাখতে হবে সর্বদা। আমি দেখেছি SM 58 মাইকে ৩/৪ ইঞ্চি ব্যাসার্দ্ধের একটি বৃত্ত চিন্তা করে সর্বদা গাইলে শব্দ বেশ ভালই শোনা যায়। এর থেকে দূরে চলে গেলে আবেগের প্রকাশ কেবল দেখা যাবে—শোনা যাবে না। তবলার ক্ষেত্রে SM 57 ব্যবহার করলে তিন ইঞ্চি দূরত্বে তবলা ও বাঁয়ার মাঝামাঝি জায়গায় মাইকটিকে রাখতে হবে। তাতে বাঁয়ার বুমিং (booming)ও থাকবে না আবার তবলার আওয়াজ বেশ পরিষ্কার শোনা যাবে। একটি SM 57ই তবলার সঠিক amplification-এর জন্য যথেষ্ট। তানপুরাগুলিতে পৃথক পৃথক মাইক দেওয়া উচিত, তাতে তারের গুঞ্জন স্পষ্ট শোনা যায় ও গায়ক ও শ্রোতা উভয়েই তৃপ্তি পান। হারমোনিয়ামের ঢাকনা খুলে মাইক কাছাকাছি রাখলে চাবিগুলির আওয়াজ typewriter-এর খটাখট শব্দের মতো শোনা যেতে পারে, তাই হারমোনিয়ামের মাইক একটু বেশি উঁচুতে রেখে দেখেছি ওই শব্দ আসে না,

তবে দূরে রাখার জন্য ওই মাইকের volume একটু বাড়িয়ে রাখতে হয়।

অনেকসময় মাইক্রোফোনের ভারে মাইকস্ট্যান্ড মুখ থুবড়ে পড়তে দেখি। তখন দুমদাম আওয়াজ হয়ে অনুষ্ঠানের বিঘ্ন ঘটে। একটু ভাবলেই বোঝা যায় যে মাইক standগুলো আরও দৃঢ় ও মজবুত হলে এ আশঙ্কা থাকবে না।

যে শিল্পীর মুখ বেশি নড়ে যাবার প্রবণতা থাকে, তাঁর সামনে অনেকসময় দুটি মাইক্রোফোন দেওয়া হয়। এতে শিল্পীর গলার আওয়াজ ভালভাবে শোনা যাবার কথা। কিন্তু সাধারণভাবে দুটি মাইক সামনে থাকলে একটিতে জোরে ও অন্যটিতে আস্তে শোনা যায়। তখন আস্তে যে মাইকে শোনা যাচ্ছে সেটি সরিয়ে দেখেছি অনেক ভাল ফল পাওয়া যায়। এর কারণ কী—জানবার ইচ্ছা প্রকাশ করায় বিশ্বজিৎ বললেন যে দুটি মাইকের polarity এক ছিল না তাই ওরকম হচ্ছিল। Polarity mixer-এর মাধ্যমে সমান করে দিলে দুটি মাইকের কাজই সঠিকভাবে পাওয়া যেত।

ভারতীয় রাগসংগীত পরিবেশনের অভিজ্ঞতা থেকে আরও দু-একটি বিষয়ে আলোকপাত করার প্রয়োজন মনে করছি; সেটি পাশ্চাত্য ধারণাপুষ্ট ভারতের কিছু কিছু acoustically treated প্রেক্ষাগৃহের ধ্বনি নিয়ন্ত্রণ প্রসঙ্গে। যেমন প্রথম যখন মুম্বই-এর N. C. P. A auditorium তৈরি হল ওখানে পৃথক কোনও sound-system দেওয়াই হত না। auditorium-এর stage থেকে আসা আস্তে বা জোরে যে কোনও শব্দ শেষের সারির শ্রোতারাও পরিষ্কার শুনতে পাবেন—এমনই treatment করা আছে ওই হলে—এই যুক্তিতে শব্দব্যবস্থাপনার আলাদা কোনও বন্দোবস্ত থাকত না।

পাশ্চাত্য সংগীত এবং ভারতীয় রাগসংগীত পরিবেশনের প্রক্রিয়ার মূল পার্থক্যটি মনে রাখা দরকার ছিল acoustic treatment করবার আগে এবং sound-system-এর প্রয়োজন হবে না—এটা দায়িত্ব নিয়ে বলার আগে। প্রযুক্তিবিদ যদি জানতেন যে ভারতীয় রাগ সংগীত, symphony, sonata বা ওই জাতীয় orchestrated music নয়, কেবল একজন মূল শিল্পীর সংগীতচিন্তা, কল্পনা ও আবেগনির্ভর এবং সহযোগী শিল্পীরা মূল শিল্পীর পরিবেশনের পুনরাবৃত্তি করেন এবং তাঁর অধীনে তাঁদের সাধ্যমতন মূল শিল্পীর অনুষ্ঠানের উৎকর্ষ বৃদ্ধিতে সহায়তা করাই তাঁদের মূল কাজ, তা হলে শব্দব্যবস্থা সম্বন্ধে তাঁদের চিন্তা অন্যরকম হত। পরে অবশ্য N. C. P. A auditorium-এ শব্দব্যবস্থার আয়োজন করতে হয়েছে।

পাশ্চাত্য symphonyতে কখনও একটি যন্ত্র যেমন একটি English flute, কখনও দুটি যন্ত্র যেমন একটি piano একটি cello, কখনও বা পঞ্চাশটি violin এক সঙ্গে বেজে ওঠে symphony-টির theme বা motif অনুসারে—এরকম পরিবেশনের ক্ষেত্রে স্বতন্ত্র শব্দ-ব্যবস্থাপনার (sound system) প্রয়োজন হয় না। ভারতীয় রাগসংগীতে মূল শিল্পীকেই শ্রোতারা শুনতে আসেন অন্যদিকে পাশ্চাত্য সংগীতে একটি মিলিত সাংগীতিক পরিবেশনই শ্রোতারা আশা করেন যেখানে প্রতিটি যন্ত্রের স্বতন্ত্র ভূমিকা আছে।

রাগসংগীত শিল্পীকে প্রাধান্য দেবার জন্য অর্থাৎ সহযোগী শিল্পীদের থেকে বেশি পরিষ্কার ভাবে মূল শিল্পীকে শোনাবার জন্য আলাদা শব্দব্যবস্থা (sound-system) অপরিহার্য। যেমন ধরুন, গায়কের মাইক্রোফোনের volume যদি শতকরা ৮০ হয় তবে তানপুরার হওয়া উচিত ৫০, হারমোনিয়ামের ৬০ এবং তবলার ৭০। এটি একটি মোটামুটি

হিসেব। আবার গায়ক যখন সংগতকারীদের বাজাতে ইঙ্গিত করবেন বা সংগতকারীরা যখন মূল গানের উৎকর্ষের জন্য স্বাধীনতা পেয়ে কিছু বাজাবেন তখন শব্দ-ব্যবস্থাপক সেই সময়টুকুর জন্য সহযোগী শিল্পীদের মাইকের volume প্রয়োজনমতো বাড়াবেন। শব্দ-ব্যবস্থাপককে সমগ্র পরিবেশনের বিভিন্ন পর্যায় সম্বন্ধে জানতে হবে এবং সেই অভিজ্ঞতা অনুসারে মাইক্রোফোন ইত্যাদি নিয়ন্ত্রণ করতে হবে। সে অভিজ্ঞতা না থাকলে sound-check-এর পর শব্দ-যন্ত্রীর মাইক, mixer-এর কোনও knob-এ হাত না দেওয়া উচিত।

বৈজ্ঞানিক শব্দ-ব্যবস্থা, মাইক্রোফোন ইত্যাদি আসার আগে আমাদের গানবাজনা কেমন ভাবে পরিবেশিত হত তা দেখা যাক। কণ্ঠস্বরকে সকলের কান অবধি পৌঁছনোর জন্য কণ্ঠশিল্পীকে কণ্ঠের জোর বাড়াবার জন্য রীতিমতো চিন্তাভাবনা এবং অনুশীলন করতে হত। এই voice culture সম্বন্ধে এখন অনেকের সঙ্গে আলোচনা করেও কোনও পরিষ্কার ধারণা পাইনি। কীভাবে ওস্তাদ বড়ে গুলাম আলি খাঁ সাহেব এত পরিষ্কার অথচ সুমিষ্ট খোলা আকার আয়ত্ত করেছিলেন, আওয়াজকে হাওয়া দ্বারা কীভাবে নিয়ন্ত্রণ করে সূক্ষ্মাতিসূক্ষ্ম অলংকরণ এত সাবলীল ও অনায়াসভাবে প্রয়োগের ক্ষমতা অর্জন করেছিলেন সেই পদ্ধতিগুলি জেনে সেগুলির কঠোর অনুশীলন না করলে কী হবে? বড়ে গুলাম আলি খাঁ সাহেব চলে যাবার পরে খ্যাল ঠুমরির শ্রোতার চেয়ে বিভিন্ন যন্ত্রসংগীতের, যেমন সেতার সরোদ, বাঁশী, সন্তুর, তবলা এমনকি গীটারেরও শ্রোতার সংখ্যা অনেক বৃদ্ধি পেয়েছে এবং আনুপাতিক ভাবে যন্ত্রসংগীত শিল্পীদের সম্মানদক্ষিণার অঙ্কও রাগসংগীতের কণ্ঠশিল্পীদের চেয়ে অনেকটাই বেড়েছে। আমরা হয়তো ভুলতে বসেছি যে কণ্ঠসংগীতই ভারতীয় রাগসংগীতের ভিত্তি। কণ্ঠসংগীতের সযত্ন অনুশীলন যেদিন থেকে গুরুত্ব হারিয়েছে এবং মাইকের ওপর নির্ভরতাই একমাত্র সম্বল হয়ে দাঁড়িয়েছে সেদিন থেকেই কণ্ঠসংগীতের গৌরব এবং সম্মান সাধারণ শ্রোতাদের কাছে হ্রাস পেতে শুরু করেছে। কণ্ঠযন্ত্রটি ভগবানের দেওয়া এবং এটি মানুষের সৃষ্টি যন্ত্রের থেকে সব দিক দিয়ে শ্রেষ্ঠ না হবার কোনও যুক্তিসঙ্গত কারণ নেই। মানুষের তৈরি বাদ্যযন্ত্রগুলি অর্থপূর্ণ বাণী ও তার ভাব প্রকাশে অক্ষম। কিন্তু কারও কণ্ঠ 'ভগবানের-দান' বলে সেই কণ্ঠের বিজ্ঞানসম্মত অনুশীলন না করে আর একজন ওস্তাদ বড়ে গুলাম আলি খাঁ হওয়া সম্ভব নয়। reverb বাড়িয়ে, bass-treble বাড়িয়ে কমিয়ে আলতো করে মিষ্টি মিষ্টি আওয়াজে কেবল মাইক-নির্ভর গান করলে কণ্ঠসংগীতের গৌরবের পুনরুদ্ধার হবে না। আজ যে যন্ত্রসংগীত বিশেষত তবলা এত জনপ্রিয় হয়েছে তা কেবল শব্দ-ব্যবস্থার প্রসাদেই। তবলার বিষয়বস্তুর দীর্ঘদিনের তালিম, গভীর অনুশীলন ও অভিজ্ঞতা ছাড়াও কেবল ধ্বনি বৈচিত্র, মাইকের মাধ্যমে প্রকাশ করতে পেরেই অনেক তবলা-শিল্পীর এত জনপ্রিয়তা। মাইক না থাকলে তা কি সম্ভব হত?

মাইকের সাহায্যে যেমন আমাদের রাগসংগীত কণ্ঠ ও যন্ত্রের মাধ্যমে বহুসংখ্যক শ্রোতার কাছে পৌঁছে দেওয়া সম্ভব হয়েছে তেমনই পাশাপাশি এটাও মনে রাখা দরকার যে কঠোর, সুচিন্তিত অনুশীলন দ্বারাই উৎকৃষ্ট ভারতীয় সংগীত পরিবেশনের ক্ষমতা অর্জন করা যায়। সংগীতের মান উন্নয়নের ক্ষেত্রে শব্দ-ব্যবস্থার ভূমিকা খুবই সীমিত।

Sound Recording Studio

গান বাজনা করতে গেলে যেমন hall acoustics এবং sound system-এর যথার্থ জ্ঞানের প্রয়োজন হয়, গান record করতে হলে তেমনই studio সম্পর্কে কিছু জ্ঞান দরকার বলে আমি মনে করি।

একটি recording studioতে ঢুকলে দেখা যায় যে তার দেওয়ালগুলি ফুটো ফুটো একরকম জিনিস দিয়ে ঢাকা। এটিকে perforated wall বলা হয়। কথা বললে বা গান গাইলে দেওয়াল থেকে যে কম্পন বা vibration আসে সেটি প্রতিরোধ করার জন্য এই ব্যবস্থা। studio-র দেওয়ালের দুটি আস্তরণের মধ্যবর্তী অংশটি glass wool দিয়ে ভরা থাকে। একটি খালি ঘরে বা নতুন বাড়িতে কথা বললে বা গান গাইলে দেওয়ালগুলো থেকে শব্দের আঘাতে যে শব্দ ফিরে আসে—তা studio-তে হওয়া বাঞ্ছনীয় নয়। শব্দ শোষণের (sound absorption) জন্য সমস্ত দেওয়াল ওইভাবে ঢাকলে studioতে গান এবং বাদ্যযন্ত্রের শব্দ একেবারে নিষ্প্রাণ হয়ে পড়বে। তাই দেওয়ালের কিছু অংশ ঢাকা হয় না। Studioর floor বা মেঝে carpet দিয়ে ঢাকা থাকে শব্দের প্রতিঘাত (bouncing) প্রতিরোধ করতে। দেওয়ালে পর্দা বা কাপড় টানিয়ে দিলে শব্দশোষণ পুরোপুরি সম্ভব হয় না।

একটি studio-তে সন্তোষজনক acoustic design-এর জন্য এমন শব্দশোষণ ব্যবস্থা হওয়া চাই যাতে শব্দের reflection কিছুটা থাকবে, কিন্তু howling অর্থাৎ 'হাউ-হাউ' শব্দ একেবারেই হবে না।

Studio-তেই recordingএর কাজে যে সব মাইক ব্যবহৃত হয় সেগুলির সবকটিই stage programme-এ ব্যবহৃত হয় না। Neumann U 87 বা AKG C 12—এসব মাইক recording-এর জন্যই ব্যবহার করা উচিত, programme-এর জন্য নয়, কেননা এগুলি অত্যন্ত sensitive এবং এদের feedback অনেক বেশি। Studio-তে recording-এর সময় floor-এ কোনও speaker বাজে না, তাই—feedback জনিত কোনও অসুবিধা সৃষ্টি হয় না। ওই সব sensitive মাইক নিয়ে programme করলে কণ্ঠস্বরের সঙ্গে আশপাশের শব্দ বা গোলমাল (noise) তাতে ধরা পড়বে। Programme-এর মাইকগুলি ৩/৪ ইঞ্চি দূর থেকে ভালভাবে শব্দ ধরতে পারে আর recording-এর মাইকগুলি ১ ফুট দূর থেকেও শুধু কণ্ঠস্বর নয়—অন্যান্য শব্দও ধরতে পারে। তবে ওই মাইকে studio-র ভেতরে কাছ থেকে গাইলে বা বাজালে শব্দের bass বেশি পাওয়া যেতে দেখেছি।

Studio-তে দেখা যায় ছোট ছোট ঘর থাকে। এগুলিকে booth বলা হয়। বিভিন্ন যন্ত্রকে বিভিন্ন booth-এ রেখে record করা হয়। যেমন তবলা ও পারকাসান যন্ত্র একটি booth-এ, সেতার ও সরোদ আর একটি booth-এ ইত্যাদি। গায়ক-গায়িকাদেরও আলাদা booth থাকে। অর্থাৎ বিভিন্ন যন্ত্র এবং গায়ক-গায়িকার মধ্যে দূরত্ব তৈরি করা হয়। বিভিন্ন যন্ত্রকে ব্যালান্স করে আলাদা আলাদা ট্র্যাকে রেকর্ড করা হয়। Mixing-এর সময় আলাদা আলাদাভাবে রেকর্ড করে রাখা যন্ত্রের কিংবা কণ্ঠস্বরের tonal quality-কে প্রয়োজনমতো পাল্টে নেওয়া যায়। তবে কণ্ঠস্বরের tonal quality যথাসম্ভব original রেখেই রেকর্ড করা হয়—পরে mixing-এর সময় তার পরিবর্তন করলেও করা যেতে পারে।

কিন্তু আগে এই ট্র্যাক রেকর্ডিং-এর প্রচলন ছিল না। মূল শিল্পী এবং যন্ত্রশিল্পীরা একসঙ্গেই

বসতেন। সেভাবেই recording হত। সেক্ষেত্রে একটা অসুবিধা হত। তা হল—হয়তো গায়কের পাশে বসেছেন সেতারশিল্পী। সরোদশিল্পীর পাশে তবলিয়া। এখন গায়কের মাইকে হয়তো একটু reverb আছে যেটা তার পাশের সেতারের পক্ষে কাঙ্ক্ষিত নয়, আবার সরোদের জন্য প্রয়োজনীয় reverb টুকু অবাঞ্ছিতভাবে হয়তো তবলাতেও চলে আসছে কিছুটা। সুতরাং স্বাভাবিকভাবেই তাঁরা মনের মতোন recording করতে পারতেন না। এখানে একটা কথা আমায় বলতে হবে—যেদিন থেকে এই ট্র্যাক রেকর্ডিং চালু হয়েছে সেদিন থেকে শিল্পীদের ত্রুটিমুক্ত পরিপূর্ণতা (perfection) এবং নিজের কাজের প্রতি দায়িত্ববোধ ও শ্রদ্ধা কমে এসেছে বলে আমার মনে হয়। কারণ, আমরা মনে করি 'রেকর্ডিং-এর সময় কোনও ত্রুটি হলেও পরে আলাদা করে সেই ট্র্যাকটি চালু করে যথাসম্ভব ত্রুটিমুক্তভাবে গেয়ে দিতে পারব।' কিন্তু এতে সামগ্রিকভাবে সংগীতের কোনও উন্নতি হয় না। বরং আমার মনে হয় যন্ত্রসংগীতের শরীরে কণ্ঠস্বরের ইংজেকশন দেওয়া হচ্ছে। আর একটি কথাও বলা দরকার। এই ট্র্যাক রেকর্ডিং চালু হবার ফলে সহযোগী শিল্পীদের সঙ্গে গায়ক-গায়িকার মানসিক যোগাযোগও অনেক ক্ষীণ হয়ে গেছে, কমজোরী হয়ে গেছে। আজকাল অনেক ক্ষেত্রে যন্ত্রসংগীত শিল্পীরা জানতেই পারেন না তাঁরা যে গানের জন্য বাজাচ্ছেন studio-তে, সেই গানের শিল্পী কে বা সেই গানগুলি কী প্রকারের—রবীন্দ্রসংগীত, না নজরুলগীতি, না আধুনিক না রাগাশ্রয়ী। যে কোনও সংঘবদ্ধ শিল্প সৃষ্টির (composite art work) ক্ষেত্রে ব্যাপারটি শুধুমাত্র অবাঞ্ছিত নয়—সামগ্রিকভাবে ক্ষতিকরও বটে।

আমরা আজকাল Analogue Recording, Digital Recording—কথাগুলি প্রায় শুনি। Analogue Recording হয় magnetic tape-এর মাধ্যমে। Digital-এর ক্ষেত্রে অনেকটা video ফর্মে recording হয়। দুরকম ফরম্যাটে এটি হয়ে থাকে—একটি হল Super VHS অন্যটি Hi-8। আজকাল রিল টু রিল (reel to reel) system বেরিয়েছে—তবে এটি বেশ ব্যয়সাপেক্ষ। এটিও digital recording। তবে এ বিষয়ে আমার বিস্তারিত জানা নেই—তাই বিশদ আলোচনা করার অধিকারও নেই।

গান করবার সময়, বিশেষত recording-এর সময় 'প' 'ফ' 'ভ' ইত্যাদি বর্ণগুলি উচ্চারিত হয়ে প্রত্যক্ষভাবে মাইকের diaphragm-এ ধাক্কা খেয়ে ফেটে যায়। ওই বর্ণগুলি উচ্চারণের সময় মাইক থেকে মুখটা একটু ঘুরিয়ে নিলে এই অসুবিধা অনেকটা এড়ানো যায়, কিন্তু শিল্পী যখন গান করেন তখন এ কথা জানা সত্ত্বেও মুখ ঘুরিয়ে নেবার কথা তাঁর স্মরণে থাকে না বা অনেক সময় সম্ভবও হয় না। আবার নির্দিষ্ট কতগুলি বর্ণের দিকে মনোযোগ দিতে গিয়ে তাঁর আবেগও ক্ষুণ্ণ হয়। এ সমস্ত অসুবিধার কথা ভেবেই অনেক সময় মাইকের সামনের অংশে একটি টুপির মতো স্পঞ্জের প্যাড পরিয়ে দেওয়া হয় তাতে অনেকাংশে এই ফেটে যাওয়ার (blasting) সম্ভাবনা কমিয়ে আনা যায়। Neumann মাইকের সামনে একটি ring থাকে যাকে windscreen বলা হয়। তবে এই pad বা windscreen ছাড়া blasting এড়িয়ে record করার অভ্যেস করলে যে ভাল ফল পাওয়া যায় তা আমি নিজের অভিজ্ঞতায় দেখেছি।

একজন অভিজ্ঞ recordist গায়কের গলার স্বাভাবিক স্বরটিকে প্রথমে record করেন—আগে একথা বলেছি। এখন হয়তো তিনি শুনলেন হারমোনিয়ামের আওয়াজে গলাটা একটু

চেপে যাচ্ছে—তখন গলার স্বরটিকে বের করে আনার জন্য তিনি কানে শুনে ঠিক করেন কীরকম frequency ব্যবহার করতে হবে high না mid, তবে frequency পালটানো গেলেও গলার level বাড়ানো যায় না কারণ recording হয়ে থাকে একটা fixed level-এ।

Recording-এ মাইক্রোফোনের তারেরও একটা গুরুত্বপূর্ণ ভূমিকা থাকে। খেয়াল রাখতে হয় তারের দৈর্ঘ্য, ড্রপেজ, তারের গেজ—সর্বোপরি তারের উপাদানের উৎকৃষ্টতার ওপর। তারের কানেক্টরে সালফার জমে গেলে সেগুলির ব্যবহারের উপযোগিতা নষ্ট হয়ে যায়। বিদেশে প্রতি বছর এগুলি ফেলে দিয়ে নতুন তার ব্যবহার করা হয়।

বিভিন্ন যন্ত্রের বা গলার frequency বিভিন্ন রকম—এ প্রসঙ্গ আগে দু একবার এসেছে। তানপুরাতে high frequency বেশি থাকে। তানপুরাতে যে resonance থাকে তার থেকে high frequency তৈরি হয়। হারমোনিয়াম, সারেঙ্গির resonance কম হয়। তবে অনেক সারেঙ্গির তরফের তার থেকে resonance পাওয়া যায় বলে high frequency বেশি এসে যায়। সেতারের ক্ষেত্রেও এ ঘটনা ঘটে। রেকর্ডিস্ট তখন high frequencyটা প্রয়োজনমতো কমিয়ে দেন mixer-এর সাহায্য নিয়ে। লাইভ প্রোগ্রামে high বা low frequency-র হ্রাস-বৃদ্ধি অনেকটাই নির্ভর করে অনুষ্ঠান স্থলের পরিবেশের ওপর। যেমন acoustically treated কোনও প্রেক্ষাগৃহে low frequency বাড়ে; খোলা জায়গায় বা pandal-এ কমে। আবার বলতে হয় এখনও আমাদের দেশে কি studio recording, কি অনুষ্ঠান মঞ্চের recording—সবক্ষেত্রেই recordist নির্ভর করেন তাঁর কানের ওপর।

রেকর্ডিং সম্বন্ধে একটি কথা সবশেষে বলতে চাই যে—যিনি গান গাইছেন বা কোনও যন্ত্র বাজাচ্ছেন তিনি যদি মাইক্রোফোন, mixer ইত্যাদি প্রয়োজনীয় যন্ত্র এবং প্রযুক্তিগুলিকে ঠিকভাবে জানেন তাহলে আধুনিক বিজ্ঞানের যুগে শিল্পী তাঁর শব্দপ্রযুক্তির জ্ঞানের সঙ্গে তাঁর শিল্পীসত্তার স্বকীয়তা মিশিয়ে একটি অখণ্ড সুন্দর শিল্পসৃষ্টি করতে পারেন। আমার মনে হয় একজন recordist সাধারণত তাঁর যন্ত্রগুলিকে যত ভাল বোঝেন সংগীত তত ভাল নাও বুঝতে পারেন। আবার অন্যদিকে একজন সংগীতশিল্পী যতটা তাঁর শিল্পটিকে জানেন শব্দ প্রযুক্তির বিষয়ে ততটা নাও জানতে পারেন। স্বভাবতই উভয়দিকের জ্ঞানের মেলবন্ধন যদি ঘটে তাহলে যে উৎকৃষ্ট শিল্প সৃষ্টি হবে—এ নিয়ে কি কোনও দ্বিমত থাকতে পারে? দুর্ভাগ্যের বিষয়, আমাদের ভারতীয় সংগীতের উপযোগী শব্দপ্রযুক্তি বিজ্ঞান এখনও সৃষ্টি হয়নি; যদিও বিজ্ঞানের নানা ক্ষেত্রে ভারতীয় বৈজ্ঞানিকেরা তাঁদের স্থায়ী স্বাক্ষর রেখেছেন। বৈজ্ঞানিকেরা যদি ভারতীয় সংগীত জানতেন তাহলে সেই সংগীতের সূক্ষ্মাতিসূক্ষ্ম অলংকার এবং কারুকার্য উপযুক্ত শব্দ-ব্যবস্থার মাধ্যমে পাশ্চাত্য দেশের মতো একই সঙ্গে তিরিশ-চল্লিশ হাজার শ্রোতাকে শোনাবার উপায় উদ্ভাবন করতে পারতেন। অন্যদিকে ভারতীয় রাগসংগীত শিল্পীরা তাঁদের সূক্ষ্মাতিসূক্ষ্ম অলংকরণের বৈচিত্রময় পরিবেশনের অসুবিধাগুলি যদি পৃথিবীর শ্রেষ্ঠ বৈজ্ঞানিকদের কাছে তুলে ধরতে পারেন তবে ওই অসুবিধাগুলি দূর করার জন্য ভারতীয় রাগসংগীত পরিবেশনের উপযোগী শব্দ-প্রযুক্তির উদ্ভাবন হতে পারে। নতুন শতাব্দীতে আমরা অপেক্ষা করব সেইদিনের যেদিন ভারতীয় গানের সঙ্গে শ্রেষ্ঠ বিজ্ঞানমনীষার মিলন হবে।

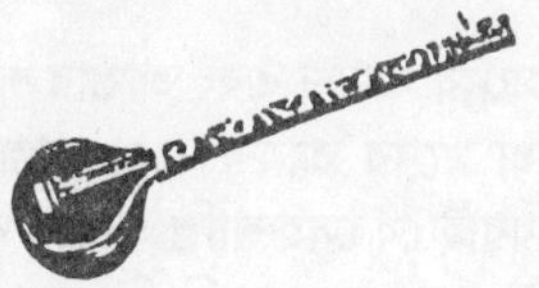

রাগসংগীত ও বিশ্বশান্তি

মানুষ শান্তি চায়। সুখের সন্ধানে দিন রাত দেহ, মন সমর্পণ করে যা মেলে তা ক্ষুধার তৃপ্তি নয়, ক্ষুধার বৃদ্ধি। অথচ প্রত্যেকেই আমরা বিশ্বাস করি ধন, মান, সুখ স্বাচ্ছন্দ্যই আমাদের পরম ও চরম কামনার বিষয়। এই সব বিষয় সুখের কারণ, শান্তির বা আনন্দের নয়। সুখ আর শান্তি, সুখ এবং আনন্দ এক নয়। সুখ ইন্দ্রিয় এবং মনের, শান্তি এবং আনন্দ আত্মার। পৃথিবীর সব দেশেই চিরকাল এমন অনেক মানুষ থাকেন যাঁরা জীবনে সুখের মুখ দেখেননি, কিন্তু তাঁদের শান্তি ও আনন্দময় জীবন অন্যদের কাছে বিস্ময় ও ঈর্ষার কারণ। রুচিকর ও পুষ্টিকর আহার, শীতাতপনিয়ন্ত্রিত গৃহে বাস, আরামদায়ক শয্যা, ইত্যাদি মানুষ চায় সুখী জীবনের জন্য। কিন্তু এগুলি যাঁরা সংগ্রহ করতে পেরেছেন তাঁরা সকলেই শান্তিতে কিংবা আনন্দে আছেন তা বলা যায় না। আবার দেখি যাঁরা আনন্দে এবং শান্তিতে জীবন যাপন করছেন তাঁদের অনেকেরই ওই সুখের উপকরণগুলি নেই এবং সেগুলির অভাব বোধও নেই।

শাস্ত্রে বলা হয়েছে মানুষের তিনটি শরীর—স্থূল, সূক্ষ্ম এবং কারণশরীর। স্থূল শরীরের খাদ্য আমরা যা আহার করি, অর্থাৎ যা রসনাকে তৃপ্তি দেয় এবং শরীরের পুষ্টি সাধন করে। সূক্ষ্ম শরীরের খাদ্য সংগীত, সাহিত্য, নাটক, চিত্রকলা ইত্যাদি। কারণশরীরের খাদ্য ঈশ্বরের নাম জপ ও তাঁর ধ্যান। সূক্ষ্ম ও কারণশরীরের খাদ্যের সংস্থান না হলে মানুষের জীবনের কোনও অবলম্বন থাকে না। শুধু পেট ভরে খেলে আর ইন্দ্রিয় চরিতার্থ করলে পশুর জীবন যাপন করা হয়, মানুষের মতো বাঁচা হয় না। সূক্ষ্ম এবং কারণশরীরকে পুষ্ট করার উদ্দেশ্যেই মানুষ সংগীত, সাহিত্য ইত্যাদির অনুশীলন করে, ঈশ্বরের নাম জপ করে, দেবতার পূজা করে।

পৃথিবীর সব দেশেই তাই সংগীত, সাহিত্য, চিত্রকলার চর্চা আছে, ঈশ্বরের উপাসনার জন্য বিধি ব্যবস্থা আছে। আদিম যুগ থেকেই এই সব বিষয়ের অনুশীলন মানুষ করে আসছে। প্রাকৃতিক পরিবেশ, জলবায়ু, সমাজব্যবস্থা, ভাষা ইত্যাদির কারণে একদেশের সংগীত, সাহিত্যের সঙ্গে অন্যদেশের সংগীত ও সাহিত্যের মধ্যে যেমন প্রভেদ দেখি, তেমনি ঈশ্বরের রূপ এবং ধারণা সম্পর্কেও নানা পার্থক্য ও বৈচিত্র্য লক্ষ করা যায়। কিন্তু যতই প্রভেদ থাকুক না কেন একদিকে সংগীত, সাহিত্য ইত্যাদির প্রয়োজনীয়তা, অন্যদিকে ঈশ্বর বা সৃষ্টিকর্তার প্রতি আত্মসমর্পণের প্রয়োজনীয়তা সবদেশের মানুষ উপলব্ধি করে। সংগীত, সাহিত্য ইত্যাদি রচনা, ঈশ্বরের উপাসনা সবদেশে সব কালে মানুষ কেন করে?—এই প্রশ্নটি করা স্বাভাবিক। প্রশ্নটির উত্তর একটু চিন্তা করলেই পাওয়া যায়। মানুষ শুধু

দেহের সুখ বা আরাম চায় না, মনের আনন্দ এবং আত্মার শান্তিতেই তার পরম তৃপ্তি।

ভারতের রাগসংগীতের মধ্যে মনের আনন্দ এবং আত্মার শান্তি পাওয়ার উপাদান ও উপকরণ আছে। কেবল ভারতীয়রাই যে সেই শান্তি ও আনন্দ পেতে পারে তা নয়। পৃথিবীর সব মানুষকেই ভারতীয় রাগসংগীত আনন্দ ও শান্তি দিতে পারে। আমার এই সিদ্ধান্ত আমার অভিজ্ঞতালব্ধ।

ইতিহাসের বহু বিচিত্র ঘটনা পরম্পরার প্রভাব সত্ত্বেও ভারতীয় রাগসংগীতের ধারাটি আজও অক্ষুণ্ণ ও অব্যাহত আছে। কবে রাগসংগীতের উৎপত্তি হয়েছিল তা বলা যায় না। এই সংগীতের উদ্ভবের কাল নিরূপণ অসম্ভব, যেমন অসম্ভব গভীর জঙ্গলে বা বিরাট প্রান্তরে পায়ে চলার পথের উৎপত্তির কাল নিরূপণ। নিশ্চয় একজন বা একাধিক মানুষ প্রথমে সেই জঙ্গল বা মাঠ পার হয়েছিল সেই অঞ্চল দিয়ে যেখানে এখন পায়ে চলার পথটি দেখছি। কিন্তু কে বা কারা কবে প্রথম হেঁটেছিল তা জানা অসম্ভব। রাগগুলিকেও কে বা কারা সৃষ্টি করেছিল আমরা জানি না। ভৈরব, ভৈরবী, বেহাগ, কল্যাণ, পূরবী, পুরিয়া, মারবা, সোহিনী ইত্যাদি প্রাচীন রাগগুলি বহুযুগ আগে থেকে আজ পর্যন্ত শিল্পীরা গাইছেন এবং বিভিন্ন যন্ত্রে বাজাচ্ছেন। ওইসব রাগের স্রষ্টা কারা ছিলেন আমরা জানতে পারি না।

আমাদের দেশ ভারতবর্ষ বারবার বিদেশি শক্তির অধীন হয়েছে। তুর্কী, আফগান, পাঠান, মোগল ব্রিটিশের শাসনে এদেশের মানুষ অনেক শতাব্দী থেকেছে। বিদেশি শাসকেরা তাঁদের ধর্ম এবং সংস্কৃতি ভারতীয়দের গ্রহণ করতে অনেক সময় বাধ্য করেছেন, অনেক ভারতীয় অবশ্য শাসককুলের অনুগ্রহ পাবার আশায় তাঁদের ধর্ম ও সংস্কৃতিকে স্বেচ্ছায় গ্রহণ করেছে। আজ একজন ভারতবাসীর জীবনযাত্রা এবং চিন্তাভাবনার উপকরণগুলির প্রায় সবই বিদেশিদের সঙ্গে সংস্পর্শের মাধ্যমেই পাওয়া। সকালে ঘুম থেকে উঠে রাতে ঘুমিয়ে পড়া পর্যন্ত যা কিছু আমরা ব্যবহার করি এবং চিন্তা করি তার অধিকাংশই বিদেশি সভ্যতা ও সংস্কৃতির দান। কলের জল (ট্যাপ ওয়াটার), মগ (মগ্), টুথপেস্ট, টুথব্রাশ, রেজর, শেভিংক্রিম, সাবান, পাঁউরুটি, বিস্কুট, চা, কফি, চকোলেট, বাস, ট্রাম, ট্রেন, সাইকেল, মোটরবাইক, মোটরগাড়ি, স্কুটার, স্কুল, কলেজ, ইউনিভার্সিটি, রেডিও, টি.ভি, সিনেমা, ভি.সি.পি, ভি.সি.আর., টেপ রেকর্ডার, সি.ডি., গ্রামোফোন রেকর্ড, লিফ্‌ট, এয়ার কন্ডিশনার, টেবিল, চেয়ার, পেন, পেনসিল, ডট্‌পেন, রিস্টওয়াচ, ক্লক, টাইপরাইটার, শার্ট, প্যান্ট, মোজা, সোয়েটার, কোট, টাই, সিগারেট, দেশলাই, ফ্যাক্টরি, অফিস, রেস্তোরাঁ, হোটেল, ডেমোক্র্যাসি, সোশ্যালিজম্, কমিউনিজম্, ট্রেড ইউনিয়ন, ভোট, পার্লামেন্ট, টেলিফোন, টেলিগ্রাফ, খবরের কাগজ, ছাপাখানা, পোলাও, বিরিয়ানি, চাউমিন, চিলিচিকেন, কেক, স্যান্ডউইচ, চপ, কাটলেট, ফ্রাই, পুডিং, কোকাকোলা, থাম্‌সআপ—এসবই বিদেশি সভ্যতা ও সংস্কৃতির দান। এগুলি ছাড়া আধুনিক ভারতবাসীর জীবন অচল। কিন্তু ভারতের রাগসংগীতে বিদেশি সংস্কৃতির কোনও প্রভাব পড়েনি। এখন একান্তভাবে ভারতীয়, সম্ভবত, মাত্র দুটি বিষয় আছে—একটি রাগসংগীত, দ্বিতীয়টি বেদ উপনিষদের দার্শনিক তত্ত্ব। আধুনিক ভারতের অন্যান্য প্রকারের সংগীতে বহু বিদেশি উপাদানের সন্ধান পাওয়া যায়, কিন্তু রাগসংগীতের মধ্যে সেগুলি একেবারেই নেই।

রাগসংগীতের এই জীবনীশক্তির উৎস তার জীবনমুখিনতা। বহিঃপ্রকৃতির পরিবর্তনের সঙ্গে সঙ্গে মানুষের মনে যেসব পরিবর্তন হয় সর্বদেশে ও কালে দিনরাত্রির বিভিন্ন সময়ে,

বিভিন্ন ঋতুতে, সুখ দুঃখ, আনন্দ বেদনার বহুবিচিত্র অনুভূতি পরম্পরার প্রতিফলন রাগসংগীতের মাধ্যমে পরিস্ফুট করা যায়। অনুভূতি ও আবেগের ভাষা সর্বজনীন। তাই রাগসংগীতও পৃথিবীর সব মানুষকেই শান্তি ও আনন্দ দিতে পারে। ১৯৮৩ সালে ইংল্যান্ডের অক্সফোর্ডে আমার খ্যাল গান শুনে দর্শন শাস্ত্রের বিশ্ববিখ্যাত অধ্যাপক P.F. Strawson এবং অধ্যাপক M. Dummet মন্তব্য করেছিলেন যে আমার গান শুনতে শুনতে ওঁদের মনে হয়েছে যে ওঁরা একটি চার্চে যেন বসে আছেন যেখানে স্বয়ং যিশু খ্রিস্ট উপস্থিত এবং আমি এমন একটি বিষয়ে ব্যাপৃত আছি যা তাঁরা কল্পনাও করতে পারেন না।

জীবনমুখী শান্তির গান রাগসংগীত, তাই ভৌগোলিক, সাংস্কৃতিক এবং ধর্মীয় গণ্ডিতে এ গানকে বন্দি করে রাখা যায় না। ভারতের হিন্দু গায়করা বহুদিন থেকে গেয়ে আসছেন আল্লাহর প্রশস্তি—"আল্লাহ্ জানে, মৌলা জানে", "আল্লাহ্ হো আল্লাহ্ জলে শান্ এ আল্লাহ্"—এই সব গান। তেমনি মুসলমান গায়করা মুক্ত কণ্ঠে বহুকাল থেকে গাইছেন শিব, দুর্গা, কৃষ্ণ ইত্যাদি হিন্দু দেবদেবীদের প্রশস্তিবাচক গান, যেমন, "হো ষণ্ডকে সওয়ার অতহি প্রচণ্ড", "মহারানী মহাকালী গৌরী শ্রী কাশীরানী" ইত্যাদি পদ। রাগসংগীত শিল্পীরা ধর্মের বিভেদ মুছে দিতে পারেন যদি শ্রোতা সাধারণ রাগসংগীতের বৈশিষ্ট্যগুলি সম্পর্কে সচেতন হন।

অভিজ্ঞতার ভিত্তিতে আমার মনে হয় রাগসংগীত শিল্পীর ও শ্রোতার উভয়ের অন্তঃকরণে শান্তি আনতে সক্ষম। একটি সুর অনেকক্ষণ ধরে স্থিরভাবে ধরে রাখার চেষ্টা করেন রাগসংগীতের গায়ক। দীর্ঘক্ষণ অচঞ্চল ও অকম্পিত সুর সৃষ্টির প্রয়াসে মন স্থির হয়। মনের চাঞ্চল্য শরীরস্থ বায়ু বা শ্বাস প্রশ্বাসের দ্রুত চালনার ফলে হয়ে থাকে। বায়ু স্থির হলে মন বা চিত্তে প্রশান্তি আসে। যোগীরা মনকে একটি চিন্তায় কেন্দ্রীভূত করেন বায়ু স্থির করার পদ্ধতি আয়ত্ত করে। একটি রাগের বিস্তার করার সময় শিল্পী এক একটি সুরকে অচঞ্চলভাবে যখন প্রকাশ করেন তখন তাঁর বায়ু স্থির হয়ে যায়, কোনও মানসিক চাঞ্চল্য থাকে না, শ্রোতারাও আনন্দ ও শান্তি পান ওই গানের প্রভাবে। একটি টর্চ লাইটের আলো অনেক দূরের একটি জিনিসকে দেখাতে পারে ভালভাবে যদি টর্চটির ফোকাস ঠিক থাকে, ওইটি ঠিক না থাকলে বা খুলে দিলে আলোটা একটুখানি জায়গা জুড়ে পড়ে। তেমনই একটি সুরকে স্থিরভাবে অনেকক্ষণ ধরে গাইলে মন সংযোগের দৈর্ঘ্যের কারণে মনের অস্থিরতা দূর হয়, একটি বিষয়ে মনকে নিবদ্ধ রাখার (concentration) অভ্যাস হয়। আমাদের মন বাইরের জগতের নানা ঘটনার প্রভাবে এবং নানা ব্যক্তিগত ও পারিবারিক সমস্যায় সর্বদা চঞ্চল ও অশান্ত থাকে। এই অশান্তির আর একটি শক্তিশালী কারণ হল আমাদের অসংখ্য কামনা-বাসনার তাড়না। রাগসংগীতের দীর্ঘস্থায়ী সুর সে চাঞ্চল্য দূর করতে সাহায্য করে, তাই রাগসংগীতে মানুষ যে শান্তি পায় তা অন্য কোনও সংগীতের মাধ্যমে সম্ভব নয়।

শ্বাসের স্থিরতা ও দৈর্ঘ্যের কারণে নীরোগ ও দীর্ঘায়ু হওয়া সম্ভব। পৃথিবীর সবদেশের সিদ্ধ যোগীদের জীবন থেকে তার দৃষ্টান্ত আমরা পাই। রাগসংগীতের দ্বারা বহু রোগ নিরাময় হয় এমন কথাও শোনা যায়। কুকুরের শ্বাস ছোট তাই কুকুর অল্পায়ু, কচ্ছপের শ্বাসের দৈর্ঘ্য অনেক বেশি তাই কচ্ছপ দীর্ঘায়ু।

দ্বিতীয়ত, আমার মনে হয় যে রাগসংগীত জীবনের এবং জগতের মূল তত্ত্বটিকে প্রকাশ করে। রাগ গাইতে গেলে বার বার মূল সুর বা 'সা'-এ ফিরে আসতে হয়। রাগসংগীতে যে

সব তাল ব্যবহৃত হয়, সেগুলিরও নির্দিষ্ট আবর্তন আছে। একটি আবর্তনের শেষে তালের প্রথম বাণী বা 'সমে' ফিরে আসতে হয়। এই মূল সুরে এবং 'সমে' ফিরে আসা পৃথিবীর আর কোনও সংগীতের চরিত্রে নেই, একমাত্র ভারতীয় সংগীতেই আছে। আমাদের দেশের দার্শনিক বা আধ্যাত্মিক প্রত্যয়টি হল—এই জগৎসংসার ব্রহ্ম থেকে উদ্ভূত হয়ে ব্রহ্মেই লীন হয়। জগৎ ও জীবনের যত বৈচিত্র্য ও ঘটনাপরম্পরা তা সবই ব্রহ্মের পরিণাম এবং ব্রহ্মেই সেগুলি বিলীন হয়। সূর্যের উদয়-অস্ত প্রতিদিন নির্দিষ্ট কালের আবর্তনে হয়ে থাকে, আমাদের শরীরের আভ্যন্তরীণ ক্রিয়াগুলিও নির্দিষ্ট ছন্দে এবং কালের আবর্তনে ঘটে থাকে। রাগসংগীতের তাল কেবল কতকগুলি মাত্রা (beat) নয়, ওই মাত্রা সমষ্টির বার বার আবর্তন (cycle)। বিশ্বপ্রকৃতি কালের আবর্তনে প্রাণবন্ত। সুর ও তালের এই বৃত্তরূপ আবর্তন অনন্তের (Infinite) আভাস আনে। তাই আমার মনে হয়, রাগসংগীত নিখিল বিশ্বের গান। যেহেতু বার বার উৎসে ফিরে যাওয়ার আশ্বাস এই সংগীতে আছে তাই জীবনের কোলাহল, অশান্তি থেকে অব্যাহতি লাভ এই সংগীতের দ্বারাই সম্ভব।

এখন অন্যান্য গানকে জনপ্রিয় করার জন্য ভি ডি ও (Video)-র সাহায্য নেওয়া হচ্ছে, গানের সঙ্গে নাচ এবং অঙ্গভঙ্গীও দেখানো হচ্ছে বা চলচ্চিত্রের কিছু দৃশ্যও গানের সঙ্গে থাকছে। কিন্তু রাগসংগীতের জনপ্রিয়তার জন্য ওইসবের কোনও প্রয়োজন নেই। এজন্যই বোধ হয় আমার 'নানা রঙের গান'-এর অ্যালবামটির জনপ্রিয়তা এখনও সমানভাবে রয়েছে, কেননা ওই অ্যালবামের গানগুলি রাগাশ্রিত। এই অ্যালবামটির গানগুলির ভাষা বাংলা, কিন্তু আমার বাংলাভাষার গানের অন্যান্য অনেক অ্যালবামের চেয়ে এটির চাহিদা অনেক বেশি। তার কারণ, আমার মনে হয়, শ্রোতাদের মধ্যে অনেকেই রাগসম্বন্ধে কিছু না জানলেও রাগসংগীতের দ্বারা প্রভাবিত হন এবং রাগাশ্রয়ী গান শুনে আনন্দ ও শান্তি পান।

সদ্যোপ্রয়াত বিশ্ববিশ্রুত শিল্পী য়েহুদী মেনুহীন মন্তব্য করেছিলেন যে তিনি ভারতের সিদ্ধ মরমী সাধকদের মতো সৃষ্টির উৎসের অভিজ্ঞতা লাভ করতে চান সংগীতের মধ্য দিয়ে। আমাদের রাগসংগীত সেই অভিজ্ঞতা লাভের এবং অন্তরের শান্তি লাভের একটি প্রশস্ত পথ।